L'enfant suce-pouce

ACTUALITES PEDAGOGIQUES ET PSYCHOLOGIQUES

A.-M. MAIRESSE

L'enfant suce-pouce

DELACHEAUX ET NIESTLÉ, ÉDITEURS
Neuchâtel — Paris — Montréal

A Jean et Hélène
qui ne sucent pas leur pouce

ISBN 2-603-00111-6

AVANT-PROPOS

Parce que plus d'un enfant sur deux a sucé, suce, ou sucera son pouce, parce que certains abandonnent très vite cette habitude et que d'autres continuent très longtemps, parce qu'à trois mois comme à treize ans le pouce semble offrir aux enfants des satisfactions telles qu'aucun autre plaisir ne peut s'y substituer — du moins à certains moments — ce comportement si fréquent intéresse beaucoup de parents et intrigue de nombreux spécialistes : dentistes, pédiatres, médecins, éducateurs, stomatologistes, psychologues, psychanalystes. Moi-même, travaillant d'octobre 1967 à juin 1971 en tant que psychologue dans le service d'orthopédie dento-faciale du Professeur Cauhépé à l'hôpital de la Salpétrière, j'entendais à longueur de journées les mêmes questions embarrassantes : « Pourquoi mon enfant suce-t-il son pouce ? Est-ce normal ? Qu'est-ce que cela veut dire ? Que faut-il faire ? Quand va-t-il s'arrêter ? » Parallèlement à mon travail clinique qui consistait à aider des enfants à ne plus sucer leur pouce lorsque je pensais que cela n'était pas indispensable à leur équilibre psychologique, j'ai cherché s'il existait des explications sérieuses et convergentes à cette habitude.

Les opinions concernant la succion sont aussi variées que contradictoires. Pour les uns, en effet, il s'agit d'une habitude sans conséquence qui s'éteint d'elle-même et ne mérite pas de retenir l'attention, même amusée, des gens sérieux. Pour d'autres, c'est une mauvaise manie dont les résultats sont catastrophiques tant sur le plan de la dentition que sur le plan psychologique, et dès qu'on la voit poindre il faut la combattre avec acharnement en ne reculant devant aucun moyen. Pour d'autres enfin, c'est un besoin profond qu'il convient de respecter et de comprendre.

Aujourd'hui, je ne suis toujours pas sûre de pouvoir répondre avec beaucoup plus de précisions aux questions que les parents me posent, mais j'entrevois les raisons qui rendent la réponse difficile et je suis convaincue que la succion du pouce mérite que la Psychologie s'y intéresse.

Avant d'essayer de comprendre « qui » est cet enfant qui suce son pouce, j'aimerais revenir sur la démarche que j'ai suivie tout au long de cette recherche (1), démarche qui justifie les cinq angles de vue successifs sous lesquels j'examine la succion du pouce, à savoir : les angles stomatologique, psychanalytique, psychologique, statistique et clinique.

Dans le service d'orthopédie dento-faciale de la Salpétrière, j'ai commencé par me trouver confrontée à une pratique très précise : essayer de mettre fin à la succion du pouce chez des enfants examinés pour des malpositions dentaires. Les stomatologues de ce service avaient jugé nécessaire de s'adjoindre, notamment, la collaboration d'un psychologue après avoir constaté la fréquence de la succion du pouce, de la déglutition infantile ou de défauts d'articulation dans l'étiologie des malpositions qu'ils avaient à soigner. Aussi dès que le médecin détectait une succion du pouce chez l'enfant qu'il examinait, il me l'envoyait, n'entreprenant aucun traitement d'ordre mécanique ou orthophonique tant que ce symptôme persistait. Mon seul bagage théorique, à l'époque, était une référence au livre de Freud *Trois essais sur la théorie de la sexualité,* qui me rassurait puisque au moins un clinicien célèbre n'avait pas eu peur de faire de la succion « le type des manifestations sexuelles de l'enfant » ; mais qui ne m'était pas d'un secours ou d'un recours immédiat dans ma pratique quotidienne.

Comme le service où je travaillais avait des conceptions précises sur le rôle joué par la succion du pouce dans les malpositions dentaires, j'ai entrepris de dépouiller la littérature spécialisée afin de savoir si la succion était ou non nocive pour les dents des enfants, à quel âge il fallait intervenir et comment. Au cours de ces lectures je me suis aperçue que les dentistes, implicitement ou explicitement, faisaient sans cesse appel à la psychologie et qu'il était très difficile parfois de discerner entre des positions scientifiques et des attitudes plus subjectives.

Parallèlement à ma pratique clinique, je continuais à lire la littérature psychanalytique, espérant que d'autres auteurs avaient suivi la voie tracée par Freud et consacré des développements à ce prototype de la sexualité infantile. Les lectures de Freud, Anna Freud, Abraham et M. Klein m'ont permis d'émettre quelques hypothèses théoriques qui ont servi de canevas à l'élaboration de ma recherche statistique. Ces hypothèses sont les suivantes :

— La succion, fixation ou régression à un stade ancien du développement de l'enfant, traduirait une certaine immaturité.

(1) Cette recherche a fait l'objet d'une thèse de troisième cycle qui a été dirigée par Mme le Professeur Favez Boutonier dans le cadre du laboratoire de Psychologie clinique, individuelle et sociale de l'Université de Paris VII.

— La succion du pouce ne renverrait pas à un stade préambivalent, elle serait au contraire très corrélée avec l'angoisse chez l'enfant (qu'elle soit source ou conséquence de celle-ci).

— Enfin, la succion du pouce supposerait également sa dévoration et l'agressivité en serait une dimension importante.

Quant aux études psychologiques françaises sur la succion du pouce, elles s'avéraient rares. C'est grâce à un séjour d'un an à Boston que j'ai pu dépouiller, à la Bibliothèque médicale de Harvard une centaine d'articles anglo-saxons concernant cette question. Ces travaux reflètent des contradictions qui ne semblent pas dues au hasard ; d'une part, elles traduisent le fait qu'il ne saurait y avoir d'explication simple à un comportement complexe, ne serait-ce que par la diversité des âges auxquels on le trouve ; d'autre part, elles reflètent l'évolution des idées et des attitudes concernant la façon d'élever les enfants.

Par ailleurs, les suceurs de pouce continuaient à affluer à la Salpétrière et mes observations cliniques à s'accumuler. J'ai pensé qu'il pourrait être utile de tester quelques-unes des hypothèses que j'avais peu à peu formulées et d'étayer des impressions subjectives. Mes données, de par leur multiplicité même, étaient inaccessibles à tout autre qu'à moi-même. C'est pourquoi j'ai entrepris de mettre sur cartes perforées des informations concernant 87 enfants suceurs de pouce et 150 enfants « normaux ». J'étais consciente des difficultés que ce type de travail soulevait, mais je pensais que c'était une des méthodes les plus rigoureuses pour m'obliger à reprendre tous mes dossiers et pour communiquer, de la façon la plus objective possible, une partie de mon expérience.

Malgré les progrès de la recherche et l'expérience acquise, mes jeunes patients n'en continuaient pas moins à me poser des problèmes concrets. Certains abandonnaient presque instantanément leur pouce, d'autres mettaient du temps, avaient des difficultés, d'autres enfin ne pouvaient y renoncer. Aussi ai-je pensé qu'il fallait que j'illustre par deux cas les difficultés concrètes que je rencontrais dans mon travail, difficultés qui demeurent malgré l'accumulation de « connaissances », chaque enfant continuant à poser une merveilleuse énigme à celui qui s'intéresse à lui.

CHAPITRE PREMIER

QUELQUES DONNEES HISTORIQUES ET ETHNOGRAPHIQUES

LA SUCCION DU POUCE A TRAVERS LES AGES

QUELQUES REACTIONS DES PARENTS D'AUJOURD'HUI

Les parents réagissent de diverses façons devant leur « suce-pouce », mais il est rare qu'ils restent indifférents et neutres.

De nos jours, lorsqu'il atteint 5-6 ans, le suceur de pouce est souvent l'objet des quolibets, des plaisanteries, des critiques et même des punitions de ses parents. Autant cette conduite semblait charmante lorsque l'enfant était bébé et qu'elle leur procurait alors calme et tranquillité, autant à partir d'un certain âge elle suscite leur inquiétude.

La mère ou le père interdisent parfois purement et simplement ce geste : « Ne suce pas ton pouce. » Cette interdiction est faite d'un ton réprobateur et sans autre commentaire. Elle a souvent pour conséquence une apparente soumission de l'enfant qui attend alors la demi-obscurité de l'heure de la télévision, l'intimité de sa chambre, ou plutôt de son lit, pour se livrer à ce plaisir interdit. Cependant il est rare que les parents en restent à ce niveau d'exigence, sociale en quelque sorte.

On entre alors dans la litanie des reproches adressés à l'enfant, du type : « C'est bébé, ce n'est pas beau, c'est sale, tu vas ressembler à un lapin, tu vas avoir des défenses d'éléphant, tu vas avoir des boutons sur la bouche, tu vas faire avancer ou tomber tes dents, tu ne pourras jamais te marier, tu vas ressembler à la Vénus de Milo, on va te couper les pouces, les mains... ». Bref, les parents se montrent étrangement imaginatifs dans les inventions et interventions verbales.

Beaucoup cependant ne s'en tiennent pas à ce niveau verbal : combien de parents nous ont décrit leurs nuits ponctuées de réveils et de visites à l'enfant destinées à lui retirer le pouce de la bouche, alors que celui-ci dormait paisiblement sans avoir eu le temps de faire disparaître les traces de son méfait ! Ces interventions intempestives, si elles fatiguent beaucoup les parents, n'ont en général que peu d'effets sur les enfants. Et c'est alors que les parents les plus anxieux, les plus intolérants vont user de moyens plus énergiques.

Dans certaines maternités on peut voir des nourrissons avec des brassières à manches longues cousues à leurs extrémités. Cette pratique a supplanté des moyens de coercition plus barbares, comme la gouttière métallique qui empêchait l'enfant de plier son bras (en fait, elle retardait seulement de quelques semaines ou de quelques mois le moment où le pouce trouvait le chemin de la bouche). Les punitions corporelles, les privations alimentaires se rencontrent lorsque l'enfant grandit. On lui attache les mains entre elles, au lit. On lui enduit le pouce de diverses substances dotées d'une saveur pour le moins discutable (moutarde, aloès, cendres ou tout autre produit de type « kidamer »). Bref, l'ingéniosité des parents n'a d'égale que celle de l'enfant pour surmonter les obstacles qu'on dresse entre son pouce et sa bouche.

Or, comme nous essaierons de le montrer, tous les dangers, toutes les catastrophes que le pouce pourrait entraîner relèvent davantage de l'imagination de parents ou éducateurs inquiets devant un comportement sur lequel ils n'ont pas de prise, que de la réalité objective. La plupart du temps la succion du pouce (comme d'ailleurs la masturbation qui n'en est pas très éloignée), loin de nuire à l'enfant, apaise une certaine tension physio-affective. Encore faut-il que n'intervienne point dans ses fantasmes masturbatoires oraux l'idée d'une désobéissance coupable ou d'un danger menaçant.

QUELQUES REACTIONS DU TEMPS JADIS

Cette inquiétude et ce malaise des parents en face des plaisirs solitaires de l'enfant n'ont pas toujours constitué l'attitude dominante. Le suceur de pouce n'a pas de tout temps été l'objet de l'opprobre : quelques siècles plus tôt il était même dépeint comme l'enfant heureux et tranquille par excellence.

C'est ainsi que plusieurs tableaux de la Renaissance, comme « l'Adoration des Mages » de Ghirlandajo, représentent l'enfant Jésus suçant son pouce sans crainte de s'attirer les foudres de son père ou de sa mère. Fra Filippo Lippi peint l'enfant Jésus, nu parmi les fleurs, suçant son pouce non pas en égoïste jouisseur solitaire mais bien pour envoyer, par ce geste, un message d'amour et de paix à sa mère agenouillée près de lui, et au monde entier.

De même, il n'est pas rare de trouver dans des tableaux de cette époque des enfants se livrant à l'onanisme : Guido Réni peint un enfant endormi avec la main sur son sexe ; Véronèse également dans « la Sainte Famille et Sainte Catherine ». Là encore, l'enfant s'adonne au plaisir sans honte ni culpabilité, sous l'œil serein des parents ou des spectateurs. Succion du pouce et onanisme sont d'innocents plaisirs de l'enfance qui témoignent de la grâce divine plus que de la méchanceté de l'homme.

Dans une revue américaine (*Ladies Home Journal* de 1891) on trouve un vieux poème significatif à cet égard, qui dit : « Si un bébé suce son pouce c'est un soulagement pour ses gencives, un réconfort, un calmant du chagrin, un ami pour son besoin, qui lui apporte soulagement, un consolateur, un bien, un apaiseur de peine, un stimulant pour dormir, un charme, un gain... » (1).

LES MŒURS CHANGENT

Peu à peu la succion du pouce va perdre son caractère divin et exemplaire pour devenir diabolique ou du moins perverse et coupable. Que s'est-il passé ?

— La médecine moderne, en introduisant la lutte contre les infections microbiennes, a jeté un grand discrédit sur toutes les habitudes dites non hygiéniques. Les doigts dans la bouche cessent dès lors d'être un spectacle charmant. La bouche devient la porte d'accès à toutes les maladies et les mises en garde concernant la succion du pouce se multiplient.

— De leur côté, les dentistes et les orthodontistes mènent une lutte identique contre cette habitude, en présentant au grand public des tableaux de plus en plus alarmants sur les catastrophes que cette mauvaise habi-

(1) « If a babe sucks his thumb
tis an ease to his gum :
A comfort, a boon, a calmer of grief
A friend in his need affording relief ;
A solace, a good, a soother of pain ;
A composer to sleep, a charm and a gain... »

tude entraîne aussi bien pour le palais, les dents, les mâchoires que pour la physionomie entière.

— Enfin, Freud porte le coup de grâce à la succion du pouce en la décrivant dans ses *Trois Essais sur la Sexualité* comme une « activité sexuelle » (1905). A cette époque, le sexe n'était pas encore étalé largement, projeté devant tous les yeux à hautes doses, et les parents étaient loin d'être « vaccinés » contre la sexualité infantile. On peut d'ailleurs douter qu'ils le soient plus de nos jours ; en tout cas leur intolérance à l'égard de cette activité sexuelle de leur enfant ne semble guère s'être modifiée, même si elle a pris d'autres formes. De toutes façons l'habitude anodine devient brusquement tabou ; les parents se sentent à la fois choqués et coupables car les psychologues (plus ou moins inspirés par la psychanalyse) s'empressent de leur démontrer qu'ils sont responsables des « vices » de leur enfant : soit qu'ils l'aient allaité trop vite, soit qu'ils l'aient sevré trop tôt, trop tard, ou qu'ils lui aient fait des frères ou des sœurs, ne lui en aient pas fait... Bref, ce sont eux les coupables si ce cher innocent se masturbe gaiement sous leur œil réprobateur !

ATTITUDES ENVERS LES ACTIVITES AUTO-EROTIQUES DURANT LES SOIXANTE DERNIERES ANNEES

Une étude américaine passionnante (1), reposant sur la revue de journaux féminins et de bulletins à l'usage des parents, montre que, dans les années quatorze, la succion du pouce ainsi que la masturbation étaient considérées comme dangereuses et coupables. Il était recommandé aux parents d'y mettre fin immédiatement et vigoureusement, ceci pour la santé de l'enfant. Il n'était pas rare d'attacher les pieds et les mains de l'enfant, même très jeune, de façon à l'empêcher de porter les mains à sa bouche ou de se frotter les cuisses.

Durant la période suivante (1929-1938) les parents sont toujours impitoyables, mais leur sévérité concerne désormais l'éducation de la propreté. Les contraintes physiques perdent du terrain, par contre l'horloge se met à régler la vie de l'enfant, sans fantaisies.

En 1942-45 un nouveau changement apparaît. L'enfant, qu'il fallait jusque là plier aux volontés de l'adulte dès le plus jeune âge, est décrit comme un être inoffensif qui se contente d'explorer son environnement

(1) Wolfenstein (M.), Trends in infant care, *Amer. J. Orthopsychiat.* (1953), *23*, pp. 120-130.

avec sa bouche et ses mains. S'il suce son pouce ce n'est pas par vice mais par accident, et il est conseillé de lui laisser toujours un jouet à sa disposition pour détourner son attention des plaisirs défendus.

A partir de 1951 cette tendance s'affirme et la succion du pouce est considérée comme un plaisir secondaire que l'enfant se donne s'il n'a pas son content de chaleur, de conversations, d'attentions. La sucette revient à la mode, alors qu'elle avait été bannie de 1914 à 1938 et ignorée de 1942 à 1945.

Cette tolérance est en fait souvent plus apparente que réelle. Les parents sont toujours perplexes devant les manifestations d'indépendance de leurs enfants. Mais leur inquiétude devant la succion du pouce est plus tenace que celle qu'ils ont en face de la masturbation. Et si, dès 1929, les moyens mécaniques étaient abandonnés en ce qui concerne la lutte contre la masturbation, il n'en fut pas de même pour la succion du pouce. De nos jours encore on trouve dans le commerce des sortes d'étuis rigides que l'on fixe sur le pouce (les « stopouce ») et qui prouvent, s'il en est besoin, que la tolérance à l'égard des suceurs de pouces est pour le moins ambivalente.

Dans l'ensemble, cependant, les parents interviennent plus tard qu'autrefois et la plupart souriraient devant cette recommandation faite aux mamans américaines en 1914 : « Il faut laisser les mains de l'enfant libres de temps à autre surtout s'il est assez âgé pour utiliser ses jouets avec ses mains, ainsi qu'aux repas, pour éviter autant que possible des tensions nerveuses inutiles, mais à l'approche du sommeil il faut couvrir sa main. »

POURQUOI CETTE EVOLUTION ?

Des raisons médicales, stomatologiques et psychanalytiques peuvent être invoquées.

— *Les raisons médicales.* En 1938 des pédiatres affirment qu'il est impossible d'incriminer la succion du pouce pour expliquer les troubles gastro-intestinaux, les infections ou les stomatites du nourrisson. Les raisons d'hygiène mises en avant pour interdire la succion sont, selon eux, de mauvaises raisons.

— *Les raisons stomatologiques.* Vers la même époque des stomatologues déclarent que les malpositions dentaires se corrigent d'elles-mêmes si l'enfant arrête de sucer son pouce avant l'âge de six ans.

— *Les raisons psychologiques.* Enfin deux psychologues, Gesell et Ilg, rassurent les parents horrifiés par la sexualité précoce de leur progéniture en leur montrant que la succion du pouce chez le nourrisson n'a rien de spécifiquement sexuel. Certes, on peut observer sur les garçons des érections durant une succion vigoureuse, mais on peut également en observer à d'autres moments. Le suceur de pouce n'est plus présenté comme un jouisseur impénitent et récalcitrant à toute éducation, mais au contraire comme un enfant facile, bon dormeur, abandonnant très tôt le biberon de nuit, sachant s'occuper seul tout en étant sociable et équilibré.

Il n'est plus nécessaire de couper les pouces du suceur ni même de l'en menacer disent, dès 1938, les psychologues américains. Ce geste si naturel continue à mettre les mères mal à l'aise et leurs questions concernant cette habitude ne sont pas prêtes de s'éteindre.

A ces questions (qui n'ont pas toujours reçu les mêmes réponses comme nous l'avons vu rapidement), nous allons essayer de répondre à l'aide des connaissances dont nous disposons aujourd'hui.

LA SUCCION DU POUCE A TRAVERS QUELQUES PEUPLES

Avant de voir quel curieux animal est pour nous le petit suceur de pouce, ce qu'il convient de faire si on le rencontre, ce qu'il faut connaître à son sujet, faisons un rapide tour d'horizon et interrogeons des cultures permissives ou lointaines pour savoir si elles produisent également des enfants qui sucent leur pouce.

LES SUCEURS DE POUCE DES PEUPLES « PRIMITIFS »

On pourrait penser que dans des pays où l'on ne frustre pas l'enfant, où totale satisfaction orale lui est donnée, le suceur de pouce n'existe pas. Margaret Mead, la célèbre ethnologue américaine, écrit de façon péremptoire dans un manuel de psychologie de l'enfant : « Aucun enfant primitif que j'aie jamais vu ou dont j'aie jamais entendu parler ne suçait son pouce ou ses doigts (1). »

(1) MEAD (M.), *Childhood in contemporary cultures*, Chicago, University of Chicago Press, 1955.

Pourtant d'autres chercheurs ont vu des enfants « primitifs » de toutes couleurs qui suçaient vigoureusement leur pouce — Dennis (1), dans une étude sur 288 enfants indiens Hopis de 2 à 9 ans, dénombre 6 % de suceurs de pouce décidés. Les petits Navahos d'Amazonie se permettent eux aussi « lorsqu'ils sont excités ou émus de mettre leur index ou quelque autre doigt dans leur bouche », nous raconte Kluckhohn (2).

Il ne faut pas oublier non plus que dans les tribus traditionnelles pour lesquelles on ne mentionne pas de succion du pouce, d'une part les enfants ont l'opportunité de sucer ou de mâcher des objets ou des aliments multiples dès leur plus jeune âge, d'autre part les mères n'attachent probablement pas à ce comportement la même attention réprobatrice que dans nos cultures.

Il est donc difficile de prétendre que ce sont nos civilisations, avec leurs horaires fixes, leurs moyens artificiels d'allaitement, leurs restrictions de tous ordres qui sont responsables de la succion du pouce. Dans le soi-disant paradis des enfants pour qui un sein toujours présent et plein déverse à flots le bonheur et la satiété, il existe également une place pour le pouce. (Un autre exemple en est donné par les enfants libanais actuels : la plupart d'entre eux (92 %) sont allaités par leur mère pendant toute leur première année et pourtant un enfant libanais sur deux suce son pouce.) (3)

LES SUCEURS DE POUCE EN ISRAEL

Tournons-nous pour finir vers des enfants qui ont la réputation d'être les rois et sont souvent décrits comme équilibrés et heureux : les enfants d'Israël. Un psychiatre américain (4) assez connu avait écrit que parmi les enfants des kibboutz, on rencontrait une très grande proportion de suceurs de pouce, qu'ils étaient dans l'ensemble coléreux, agressifs et présentaient souvent l'aspect d'enfants élevés en Institution. Dans son livre sur les

(1) Dennis (R.), *Infant reaction to restraint,* Trans. N. Y. Acad. Sci., 1940, *2,* pp. 208-218.

(2) Kluckhohn (C.), Some aspects of Navahos infancy and early Chilhood, *Psycho-anal. social Sci,* 1947, *1,* p. 54.

(3) Prothro (E. T.), *Child rearing in the Lebanon,* Havard University Press, 1961.

(4) Caplan (G.).

enfants des kibboutz, *Les enfants du rêve,* Bettelheim (1) émet une opinion bien différente. Il ne constate pas plus de suceurs de pouce qu'aux Etats-Unis (pas moins non plus) et il est frappé par l'air bien portant et par l'équilibre émotionnel des enfants.

Les deux études se situent aux alentours de 1955-1960. En fait, les éducateurs des kibboutz ont expliqué à Bettelheim qu'après avoir lu Sigmund Freud et Anna Freud ils croyaient que, lorsqu'un enfant suçait son pouce, c'était le signe d'un besoin. Ils ont donc eu le sentiment qu'ils devaient lui accorder ce plaisir. Mais, au bout d'un certain nombre d'années, ils se sont rendu compte qu'en donnant à l'enfant la liberté totale de prendre du plaisir, ils lui barraient l'accès au contrôle de lui-même et le rendaient incapable de supporter le contrôle exercé sur lui par le kibboutz. Aussi ont-ils changé d'attitude.

Pour les membres du kibboutz, il s'agit donc moins de priver les enfants d'un plaisir naturel que de l'éduquer à trouver son plaisir en dehors de lui-même (qui peut jeter la pierre aux membres du kibboutz ?). Ce serait, en fait, l'aspect auto-érotique de la succion (avec tout ce qu'il comporte d'angoissant pour celui qui est ainsi rejeté) qui serait mal toléré par les adultes pour lesquels la communauté doit être la source et le but de tous les plaisirs.

L'énurésie des enfants est loin d'entraîner la même intolérance chez les éducateurs et parents du kibboutz. L'enfant peut mouiller son lit toutes les nuits sans qu'on y voit un plaisir auto-érotique répréhensible. En fait, lorsqu'il mouille son lit, l'enfant ne le fait pas pour s'isoler du reste du groupe ; il ne transgresse donc pas les normes dudit groupe. S'il se passe de son entourage pour satisfaire ses besoins profonds, c'est de façon très détournée. Il ne déclare pas ouvertement qu'il a recours à son propre corps parce qu'il ne retire pas assez de satisfaction de la communauté. Par contre, l'enfant qui suce son pouce au nez des adultes, les provoque directement et ouvertement. Ceux-ci ont alors bien du mal à rester indifférents ou permissifs.

Il est tout à fait intéressant de voir ici comment un groupe entier — une communauté en l'occurrence — peut reprendre à son compte des attitudes individuelles d'intolérance, mais en les rationalisant, les incorporant dans un système logique, apparemment « pour le bien de l'enfant ».

(1) Bettelheim (B), *The children of the dream,* New York, Avon 1961.

LE POUCE POUR TOUS LES ENFANTS DU MONDE

A notre connaissance, sous toutes les latitudes la bouche est un organe privilégié d'exploration, d'appréhension, de découverte du monde, entraînant plaisir et désir de répétition. Quoi de plus naturel alors que d'y porter un des premiers objets qui s'offre à cette exploration, appréhension, découverte, à savoir la main ?

On a peut-être trop surestimé le rôle de la succion, de l'allaitement et de la zone buccale dans le développement du jeune enfant. Nous allons essayer de démontrer que c'est à une fête du corps tout entier, et non seulement à un pâle succédané de la tétée, que convie la succion du pouce.

Bowlby (1), un psychanalyste anglais, a étudié de près ce que les éthologues appellent l'empreinte : chez la plupart des oiseaux et chez quelques mammifères, les petits maintiennent de manière instinctive (il s'agit d'une prédisposition génétique) un lien privilégié de rapprochement avec un individu particulier. Généralement, c'est la mère. Mais des expériences ont montré que cela pouvait être également une mère d'une autre espèce, un leurre de type ballon en mousse, ou encore l'expérimentateur humain (Konrad Lorenz décrit des comportements analogues). L'enfant s'attache à cet individu dès les premières heures ou jours de sa vie, ensuite il le suit partout et marque le plus profond désarroi lorsque l'individu choisi disparaît. On ne trouve plus ce désarroi profond dès que le contact avec l'individu élu est rétabli. On pense immédiatement, et peut-être de façon un peu trop anthropomorphique, à la fameuse angoisse de disparition que l'on peut observer chez le nourrisson humain vers le 6e-8e mois.

Ce qui frappe Bowlby dans toutes ces expériences (décrites sous le nom d' « impriting »), c'est le caractère à la fois primaire de cette manifestation et le fait que la bouche, le sein, l'attachement ou le sevrage semble y jouer un rôle moindre. Bowlby en arrive à la conclusion que des auteurs comme Anna Freud, Mélanie Klein ou Spitz, donnent une importance excessive à l'oralité.

Dans un article de 1958, intitulé « La nature des liens de l'enfant et de sa mère », il fait l'hypothèse qu'il existerait, à côté de la pulsion orale, une pulsion indépendante qu'il nomme pulsion d'attachement et qui, à la différence de la pulsion orale, n'aurait pas de composante sexuelle.

(1) Bowlby (J.), The nature of the child's-tie to his mother, *Int. J. of Psychan.*, 1958, *39*, n° 5, pp. 350-371.

Les singes et la pulsion orale

A la même époque des expériences d'Harlow (1), désormais célèbres, sont publiées aux Etats-Unis. Elles montrent que les bébés singes préfèrent, parmi les leurres, des « mères » artificielles faites en fils de fer avec un revêtement de fourrure ou de chiffons doux à celles qui sont seulement métalliques. Que ces mères artificielles soient allaitantes (c'est-à-dire présentant un biberon), ou non, n'introduit pas de différences significatives dans le choix des enfants singes. Ce qui compte avant tout pour les bébés animaux, c'est le contact avec la douceur d'une peau ou d'une fourrure. Ensuite, mais ensuite seulement, les singes trouvent du réconfort à l'allaitement, à la chaleur physique et au bercement.

Didier Anzieu, dans un article « Le moi-peau » (2), résume clairement ce qu'il faut retenir de ces expériences éthologiques.

Le contact entre la mère et le petit est un facteur essentiel de développement, indépendamment de l'allaitement : « Un jeune singe auquel on laisse libre accès à un biberon disposé sur un support métallique ne s'en approche pas et paraît effrayé ; si l'on dispose sur le support des chiffons ou de la fourrure (pas forcément une fourrure de singe), il s'y blottit et son comportement manifeste calme et assurance. »

En conclusion donc, pour Bowlby, l'enfant a un besoin inné du sein, mais parallèlement et indépendamment il a un autre besoin inné : celui d'un contact somatique et psychique avec un être humain. Que représente le pouce dans ce contexte théorique ? On peut émettre l'hypothèse qu'il satisfait à la fois le besoin d'attachement à la mère (ou à son représentant partiel, le sein) et celui de contact, de chaleur que l'enfant recherche auprès de sa mère.

Les mouvements associés

Si l'on demande à un enfant pourquoi il suce son pouce, il répond souvent : « Parce que c'est bon. » Cet adjectif peut renvoyer au bon pour la bouche mais également au bon pour le pouce, au bon pour le corps, au bon pour l'esprit. Le « bon » ne se mange pas nécessairement, même si les connexions avec ce qui s'avale sont nombreuses. Quelques enfants d'ailleurs donnent des variantes plus explicites ; certains vous disent : « Parce que c'est sucré », d'autres : « Parce que c'est chaud. »

(1) HARLOW (H. F.), The nature of love, *American Psychologist*, 1958, *13*, pp. 673-685.

(2) ANZIEU (D.), Le moi-peau, in *Nouvelle Revue de Psychanalyse*, 1974, *9*, Gallimard.

La bouche n'est pas seule en cause dans ce plaisir de l'enfant. Il existe toujours des mouvements associés dont on a pensé qu'ils remontaient aux mouvements des mains et des doigts lors des premières têtées. Un auteur comme Levy (1), qui s'est beaucoup intéressé à cette question, va jusqu'à prétendre que le pouce choisi par l'enfant est celui qui se trouvait libre lorsqu'il têtait, tandis que les mouvements associés étaient ceux de la main bloquée. Il est logique, dans ces conditions, que les principales habitudes secondaires rencontrées soient des manipulations au niveau de la tête et du cou (caresser, tirailler, frotter les lobes de l'oreille, le nez, le menton...). Si l'on s'en tient toujours à cette hypothèse, ces localisations sont en rapport avec la surface du corps qui se trouve à la portée des mains de l'enfant dans les premiers mois de sa vie.

Pourtant plusieurs objections surgissent si l'on réfléchit un peu. On peut se demander, par exemple, ce que deviennent ces habitudes — soi-disant déclenchées par une position d'origine — lorsque l'enfant, comme c'est la plupart du temps le cas, est changé régulièrement de position. De plus, un certain nombre d'enfants plus âgés touchent, par exemple, leur nombril ; or celui-ci n'est pas immédiatement accessible de façon stable pour les nourrissons.

S'il n'est pas prouvé donc que ces mouvements accessoires soient des restes de mouvements accompagnant la têtée, il est certain qu'un très grand nombre d'enfants suceurs de pouce éprouvent le besoin d'accompagner leur succion de ces caresses. Souvent d'ailleurs un chiffon, un mouchoir, une couverture, un bout de fourrure ou toute autre étoffe sont utilisés parallèlement, flairés, caressés, roulés, triturés.

Toutes ces manipulations si fréquentes qui accompagnent la succion du pouce montrent que la « pulsion orale » — même si elle joue un rôle primordial — n'est pas seule en cause, mais que le toucher, l'odorat participent au plaisir de l'enfant. Même dans les cas où seul le pouce est sucé sans qu'on puisse déceler de façon caractérisée des mouvements associés, on peut la plupart du temps découvrir une activité particulière des autres doigts de la main, suscitant des sensations plus diffuses que celles qui seraient limitées à un seul doigt et à la bouche.

L'enfant qui suce son pouce éprouve un plaisir intense dans lequel la bouche et le pouce ne sont pas seuls en cause. Quand il suce son pouce, tous les organes des sens sont sollicités, tous les besoins sont satisfaits ; c'est pourquoi il faut réfléchir avant de supprimer à l'enfant ce merveilleux recours.

(1) Levy (D.), voir Chapitre V.

CHAPITRE II

QUELQUES DONNEES QUANTITATIVES SUR LA SUCCION DU POUCE

Y A-T-IL BEAUCOUP D'ENFANTS QUI SUCENT LEUR POUCE ?

« Est-ce que beaucoup d'enfants sucent leur pouce ? » Voilà une des premières questions que posent les mères anxieuses à ceux qui sont censés connaître la réponse. Certains pédiatres ou dentistes répondent avec une belle assurance et disent, par exemple, que 80 % des enfants sucent leur pouce dès les premiers jours ; la moitié d'entre eux, continuent-ils, cessent au cours des deux premières années et la plupart des autres, avant qu'ils n'aient atteint l'âge de six ans. Cette remarquable précision, si elle a le mérite de rassurer les parents, n'est cependant pas l'exact reflet de la réalité qui semble plus difficile à cerner en chiffres définitifs et irréfutables.

Nous allons voir que suivant les auteurs, les échantillons choisis, les époques, il existe des fluctuations dans les statistiques proposées sur la fréquence de la succion. Cependant, il reste exact qu'un grand nombre d'enfants sucent leur pouce dès les premiers jours de leur vie et qu'un grand nombre de ceux-ci arrêtent plus ou moins spontanément avant l'âge de 6 ans. Voyons avec un peu plus de précisions quel est le pourcentage moyen d'enfants qui sucent leur pouce, ceci dans nos Sociétés occidentales, dites civilisées.

Dans un manuel de psychologie de l'enfant très célèbre, *Manual of child Psychology* (1), on trouve un tableau récapitulatif * de quelques grandes études anglo-saxonnes faites sur cette question. Ce tableau peut provoquer un certain étonnement chez l'admirateur naïf des précisions statistiques. En effet, on s'aperçoit qu'entre une étude publiée en 1928 et une autre datant de 1948, les chiffres de suceurs relevés varient entre 25 % et

(1) CARMICHAEL (L.), *Manual of Child Psychology*, Wiley, New York, 1970.
* Voir en annexe, tableau n° 1, p. 190.

100 %. Qui croire, que croire ? Pourtant, lorsqu'on regarde d'un peu plus près l'ensemble des chiffres proposés, les écarts s'expliquent en partie et une certaine cohérence se dégage.

Certains auteurs appellent « suceur » tout enfant qui se livre à une activité de succion quelconque, indépendamment de la durée de celle-ci et indépendamment de la partie de la main portée à la bouche. Ainsi, on peut compter parmi les jeunes enfants d'une institution, âgés de 0 à 1 an, 100 % de suceurs.

D'autres, par contre, ne considèrent comme « suceurs » que les enfants qui utilisent le pouce, et ceci de manière permanente et non pas fugitive ou accidentelle. Il est à remarquer, en outre, que les 25 % de suceurs cités plus haut faisaient partie de la clientèle privée de l'enquêteur.

Le même auteur, dans une consultation gratuite pour enfants de milieux défavorisés, trouve déjà 40 % de suceurs de pouce. Faut-il en conclure que le milieu, les conditions dans lesquelles vit l'enfant ont un rôle sur cette habitude ? L'hypothèse qui vient à l'esprit devant ces quelques chiffres est que les enfants défavorisés, livrés à eux-mêmes pour de longues périodes, moins stimulés, à qui l'on offre moins d'ersatz du sein maternel ont davantage recours à leur pouce. Pourtant, on le verra dans un chapitre ultérieur, rien de décisif n'a pu être mis en évidence pour confirmer cette hypothèse. (Nos chiffres vont en sens inverse.)

Si l'on considère la conduite habituelle (et non la conduite accidentelle) et si l'on fait la moyenne des différents pourcentages proposés, on obtient un chiffre de 53 % d'enfants qui sucent leur pouce. Ce chiffre reflète assez bien l'approximation moyenne des auteurs qui se sont penchés sur cette question. Il traduit aussi de façon éloquente la fréquence de cette habitude puisque l'on peut dire que, au XXe siècle et dans nos cultures, un enfant sur deux suce son pouce. Cependant, il convient d'apporter des précisions supplémentaires : A quel âge l'enfant commence-t-il à sucer son pouce et surtout à quel âge s'arrête-t-il ? Les garçons sont-ils plus nombreux que les filles à sucer leur pouce ou bien est-ce le contraire ?

A QUEL AGE COMMENCE-T-ON A SUCER SON POUCE ?

Dès leur naissance les nourrissons sont capables de sucer leur pouce et certains ne s'en privent pas. Il s'agit, en fait, d'une activité quasi-réflexe qu'on rencontre bien avant la naissance. En effet, certains fœtus sucent leur pouce et arrivent au monde avec une callosité très parlante sur ce doigt.

Chez un fœtus de 8 semaines un pédiatre américain a constaté — lors d'une stimulation dans la région de la bouche — la présence d'un mouvement de recherche pendulaire de la tête. Ce n'est cependant qu'à la fin du premier trimestre, vers la 12e semaine, que l'on peut observer — lors de l'excitation des lèvres — de véritables mouvements de la langue, du menton et de la bouche. Si l'on renouvelle à intervalles réguliers cette excitation, on constate l'ébauche d'une véritable succion et déglutition. Or, la langue est l'organe qui procure les premières expériences tactiles du fœtus. De par sa mobilité (elle peut déjà se projeter à l'extérieur), de par sa capacité à empêcher le liquide amniotique de pénétrer dans les bronches du fœtus, elle est un des premiers ponts lancés entre l'enfant et le monde qui l'environne.

A 16 semaines le fœtus esquisse spontanément le mouvement de têter. A 27 semaines le fœtus suce son pouce *in utero* et avale du liquide amniotique (environ 500 grammes par jour).

Dès la naissance, mises à part les quelques heures qui suivent au cours desquelles la respiration semble être la fonction prédominante, la vie instinctuelle du nourrisson va être centrée sur la bouche et la nutrition. C'est par la bouche, en effet, que va se poursuivre la relation étroite qui existait entre la mère et le fœtus. L'enfant ne fait qu'un avec sa mère, il n'a pas conscience de son autonomie ; ce n'est que peu à peu qu'il prendra conscience du fait que sa mère est extérieure à lui, qu'elle peut lui donner le sein mais aussi le lui retirer. La bouche durant toute cette période va jouer un rôle structurant capital. En effet, elle participe à la fois de l'intérieur et de l'extérieur pour l'appréhension perceptive du nourrisson. Spitz (1) a très bien mis en évidence ce rôle de pont entre le monde purement subjectif de l'enfant et le monde objectif.

Toute la perception commence dans la bouche : « Dans cet organe unique les représentants de plusieurs d'entre les sens sont rassemblés en une seule et même région. Il s'agit du toucher, du goût, de la température, de l'odorat, de la couleur, mais aussi de la sensibilité profonde, intéressée dans l'acte de déglutition. » La bouche donc réunit à elle seule toutes les sensations qui sont à la disposition de l'enfant ; de plus, l'action de têter et de déglutir est la première activité musculaire coordonnée de l'enfant.

Dès les premiers jours on voit apparaître ce qu'on a appelé le « rooting reflex » qui consiste en une rotation de la tête vers tout stimulus qui intéresse la région de la bouche (nez, joue, menton, lèvres). En même temps on

(1) Spitz (R.A.), *De la naissance à la Parole*, P.U.F., 1968.

assiste à un mouvement happant des lèvres, qui s'intensifie si l'on place une tétine dans la bouche de l'enfant. Mais très vite la main, elle aussi, va participer à l'acte du nourrissage (tous les parents ont pu remarquer l'extraordinaire activité des doigts durant la têtée). Le nourrisson dès ses premiers jours en même temps qu'il suce, en même temps qu'il « boit » sa mère des yeux, saisit, griffe, gratte son sein. Cette activité de fermeture de la main ne se fait pas de façon désordonnée mais suit, au contraire, le rythme buccal de la têtée. Spitz n'est pas le seul à penser que l'enfant ressent celle-ci comme appartenant aux mouvements buccaux de la têtée.

Cette importance de la main se retrouve dans une activité adulte comme celle de fumer une cigarette. Là encore, la bouche n'est pas le seul organe qui participe à la satisfaction. Il suffit pour s'en convaincre de regarder les nombreux gestes manuels qui accompagnent cette activité, comme celui de rouler la cigarette entre ses doigts après l'avoir retirée de la bouche, et les nombreux attouchements dont elle fait l'objet. L'adulte qui fume une cigarette, tel l'enfant qui suce son pouce, retrouve un plaisir complexe où la bouche et la main sont indissociables.

Pour en revenir au suceur de pouce, il paraît indiscutable que très jeune, avant l'âge de 6 mois, l'enfant a acquis ce schème et les auteurs pour une fois sont d'accord. Il est assez remarquable que les enfants d'1 an qui n'ont jamais sucé leur pouce ont très peu de chance de le faire par la suite, même s'ils subissent d'importantes frustrations. Ils auront probablement recours à d'autres modes de consolation regressifs pouvant toucher le système de l'alimentation, mais le pouce ne sera pas leur recours privilégié.

C'est pourquoi, contrairement à certaines idées assez répandues, la naissance d'un frère ou d'une sœur (ou tout autre « traumatisme » survenant après l'âge d'1 an), entraîne très rarement la brusque apparition d'une succion du pouce qui aurait été jusque-là totalement absente.

Les parents recherchent souvent des causes à ce comportement qui les trouble lorsqu'il persiste au-delà d'un certain temps, pendant lequel ils ont toléré ou négligé cette conduite. Par ailleurs, leur mémoire est rarement très fidèle et ils incriminent volontiers des faits marquants de la vie de l'enfant.

En réalité, toutes les observations longitudinales de l'enfant n'ont pu mettre en évidence la liaison systématique de ce comportement de succion avec un événement précis de sa vie. Le fait que, chez la plupart des enfants, l'habitude est acquise avant le 6e mois confirme ceci. Par contre, ce qui est plus courant, c'est la recrudescence à certains moments difficiles pour l'enfant de la succion du pouce.

A QUEL AGE S'ARRETE-T-ON ?

L'apogée de la période dite orale se situe au cours de la première année. Ensuite le développement des possibilités motrices, la découverte du corps dans son entier, le début du langage (encore très dépendant de la motricité linguale), la maîtrise progressive des sphincters et le retentissement que celle-ci a sur les relations de l'enfant avec sa mère font que l'investissement de la zone orale va diminuer, au profit de nouveaux plaisirs.

C'est à peu près à ce moment que l'on observe le passage de la déglutition infantile (1) à la déglutition adulte et c'est, pour un certain nombre d'enfants, la fin de cette première année qui marque la fin de la succion du pouce.

Un chercheur américain (2) donne 93 % d'enfants s'arrêtant avant 1 an sans aucune intervention extérieure. Malheureusement les autres chiffres sont beaucoup plus vagues et, là encore, si l'on veut tenir compte de l'ensemble des études faites sur cette question, on peut dire que la grande majorité des suceurs de pouce ne s'arrête que vers l'âge de 7 ans.

Les pédiatres ou autres spécialistes n'étaient guère permissifs autrefois : 3 ans était, bien souvent, la limite extrême au-delà de laquelle le suceur de pouce devenait un fauteur de troubles qu'il fallait remettre sur le droit chemin coûte que coûte. Mais peu à peu, cependant, une plus grande tolérance apparente s'est confirmée. C'est ainsi que la plus importante étude statistique connue à ce jour, celle de deux pédiatres américains (3) (1958), indique 4 ans comme l'âge moyen où l'enfant abandonne spontanément son pouce.

De toute façon, si l'on observe le tableau des données quantitatives *, on constate que 6-7 ans marque un tournant indéniable et que, pour tous les auteurs, 7 ans est l'âge limite au-delà duquel un pourcentage significativement faible d'enfants continuent à sucer leur pouce. Ce sont ces enfants-là que l'on va retrouver de façon privilégiée dans les consultations dentaires.

(1) Déglutition infantile, voir Chapitre III.
(2) Brazelton (T. B.), Sucking in infancy, *Pediatrics*, 1956, *17*.
(3) Traisman (A. S.) et Traisman (H. S.), voir Chapitre V.
* Voir en annexe, tableau n° 1.

Y A-T-IL PLUS DE GARÇONS OU PLUS DE FILLES QUI SUCENT LEUR POUCE ?

Les filles ont en général la réputation d'être plus portées à sucer leur pouce que les garçons. Cette réputation est-elle méritée ou reflète-t-elle quelque position phallocratique ?

Personnellement nous avons rencontré, dans la consultation de la Salpétrière où nous exercions, une majorité de filles (60 %). Cette supériorité indéniable des filles de plus de 8 ans suceuses de pouce nous a intrigué et nous nous sommes demandé si cela était dû au fait que les parents se préoccupaient davantage de l'apparence extérieure de leurs filles, donc consultaient plus volontiers pour les malpositions dentaires de celles-ci que pour celles de leurs garçons, ou bien si cela confirmait le fait que les garçons avaient moins recours à cette attitude.

Les études américaines sont de peu de secours sur ce point : si la taille de leurs échantillons est à la mesure de leur pays et dépasse largement celui que nous avons constitué, les résultats qui s'en dégagent sont assez déroutants et ne permettent pas vraiment de discerner la supériorité de l'un des sexes sur l'autre.

Pour certains, les filles l'emportent sur les garçons à partir d'1 an ; pour d'autres, au contraire, aucune différence significative ne peut être mise en évidence. En particulier, les deux pédiatres américains déjà cités (1), qui ont à leur actif plus de 1 000 suceurs de pouce examinés et mis en fiches, ne trouvent pas que les garçons soient plus « raisonnables » que les filles.

Pourtant, si dans l'ensemble aucune différence nettement significative statistiquement ne peut être mise en évidence, une certaine majorité se dégage en faveur d'une légère supériorité des filles suceuses de pouce et il n'est pas sans intérêt d'évoquer rapidement les hypothèses que l'on peut faire à cet égard.

UNE HYPOTHESE POUR JUSTIFIER D'UNE PLUS GRANDE FREQUENCE DE FILLES SUCEUSES

Aussi curieux que cela puisse paraître, c'est un développement plus précoce de la sexualité chez les filles qui est parfois invoqué pour expli-

(1) TRAISMAN (A. S.) et TRAISMAN (H. S.), Thumb and finger sucking : a study of 2660 infants and children, *J. Pediat.*, 1958, *52*, pp. 566-572.

quer cette différence de comportement. C'est parce que les petites filles ont un fort érotisme oral qu'elles se livrent davantage que les garçons à des comportements ludiques oraux. En étudiant les nouveau-nés, certains auteurs américains ont trouvé que les filles étaient plus sensibles que les garçons aux stimulations tactiles ; ils ont donc émis l'hypothèse que cette sensibilité plus précoce des filles entraînait un plus grand attachement au premier plaisir érotique à leur portée, à savoir la succion.

Cette supériorité féminine quant à la précocité de son érotisme oral, si elle satisfait les militantes féministes actuelles, ne nous paraît pas très convaincante. On ne retrouve aucune confirmation de cette hypothèse dans la littérature concernant le développement de l'enfant, et l'on peut se demander s'il ne s'agit pas là d'une explication *a posteriori* destinée à justifier une constatation par ailleurs ambiguë (ainsi que nous l'avons suggéré plus haut).

Une preuve de l'arbitraire des hypothèses que les auteurs peuvent être amenés à formuler nous est donnée par une étude très contradictoire concernant, là encore, le sexe du suceur de pouce : sur 143 enfants d'un orphelinat des Etats-Unis un médecin trouve une nette supériorité de garçons qui sucent leur pouce.

A l'adolescence et plus tard il est indéniable, par contre, que les jeunes gens ou les hommes qui sucent leur pouce sont très rares ; nous n'en avons, quant à nous, jamais rencontrés. Par contre, il existe des femmes qui sucent leur pouce le soir en s'endormant. Certaines même le font en compagnie de leur enfant.

La mère d'un des enfants que nous suivions à la Salpétrière nous a avoué un jour avec une grande confusion qu'au début de son mariage, ne pouvant renoncer à ce plaisir qu'elle n'osait pas par ailleurs confesser à son mari, elle se tournait sur le côté pour pouvoir se livrer à son « vice secret » et que c'était la seule façon pour elle d'obtenir le sommeil !... Une autre jeune femme avait pour habitude de prendre son fils sur ses genoux et de rester de longs moments avec lui, chacun suçant son pouce, chacun blotti en quelque sorte contre l'autre, à l'abri du monde extérieur.

Enfin s'il n'est pas rare, même en société, de voir une jeune fille ni provocante ni femme-enfant sucer doigt ou pouce, il est par contre difficile, sinon impossible, de surprendre un homme dans la même attitude.

CONCLUSION

Ces quelques données quantitatives sur la succion du pouce nous montrent à quel point ce comportement est fréquent puisqu'un enfant sur deux environ suce son pouce, et à quel point il est naturel puisque tous les auteurs s'accordent à le faire remonter aux premiers jours de la vie. Par contre, les chiffres sont moins clairs en ce qui concerne l'âge où ce comportement disparaît, le sexe des enfants les plus enclins à sucer. Enfin ces chiffres, pour intéressants qu'ils soient, ne nous apportent pas de réponse sur les raisons qui conduisent un enfant sur deux à sucer son pouce bien après l'âge où la bouche est l'organe privilégié pour l'exploration et la découverte du monde extérieur. C'est pourquoi nous avons successivement interrogé la littérature stomatologique, psychanalytique et psychologique pour essayer de comprendre ce comportement.

CHAPITRE III

LES DENTISTES ET LA SUCCION DU POUCE

Si la succion du pouce suscite depuis longtemps des conduites diverses, c'est seulement vers les années 1835-1840 (c'est-à-dire vers le milieu du XIXe siècle) que certains dentistes commencèrent à signaler la succion du pouce comme cause déterminante de certaines malpositions dentaires chez les enfants, contredisant ainsi les pédiatres de l'époque.

Aujourd'hui encore bien des parents posent la question à leur dentiste et, avant d'envisager les traitements de ces malpositions et leurs indications, nous allons voir rapidement quelles déformations la succion du pouce peut entraîner.

LES DEFORMATIONS DES DENTS

Les déformations que l'on rencontre en rapport avec la succion du pouce sont très variées, mais on peut schématiquement les classer en deux grandes catégories : les anomalies verticales et les anomalies antéro-postérieures.

LES ANOMALIES VERTICALES

Elles sont caractérisées par une béance, un espace entre les incisives supérieures et les incisives inférieures qui peut atteindre plusieurs millimètres. On peut déterminer avec précision l'endroit où le pouce est sucé : il correspond à la dent la moins descendue. L'espace observé est en partie seulement causé par la succion du pouce. La déglutition infantile dont nous parlerons plus loin joue également un grand rôle dans la malposition.

Lorsque l'index est préféré au pouce, on constate que la béance est alors latérale et très asymétrique. Enfin il n'est pas rare de rencontrer un défaut de développement vertical au niveau des incisives inférieures.

LES ANOMALIES ANTEROPOSTERIEURES

Elles sont caractérisées par une inclinaison vers l'avant des incisives supérieures, qui modifie la physionomie de l'enfant et notamment son profil. La lèvre supérieure est projetée vers l'avant et si celle-ci est hypotonique *, comme c'est fréquemment le cas, la déformation est accentuée. De plus, les incisives inférieures peuvent être repoussées vers l'arrière, ce qui est encore un facteur aggravant de la malposition.

Il existe donc de nombreuses formes de malpositions, mais il faut retenir que ces déformations surviennent uniquement lorsque la musculature faciale est anormale et ne permet pas de compenser les pressions extrinsèques. C'est pourquoi bien des enfants sucent leur pouce avec acharnement et gardent des dents parfaitement alignées.

De plus, lorsqu'il existe une déformation, celle-ci est presque constamment associée à des anomalies comme la déglutition infantile ou l'interposition linguale ou labiale, et il est extrêmement difficile de dire ce qui revient en propre à la succion du pouce. Nous allons voir en quoi consistent ces anomalies associées.

LA DEGLUTITION INFANTILE

Le nourrisson absorbe une nourriture liquide et sa déglutition présente des caractères bien spécifiques. C'est un Anglais, Rix (1), qui le premier a décrit les mécanismes particuliers de cette déglutition infantile qui disparaît normalement lorsque l'enfant peut passer de l'alimentation liquide à l'alimentation solide, c'est-à-dire lors de l'apparition des dents de lait et surtout des molaires temporaires au cours de la deuxième année.

Avant, durant leurs premières années, les nourrissons absorbent toujours la nourriture en gardant leurs mâchoires séparées. La langue se glisse entre les gencives au cours de la tétée et se place sous le mamelon ou la tétine. L'aliment est comprimé par des mouvements d'élévation, d'abaissement de la mandibule et de la masse de la langue. Lorsque le muscle mylohyoïdien * se contracte, la langue bombe non seulement dans le pharynx mais aussi entre les arcades dentaires. Les muscles des

* Hypotonique : qui manque de tonus musculaire.
(1) Rix (R. E.), *Deglutition and the teeth*, D. Record (1946), *66*, p. 103.
* Muscle situé au-dessus du larynx.

lèvres et des joues se contractent alors fortement pour limiter jusqu'à un certain point le passage de la langue entre les gencives et les dents *.

On pourra donc parler de déglutition infantile lorsque, au moment du passage du bol alimentaire dans le pharynx, on observe l'interposition de la pointe de la langue entre les dents, avec une contraction importante de l'orbiculaire des lèvres.

Cette déglutition infantile accompagne toujours les phénomènes de succion ainsi que l'ont constaté de nombreux dentistes, mais elle peut également exister sans la succion du pouce. Sur une population de 100 enfants de 7 à 12 ans, Rix trouve environ 29 % d'enfants qui présentent encore une déglutition infantile. Sur une population de 222 enfants, le Docteur Bouvet (1) constate que : entre 2 et 3 ans on ne trouve pas encore de déglutition adulte, entre 3 et 5 ans 50 % des enfants gardent une déglutition infantile et, sur l'ensemble de la population des enfants de 2 à 12 ans, 38 % n'ont pas acquis la déglutition adulte.

CONSEQUENCES DE LA DEGLUTITION INFANTILE

Cette déglutition infantile va avoir des conséquences sur la phonation car les coordinations musculaires seront défectueuses et la position de la langue mauvaise. Une déficience musculaire lors de la déglutition aura pour corollaire une difficulté dans l'articulation des sons. Les défauts les plus fréquemment rencontrés concernent la prononciation des consonnes palatines D, T et N, L. Les enfants prononcent ces consonnes en interposant la langue entre les arcades ou même en touchant leurs incisives inférieures. On peut trouver également certains zozotements, des confusions de consonnes (F à la place de K), des chuintements ou enfin une mauvaise articulation (schlintement) des consonnes constructives (F, V, CH, J, S, Z...).

A l'origine de ces anomalies comme de la déglutition infantile, on retrouve une hypotonie de toute la musculature faciale et en particulier des lèvres et de la langue. C'est pourquoi il n'est pas rare de constater chez les suceurs de pouce des troubles du langage qui ne sont pas audibles mais devront faire l'objet d'une rééducation orthophonique paral-

* Voir schémas en fin de chapitre.

(1) Bouvet (J. M.), Deneuville (O.), Les tics de succion, *Le concours médical*, 1970, *46*, pp. 1507-1510.

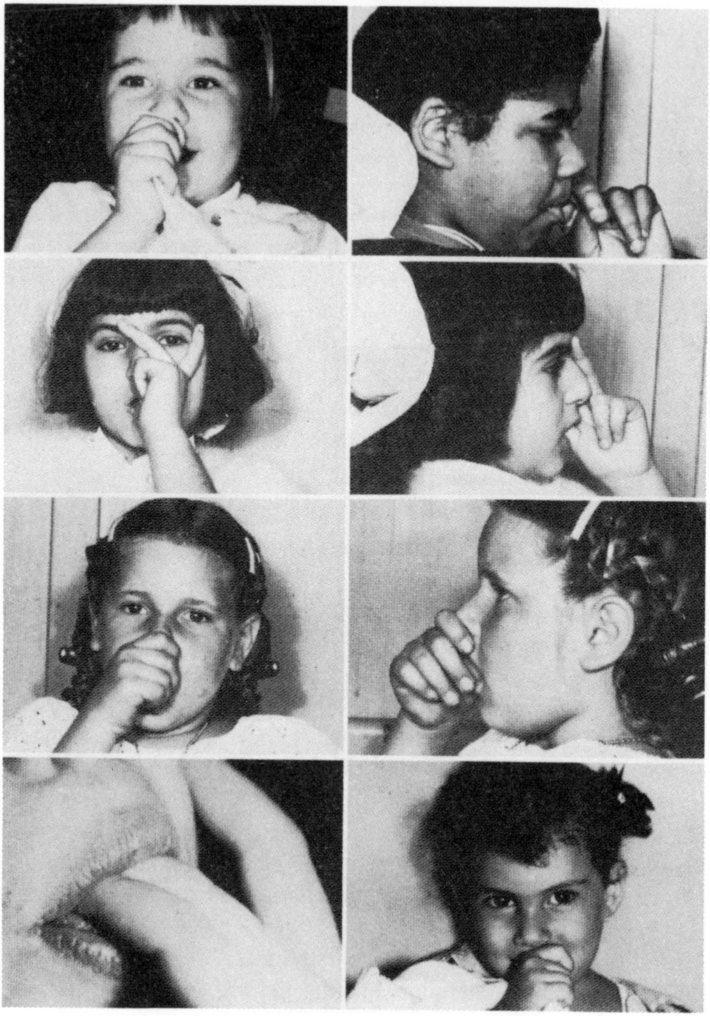

Suceurs de pouce et succions du pouce.

Photographies extraites de *Orthodontics* de T.M. GRABER, D.M.D., M.S.D., PH.D.

lèlement au traitement thérapeutique de la succion. La persistance de la déglutition infantile et de la succion après que soit révolue leur période physiologique, a des conséquences néfastes sur tout le développement fonctionnel de l'enfant.

LES TRAITEMENTS DE LA SUCCION DU POUCE

Parmi la grande diversité des traitements proposés par les spécialistes, on peut distinguer trois grands types d'interventions :

— les interventions préventives,
— les interventions mécaniques,
— les interventions psychologiques.

LES INTERVENTIONS PREVENTIVES

Dès la naissance de l'enfant les mères devraient être informées sur la meilleure façon de le nourrir. En particulier pour l'enfant nourri au biberon, on devrait utiliser des tétines ayant la forme la plus proche possible du sein de la mère et ne laissant pas le lait s'écouler trop rapidement. Même dans ces conditions, certains dentistes pensent que l'allaitement au biberon n'est pas aussi parfait que l'allaitement au sein pour les raisons suivantes : l'enfant qui boit à la tétine ne serre pas les lèvres aussi fortement que celui qui tête le sein (sinon l'écoulement de lait ne pourrait se faire) ; il ne se produit donc pas ce que les spécialistes appellent le « vide buccal ». Ce vide est dû à l'adhérence parfaite des lèvres sur le mamelon et au mouvement rythmique de langue qui compresse le sein d'arrière en avant contre la mandibule. Or certains prétendent que ce vide buccal joue un rôle essentiel : il favorise une respiration correcte par le nez..., il sollicite les sécrétions salivaires, il empêche l'absorption d'air.

Outre l'absence de vide buccal, l'enfant sera moins sollicité au niveau de sa musculature buccale qui aura tendance à devenir hypotonique et n'entraînera pas la croissance harmonieuse des os et des cartilages. Cependant ces inconvénients sont peut-être surestimés, et si l'on veille à la qualité des tétines que l'on met sur les biberons, on a toutes les chances de ne pas déclencher les catastrophes que nous avons évoquées plus haut.

Enfin sur le plan prophylactique la sucette, à condition qu'elle corresponde aux normes requises *, semble offrir des possibilités intéressantes. Cette sucette doit être souple afin de ne pas développer des modifications du développement osseux. Elle ne doit pas être percée et remplie d'un liquide (sucré) comme on le voit parfois, pour ne pas favoriser la respiration buccale ni abimer les dents lorsqu'elles apparaissent. La sucette connaît d'ailleurs un regain de faveur aux Etats-Unis après avoir été longtemps méprisée par les éducateurs. Elle a enfin comme mérite non négligeable d'être très rarement utilisée par l'enfant après 2-3 ans, ce qui n'est pas le cas du pouce (plus portatif et plus discret).

LES INTERVENTIONS MECANIQUES

Parmi les interventions les plus répandues on trouve les applications de substances amères sur le doigt coupable. Ces substances sont variées : aloès, piment, moutarde, etc. Le père d'un suceur de pouce que j'ai suivi, allait jusqu'à badigeonner le pouce de moutarde puis il le trempait dans la cendre ! Si l'imagination des parents est grande celle des enfants ne l'est pas moins et, très vite, ils apprennent à se débarrasser du produit... ou s'accoutument à son amertume.

Les brassards empêchant de plier le coude, les pansements, les chaussettes (rêches si possible), les moufles, les manches cousues, les doigtiers ont également leurs adeptes. Enfin les appareils, mobiles ou fixes, que l'on met dans la bouche sont les plus sophistiqués.

L'écran, la plaque hérissée de fils métalliques aiguisés piquant le doigt ou prolongée d'une partie rugueuse où la langue se blesse, le « hayrake » (1) de Graber (célèbre dentiste américain) composé d'une barre inamovible et de pointes recourbées vers le palais de façon à ce que toute pression engendre la douleur... sont autant d'inventions qui ne font pas partie d'un musée des horreurs. Ces moyens, entièrement coercitifs, n'obtiennent pas des résultats très convaincants : si l'enfant abandonne la succion sous l'effet de la douleur, il la reprend dès que l'appareil est ôté.

A côté de ces appareils pour le moins rébarbatifs, il existe des systèmes plus fonctionnels. Ainsi certains dentistes utilisent un dispositif mobile, constitué d'une plaque de matière plastique s'appliquant sur le palais,

* Voir, par exemple, les sucettes « Nuk Sauger » en fin de chapitre.

(1) Voir différents appareils en fin de chapitre.

fixée aux molaires par des crochets et munie d'un fil souple passant en avant des incisives. Cet appareil, outre qu'il aiderait éventuellement l'enfant à ne plus sucer son pouce, exerce une force de l'ordre de 5 à 10 g/cm^2 sur la face vestibulaire des incisives et permet de rétablir une position normale des dents (des rapports incisifs) chaque fois qu'il existe une interposition musculaire passive (lèvre inférieure, langue, par exemple) ou que l'équilibre musculaire est insuffisant.

LES INTERVENTIONS PSYCHOLOGIQUES

Aux moyens mécaniques s'opposent les moyens dits psychologiques qui consistent à s'entretenir avec les parents pour diminuer leur angoisse s'ils en ressentent, augmenter leur tolérance s'ils en manquent, obtenir leur coopération. Quant à l'enfant on lui expose le plus scientifiquement possible le problème, on lui propose des jeux, des travaux manuels, des exercices physiques en fonction de ses goûts et désirs de façon à lui permettre de sortir de son isolement. On lui explique que son habitude n'est pas le fait de sa mauvaise volonté, mais en quelque sorte un réflexe inconscient dû à sa fatigue. On lui indique les conséquences que la succion peut avoir sur la position de ses dents, on lui propose une sorte de contrat et on lui fixe des rendez-vous pour discuter avec lui de ses progrès (ou de ses échecs) de façon à l'encourager.

Les techniques pour aider l'enfant sont nombreuses, elles varient suivant la personnalité des dentistes mais elles se veulent non coercitives. Pourtant il n'est pas toujours simple de séparer de façon très tranchée moyens coercitifs et moyens psychologiques ainsi qu'en témoigne cette prescription faite par un dentiste stomatologue (1) de la Salpétrière : « ...la seule volonté de l'enfant est souvent insuffisante, aussi faut-il l'aider à alerter sa volonté par des dispositifs de rappel tel qu'un appareil buccal ou un gant ». Les appareils comme les gants peuvent être de véritables instruments de torture (cf. le spécialiste qui conseille le gant à poils rêches) ; ils peuvent tout aussi bien avoir un rôle psychologique très efficace parallèlement à leur rôle mécanique.

Mais les spécialistes ont très vite constaté que tout traitement mécanique n'était qu'un adjuvant tant que l'on n'entreprenait pas une rééduca-

(1) COUTAND (A.), Succion du pouce et anomalies dento-maxillaires, *La revue du Praticien*, 1969, *19*, n° 20-21, pp. 3063-3075.

tion parallèle du comportement musculaire et un traitement psychologique de la succion du pouce. En effet, l'enfant à qui on retire l'appareil risque deux fois sur trois de reprendre ses anciennes habitudes et tous les progrès dus à l'appareil sont vite effacés. Inversement, bien souvent les soi-disant traitements psychologiques ne seront pas moins coercitifs que les appareils et n'auront d'autres effets que de déplacer le symptôme : l'enfant, de suceur de pouce qu'il était, deviendra énurétique par exemple. Que faire alors, quels avis suivre ?

INTERVENTIONS MECANIQUES OU INTERVENTIONS PSYCHOLOGIQUES ?

Savoir s'il faut intervenir mécaniquement ou psychologiquement est en fait un faux problème. Trop souvent on a voulu faire des psychologues les défenseurs acharnés de la non-intervention par méconnaissance des méfaits causés par la succion et, inversement, on a accusé les dentistes de toutes les interventions mécaniques et coercitives qui ne tenaient pas compte de l'ensemble de la Personnalité de l'enfant. C'est ainsi qu'un dentiste amécain renommé, Mack (1), pouvait commencer un article sur les problèmes posés par le traitement de la succion du pouce par l'affirmation suivante : « En ce qui concerne le sujet controversé de la succion du pouce, il existe deux écoles principales de pensée, l'école psychologique et l'école dentaire, et ces deux écoles ne se sont jamais rencontrées. » L'auteur ajoute qu'en fait la mère est placée devant le choix suivant : ou bien elle préfère une mauvaise position des dents et évite les frustrations psychologiques, ou bien elle frustre l'enfant de son besoin de succion et évite les déformations dentaires.

On retrouve des traces de cette position tranchée — ou plus exactement de cette opposition entre dentistes et psychologues — d'une part dans un manuel américain de pédiatrie de 1954 (2) où l'on peut lire que les déformations dues à la succion du pouce sont si rares qu'il faut plutôt les considérer comme les vues d'esprits superstitieux, d'autre part dans le compte rendu d'une conférence devant l'Association Dentaire Américaine où l'on peut lire que toute interruption brutale de la succion du pouce entraîne une frigidité ou une impuissance ultérieure !

(1) MACK (E. S.), The dilemma in the management of thumbsucking *J. Am. Dent. A.*, 1951, *43*, pp. 33-45.

(2) ENGLISH (O. S.), PEARSON (G. H. J.), *Emotional problems of living*, New York, Norton et Cie, 1945.

ARGUMENTS EN FAVEUR DES INTERVENTIONS MECANIQUES

Certains dentistes, au nom de théories psychologiques discutables, ont pris des positions interventionnistes péremptoires qui ne sont pas sans soulever quelques questions. Un exemple assez frappant se trouve dans un article de 1949 présenté à l'assemblée annuelle de l'Association des Orthodontistes Américains. Pour l'auteur (1) tous les maux, et la succion du pouce en est un, proviennent de la première enfance et surtout des mauvaises mères qui ne nourrissent pas leurs enfants à la demande dès qu'ils ont faim.

L'enfant ne peut alors que se rejeter sur ses doigts, maigre consolation pour un confort et une sécurité qu'il n'a pu trouver autrefois. La première recommandation de Hugues est donc le régime à la demande. La seconde recommandation de l'auteur est : « Do things the natural way » (« faites les choses de façon naturelle »). La Nature en l'occurrence a pourvu les femmes de deux tétines parfaites (les seins), il est donc indispensable de nourrir les enfants au sein. Et Hugues d'ajouter, comme preuve à l'appui d'une bonne Nature pervertie par les civilisations, que « très peu d'enfants « primitifs » sucent leur pouce, ont des défauts de prononciation ou autre types de comportements symptomatiques d'insécurité et de mauvaise adaptation ». Or tout ceci est loin d'être prouvé. Enfin, selon l'auteur, un sein à la demande éviterait à l'enfant de sucer son pouce, de bégayer, de se masturber et de mouiller son lit. Ce rapprochement des différents « vices » qu'entraînent nos civilisations industrielles est pour le moins curieux. Quant aux bases de cette prise de position, elles restent pour le moment plutôt caractéristiques d'une époque et d'un individu que confirmées par la Science.

Pour conclure, Hugues propose que le dentiste prenne l'entière responsabilité du traitement psychologique et mécanique de la succion, qu'il soit le seul juge du moment et de la manière d'intervenir, les parents étant par ailleurs les pires thérapeutes (d'après une statistique personnelle mais dans une situation non expérimentale, il aurait observé la disparition de cette mauvaise habitude à 6-7 ans, âge moyen normal, au lieu de 8-10 ans lorsque les parents interviennent).

L'intervention des dentistes est parfois encore plus dramatique et précoce que celle que nous venons de citer. C'est ainsi qu'un dentiste com-

(1) Hugues (B. O.), The growth of children - Psychological and hereditary factors, *Am. J. of orthodontics*, 1949, *35*, pp. 16-24.

me Mack (1) conseille l'appareil à partir de 3 ans 1/2 lorsque la succion du pouce est devenue, dit-il, une habitude « vide ». Jusque-là, toujours pour Mack (qui n'hésite pas à se référer à Williams James pour définir « l'habitude »), nous étions en présence d'une habitude significative. La succion provient sans aucun doute d'un besoin émotionnel... Malheureusement, Mack ne donne aucune indication sur ce besoin émotionnel (il cite le besoin de succion insuffisamment satisfait, la faim, l'absence de stimulations adéquates par des manipulations et des mouvements progressifs) ; il donne encore moins de précisions sur la manière éventuelle de déterminer qu'une habitude est devenue vide. Or, il n'est pas toujours facile de déterminer le rôle d'un symptôme dans l'organisation d'une personnalité, surtout au cours d'une consultation orthodontique. De plus, Mack préconise les traitements mécaniques uniquement chez l'enfant sain, qui a un entourage « sans tension » ; là encore, la détermination de ces facteurs n'est pas sans poser quelques problèmes.

Quant aux appareils proposés, ce sont des appareils inamovibles avec des sortes de pointes qui empêchent la langue ou le pouce de s'insinuer *. Mack, statistiques à l'appui, prouve le succès de cette méthode : 15 enfants traités par lui et questionnés répondirent qu'ils ne furent pas gênés par le port de l'appareil, qu'ils n'eurent aucune difficulté pour s'y accoutumer et qu'ils ne regrettèrent pas leur pouce. Notons que les parents des 15 enfants cités prétendirent également n'avoir remarqué aucune anomalie dans le comportement de ces derniers après la pose de l'appareil, mais au contraire un entrain et une sociabilité plus développés. Tout ceci confirmait la théorie de Mack qui voulait que la frustration soit une expérience nécessaire à l'enfant, l'aidant à vieillir et permettant la redistribution de son énergie vers des buts plus externalisés. Outre le petit nombre de cas utilisés, la sélection des seuls cas traités avec succès par appareil pouvait sembler suspecte à ceux qui n'avaient pas les mêmes théories que Mack. C'est pourquoi des recherches visant à contredire les précédentes se développèrent ; nous allons en citer une qui met en évidence le rôle maléfique de l'appareil.

(1) MACK, cf. plus haut.
* Voir illustrations en fin de chapitre.

ARGUMENTS CONTRE LES APPAREILS

Deux chercheurs de l'Université de San Francisco, Korner A. F. et Reider N. (1), décidèrent de faire une étude plus approfondie de la psychologie des enfants soumis à ce type de traitement si barbare aux yeux de certains, si bénéfique aux regards des autres. Pendant plus d'un an, ils suivirent de façon approfondie trois jeunes enfants (de 4 à 6 ans) présentant des malocclusions avec succion du pouce et insertion de la langue.

Or ces enfants réagirent tous assez violemment contre l'appareil ; l'un par des nouveaux symptômes tels que terreurs nocturnes, énurésie, troubles d'élocution, problèmes alimentaires, le second par une irritabilité accrue, le troisième par une succion décuplée. De plus, les trois enfants présentèrent — aussi bien dans leur comportement que dans leurs fantasmes — une agressivité plus grande et, corrélativement, une plus grande culpabilité envers ce qu'ils avaient appris à considérer comme de « mauvais instincts ». Chez les deux filles ceci se manifesta, entre autres, par une apparente soumission totale à l'appareil, l'une d'elle allant jusqu'à réclamer celui-ci pour ne pas sucer son pouce. Cette soumission fut considérée comme l'indice d'une coopération parfaite par les dentistes ; les psychologues au contraire interprétèrent cette attitude comme l'indice d'une culpabilité entraînant le masochisme des fillettes. Nous trouvons là un des motifs de divergence probable entre les deux catégories professionnelles, dentistes et psychologues. Pour les premiers, ce qui compte c'est la disparition du symptôme, et la coopération de l'enfant est l'un des moyens les plus efficaces. Pour les seconds, la compréhension de la structure de la Personnalité de l'enfant est plus importante que le résultat pratique de suppression d'un symptôme gênant et cette compréhension entraîne souvent la prudence quant au remaniement souhaitable de la structure. C'est pourquoi probablement les résultats des psychologues menant la seconde étude confirmèrent leur théorie : ils trouvèrent dans les trois cas l'échec de l'arrêt de la succion (et même dans deux cas le redoublement compulsif puisque l'un des enfants allait jusqu'à s'enfermer dans les w. c. pour pouvoir se livrer à son activité).

Ces résultats, là encore, ne peuvent être décisifs puisqu'ils portent sur trois cas. Cependant les conclusions tirées par Korner et Reider paraissent sages : soulignant que la période de 3 à 6 ans est celle où l'enfant cons-

(1) Korner (A. F.), Reider (N.), Psychologic aspects of disruption of thumbsucking by mean of dental appliance, *Am. J. Orthodont*, 1948, *25*, pp. 23-41.

truit peu à peu son image corporelle et essaie de se situer à l'intérieur du triangle familial, toute mesure qui accentue les conflits inhérents à ce stade se trouve peu conseillée et en même temps n'a aucune chance d'être efficace. Plus tard l'enfant est moins en butte à tout ce travail interne des pulsions, il s'intègre davantage à son groupe de pairs et devient donc davantage soucieux de son apparence extérieure et de son appartenance au groupe dont il désire être un membre identique aux autres.

L'EFFICACITE RELATIVE DES DIFFERENTES INTERVENTIONS

Pour clore ce débat difficile, nous citerons une étude expérimentale (1) qui essaie d'apprécier l'efficacité relative des différentes méthodes — psychologique, mécanique ou les deux réunies — pour le traitement de la succion du pouce. Cet article s'intitule : « Succion chronique du pouce : action psychique et efficacité relative de méthodes de traitements ». Partant de l'idée que la conception du traitement des déformations produites par la succion du pouce diffère suivant qu'on accorde plus d'importance au traitement psychologique ou au traitement mécanique, les auteurs ont étudié la valeur comparée de ces méthodes par le plan expérimental suivant, répartissant 65 enfants âgés d'environ quatre ans en six groupes de 11 enfants chacun :

— un groupe contrôle sans traitement,
— un groupe avec traitement psychologique seul,
— un groupe avec traitement par arc palatin seul,
— un groupe avec traitement associé arc palatin et psychologie,
— un groupe avec traitement par grille palatine seule,
— un groupe avec traitement par grille et psychologie.

L'âge de quatre ans fut retenu, les auteurs estimant que c'est à partir de cet âge que les effets nocifs de l'habitude se manifestent et que la disparition spontanée a moins de chance de se produire.

Le traitement psychologique comprenait un entretien avec parents et enfants, où on expliquait à ceux-ci la gravité de la persistance de cette habitude et la nécessité donc de la supprimer. On demandait aux parents (à la mère surtout) de veiller à la disparition de l'habitude. On obtenait

(1) Haryettt (R. D.), Hansen (F. C.), Davidson (P. C.), Sandilands (M.-L.), Chronic thumbsucking ; the psychologic effects and the relative effectiveness of various methods of treatment, *Am. J. Orthodont*, 1967, *53*, pp. 569-585.

la coopération de l'enfant en lui montrant l'importance des anomalies au moyen de miroir, photos, moulages des arcades.

Le traitement orthodontique consistait, quant à lui, en la pose d'un arc palatin fixé à l'arcade par des bagues molaires ou doublé dans sa partie antérieure par une grille (ou un deuxième arc parallèle) rétro-incisive avec éperons (destinée surtout à empêcher l'action d'une pression linguale).

Les résultats de l'expérience montrèrent la supériorité écrasante du traitement mécanique par la grille palatine. Le traitement psychologique s'avèra tout à fait inefficace. Par ailleurs, on ne constata pas de relation entre l'apparition de mauvaises habitudes (comme se ronger les ongles, sucer des vêtements, se mettre les doigts dans la bouche, se masturber, se gratter, se tripoter les cheveux) et la pose d'une grille palatine. Les avertissements des psychologues sur le danger d'une interruption brutale de la succion par des moyens mécaniques seraient donc sans fondement. Enfin un dernier avantage indéniable de la grille serait sa rapidité d'action. Quant aux inconvénients (comme l'irritabilité des enfants, les difficultés d'élocution, les difficultés pour s'alimenter) ils existent mais, disent avec philosophie les auteurs de la méthode, ces dificultés ne sont pas systématiques et sont le plus souvent temporaires.

Il semble donc que la grille palatine soit l'appareil le plus approprié pour soigner la succion du pouce, les traitements psychologiques ou le simple arc palatin donnant très peu de résultats. Et les auteurs de conclure que leur étude confirme les idées des théories de l'apprentissage et contredit la théorie psychanalytique (qui voit dans cette habitude le symptôme d'un trouble émotionnel plus profond).

Les théories de l'apprentissage (1) expliquent la succion du pouce comme la généralisation d'un processus de type stimulus réponse avec renforcement positif. L'attention portée à l'enfant contribuerait au renforcement de son habitude. C'est pourquoi il suffirait de « se débarrasser du symptôme pour éliminer la névrose » (cette formule célèbre est attribuée à un tenant des théories de l'apprentissage : Eysenck).

Pourtant quelques critiques s'imposent, montrant que toute simplification excessive du problème n'est pas sans danger :

Les enfants retenus par les auteurs avaient quatre ans. Or bien des psychologues et des dentistes, contrairement à ce qu'affirment Haryett et Cie, donnent à l'enfant jusqu'à 5-6 ans pour abandonner spontanément l'habitude. De toute façon, de nombreux dentistes orthodontistes (comme

(1) PALERMO (D. S.), Thumbsucking : a learned response, *Pediatrics*, 1956, *17*, pp. 392-399.

Lewis, Massler, Sillman, Mack, Barber, etc.) sont d'accord pour ne commencer les traitements orthodontiques qu'après 6 ans. A 6 ans, en effet, les dents définitives remplacent les dents temporaires, l'ancien os alvéolaire disparaît avec les dents de lait et un nouvel os alvéolaire se développe avec les dents définitives. De plus, il est difficile d'obtenir une coopération consciente de l'enfant avant 6 ans, ce qui explique probablement en partie l'échec des traitements psychothérapiques. En outre, si l'on tient compte du fait que dans l'expérience les mères sont directement responsables d'une partie du traitement, on comprend encore mieux les résistances de l'enfant qui obtient un surcroît de satisfaction grâce aux interventions de la mère. En fait, il était demandé à ces mères de punir l'enfant en ne s'occupant pas de lui lorsqu'il suçait son pouce, ce qui était probablement difficile à exécuter et constituait encore une façon de s'occuper de lui. Donc, même si l'on se place dans une optique de déconditionnement, on voit mal comment le traitement psychologique dans le cas cité pouvait être efficace.

Par contre, quiconque a porté un appareil sait d'expérience que la succion du pouce (ou toute autre succion) se trouve légèrement entravée et l'on comprend que l'arrêt se fasse en moins d'une semaine. Ce qui n'est pas dit dans l'étude, c'est le devenir de ces arrêts brusques. Les auteurs se contentent d'affirmer qu'à la suite d'Eysenck ils n'ont constaté pour ainsi dire aucune rechute et que, dans les cas contraires, une reprise du traitement suffisait à enrayer définitivement le mal. Or, un des grands arguments de tous les défenseurs de la psychologie, c'est précisément le risque de la rechute ou du déplacement de la succion lorsqu'elle a été interrompue de façon coercitive. Qu'il y ait des centres, des consultations, des cabinets dentaires où le but avoué de l'équipe soignante soit de guérir les symptômes (en l'occurrence la succion du pouce, ce dont mères et enfants sont reconnaissants), il n'y a rien à dire là contre — si ce n'est que l'on passe généralement à côté de toute la question du pouce en tant que symptôme ayant une *signification.* C'est pourquoi nous citerons les propos de Winnicott (1) concernant un autre symptôme, l'énurésie, mais s'appliquant aussi bien à la succion : « Le symptôme a une signification... celle de la persistance d'une relation infantile qui joue un rôle dans l'équilibre psychosomatique. Dans la plupart des cas la guérison ne fait pas de mal, et quand bien même elle en ferait l'enfant se débrouillerait par un processus inconscient ou bien pour résister à la guérison ou pour adop-

(1) WINNICOTT (D. N.), Le respect du symptôme en pédiatrie, in *De la Pédiatrie à la Psychanalyse,* p. 291.

ter un autre signal d'alarme qui opérerait un transfert vers un autre service. »

De toute façon, nous voyons que la succion du pouce touche à un domaine où il est impossible aux psychologues de ne pas donner leur avis sur les traitements éventuels, même mécaniques, et où, inversement, il est presque aussi impossible aux spécialistes de ne pas faire de psychologie, même sans le vouloir ou sans le savoir.

LES INDICATIONS DES DIVERS TRAITEMENTS

En conclusion, nous reprendrons les points sur lesquels un accord est possible entre psychologues et dentistes (en nous appuyant sur un article du Dr Fraudet) (1) :

1 — Tant qu'il n'existe aucune déformation dento-maxillaire l'arrêt de la succion ne présente aucun intérêt, du moins chez l'enfant. Une succion du pouce chez un adolescent est rarement un symptôme isolé.

2. — Si la succion ne persiste pas au-delà de 4-5 ans (4 ans pour Graber, 5 ans pour Lewis, 6 ans pour d'autres, Sillmann va jusqu'à donner des cas de rétablissements après 10 ans) et s'il n'existe pas de troubles musculaires associés, les déformations sont réversibles et il semble sage de ne pas intervenir. Graber (2) prétend que l'on ne fait que renforcer l'habitude en s'en occupant ; d'autres, comme Korner et Reider (3), pensent que non seulement on la renforce mais qu'on entraîne d'autres troubles.

3 — Après 5-6 ans l'enfant qui présente des déformations doit être suivi. On s'enquiert des tentatives antérieures faites, des troubles éventuels du comportement, des retards psychomoteurs et, s'il n'y a aucune contre-indication, une « psychothérapie d'invigoration » donne de bons résultats. Cette psychothérapie n'exclut pas l'aide de moyens comme le gant, le sparadrap à condition qu'ils soient acceptés ou plutôt demandés par l'enfant, ne serait-ce que pour l'aider à surmonter l'écueil de l'endormissement. Certains font souscrire un contrat à l'enfant (contrat entre le

(1) Fraudet (J.), La succion du pouce chez l'enfant à l'âge des traitements orthodontiques, *L'orthodontie Française*, 1966, pp. 202-216.

(2) Graber (T. M.), The finger sucking habit and associated problem, *J. Dent. Children*, 1958, *25*, pp. 145-151.

(3) Korner et Reider, cf. plus haut.

médecin et l'enfant). D'autres vont jusqu'à faire signer des promesses écrites. Les calendriers faits par l'enfant sont également utiles. Enfin beaucoup de praticiens se déclarent satisfaits de l'emploi d'appareils à condition qu'ils soient accompagnés de psychothérapie. (Les plus farouches adversaires de la psychologie (1) reconnaissent que la grille palatine sans accompagnement psychologique entraîne plus de troubles chez l'enfant que lorsqu'il y a intervention psychologique.)

Si les enfants persistent à sucer leur pouce il est bon d'entreprendre un examen psychologique plus approfondi pour savoir s'il faut persévérer, sous quelle forme, ou s'il faut « respecter le symptôme » (Cauhépé, Dugas, Schmitz, Bouvet) (2).

CONCLUSION

Cette rapide revue des positions des stomatologistes et dentistes sur la succion du pouce montre que la diversité des opinions est grande. Les théories psychologiques sont souvent invoquées soit pour confirmer les positions prises par le corps médical en ce qui concerne le traitement, soit pour démontrer leur inutilité ou leur fausseté. Mais cette nécessité de faire appel à la psychologie explique peut-être la variété des opinions techniques et l'on peut se demander si toute observation, même objective, n'est pas déjà une interprétation et si tout dentiste devant une mâchoire n'a pas déjà un regard plus « psychanalytisant » ou plus « behaviorisant », même si idéalement ces attitudes ne sont pas incompatibles.

Cependant la confrontation entre éducateurs, pédiatres, psychologues, psychiatres et orthodontistes, si elle a été à l'origine de nombreuses controverses, a permis également de développer une collaboration à tous points de vue bénéfique pour l'enfant.

(1) Voir plus haut HARRYET et Cie.
(2) Voir bibliographie, p. 201.

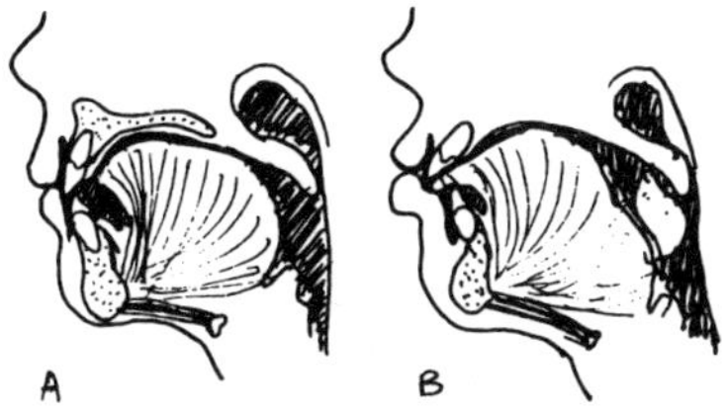

La langue durant une déglutition normale (A) et anormale (B).

A) Les dents touchent légèrement, les lèvres sont fermées et le dos de la langue touche le palais. Le bout de la langue a la position montrée sur la figure et n'entre pas en contact avec les incisives supérieures.

B) Les dents ne sont pas serrées, la langue s'interpose entre les arcades, les muscles des lèvres et des joues présentent des contractions synergiques. (Des amygdales hypertrophiées ou la succion du pouce peuvent entraîner ce type de déglutition *. Dans le 2e cas la langue maintient l'ouverture causée par le pouce.) L'abaissement de la mandibule entraîne une contraction plus importante pour la fermeture des lèvres de façon à contenir la langue dans la bouche.

* Cette affirmation de GRABER est formellement contredite par des stomatologistes français comme le Professeur CAUHÉPÉ ou le Docteur BOUVET.

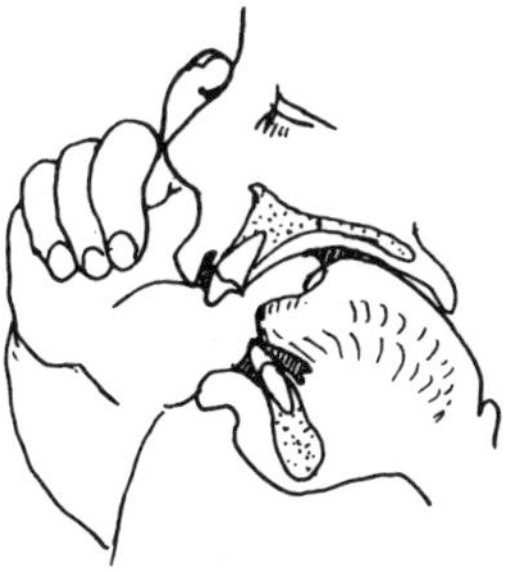

Adaptation de la musculature orale et faciale à la succion du pouce (malposition de la langue, des maxillaires et des muscles oraux).

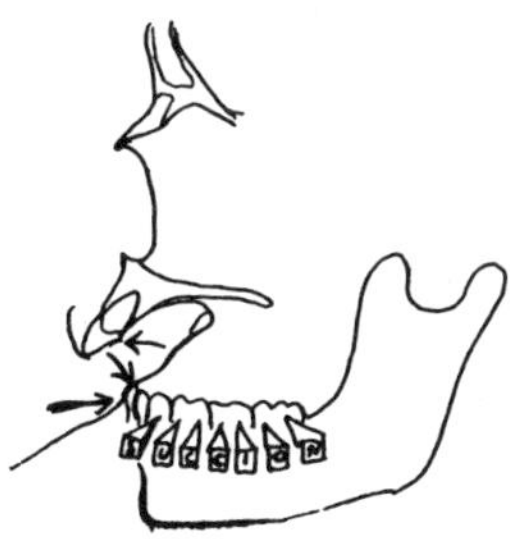

Direction de l'application des pressions sur les dents durant la succion.

Trident de 3 facteurs qui jouent un rôle néfaste dans les « mauvaises habitudes ».

Schémas établis à partir du Manuel de GRABER.

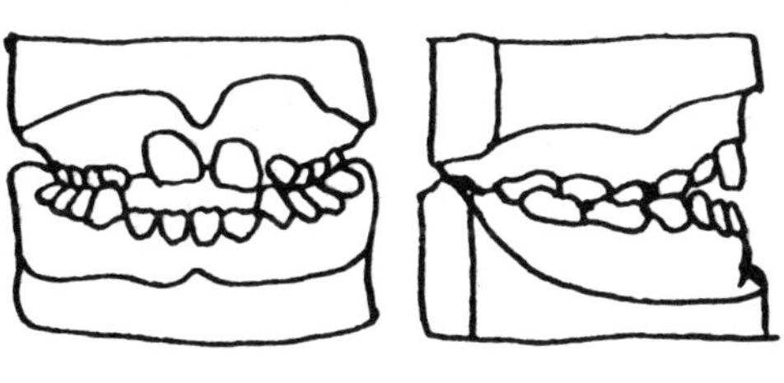

Béance incisive chez un enfant de 8 ans.

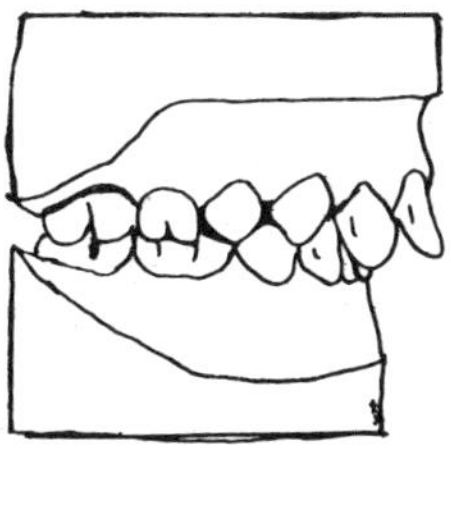

Proalvéolie supérieure provoquée par l'appui de la langue sur les incisives supérieures pendant la phonation et la déglutition (enfant de 10 ans).

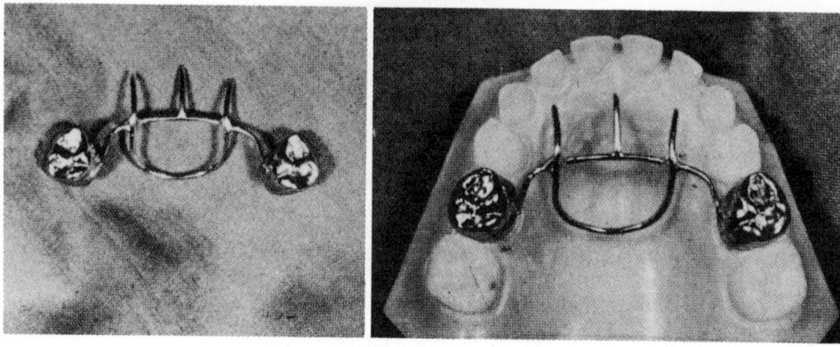

« Hayrake » : grille inamovible pour empêcher la succion du pouce. Les pointes et la barre postérieure sont remontées vers le palais.

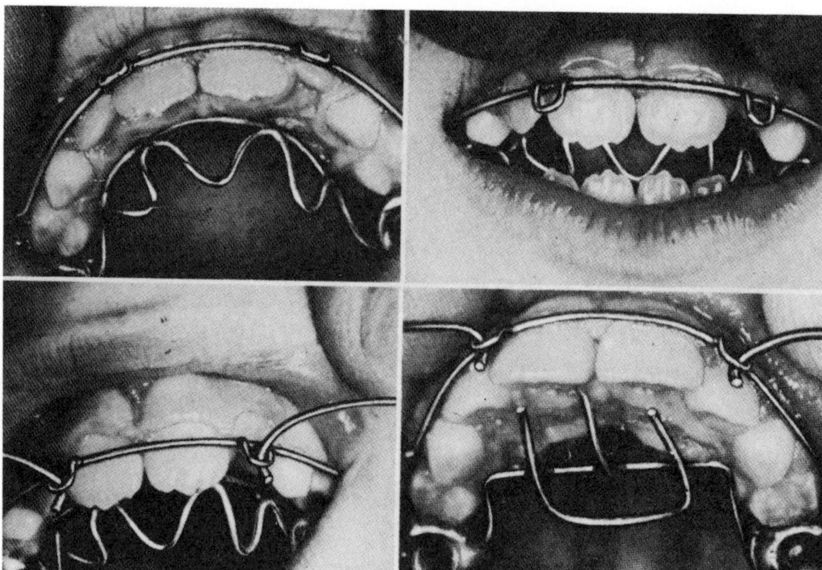

Appareils destinés à empêcher la langue de buter contre les dents lors de la déglutition infantile.

Photographies extraites de *Orthodontics* de T.M. Graber, D.M.D., M.S.D., PH.D.
© W.B. Saunders Company, Philadelphie, Pennsylvanie.

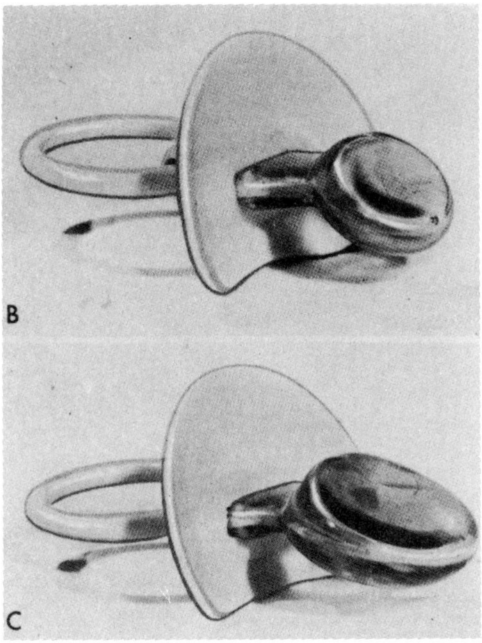

Sucettes « Nuk Sauger » :

B. Première sucette destinée à stimuler un mouvement normal de têtée et à donner un climat euphorique.

C. Deuxième sucette pour les enfants après un an.

CHAPITRE IV

LES PSYCHANALYSTES ET LA SUCCION DU POUCE

La succion du pouce, habitude attendrissante du nourrisson et agaçante de l'enfant, a été considérée par Freud comme le modèle du comportement sexuel infantile ; depuis, toutes les tentatives d'explication de ce comportement se réfèrent implicitement ou explicitement, à la théorie psychanalytique. Régression au stade oral ou fixation à ce même stade, comportement auto-érotique, « masturbation orale » renvoient à la psychanalyse. C'est pourquoi il nous a paru intéressant d'approfondir ce que les psychanalystes ont pensé sur cette question.

Groddeck (médecin hongrois, contemporain de Freud, qui fut toute sa vie « un psychanalyste sauvage » comme il l'écrira lui-même) disait que c'était de la succion du pouce qu'était partie toute la psychanalyse, car seule la succion du pouce permettait de comprendre la connexion existant entre la nourriture et l'amour, la faim et l'amour. Or « Faim et Amour régissent le monde » (1).

C'est l'étude de la succion qui va permettre à Freud de découvrir les traits essentiels de la pulsion sexuelle, de comprendre l'évolution de cette pulsion et de voir comment elle puise à des sources diverses. Cette importance primordiale, ce brusque éclairage donné à la succion du pouce reste révolutionnaire : peu nombreux seront ceux — même parmi les analystes postérieurs — qui attacheront à la succion du pouce la même valeur exemplaire et fondatrice pour la sexualité de l'enfant. On peut se demander si la découverte de Freud ne continue pas à toucher à un tabou, même pour notre génération élevée dans la vulgarisation des notions psychanalytiques ou psychologiques.

Notre propos en relisant la littérature psychanalytique était de dégager quelques explications théoriques relatives à la succion du pouce :

(1) Groddeck, *La maladie, l'art et le symbole,* Paris, Gallimard, 1969, p. 215.

— La première explication fait de la succion du pouce une activité sexuelle auto-érotique où le sujet obtient la satisfaction en recourant uniquement à son propre corps, sans objet extérieur. L'enfant qui suce son pouce éprouve du plaisir grâce à l'excitation de la bouche ; ceci avant même que son moi soit constitué, c'est-à-dire avant même qu'il puisse distinguer son moi du monde extérieur. Par la succion du pouce le nourrisson commence à construire le monde extérieur. En effet, c'est par la bouche et les sensations qui lui sont liées que l'enfant a une première perception de ce qui est lui et de ce qui n'est pas lui. Cet organe si important dans le début de la vie de l'enfant, qui est le lieu dans lequel le besoin se manifeste et est satisfait, va garder une importance plus ou moins grande suivant les individus. Certains continueront toute leur vie à éprouver de grands plaisirs à stimuler cette partie de leur corps, que ce soit en suçant leur pouce, leurs doigts, leur crayon, leur stylo, leurs cigarettes ou leurs pipes ; d'autres, au contraire, abandonneront ces plaisirs dit « oraux » pour d'autres satisfactions et d'autres « organes ».

Cet auto-érotisme, qui caractérise la succion du pouce et en fait le prototype de toute manifestation sexuelle pour Freud, se retrouve dans une activité de l'enfant à bien des égards comparable à la succion, à savoir la masturbation. Les psychanalystes ont rapproché de façon quasi constante ces deux comportements. C'est pourquoi, si l'on peut schématiquement admettre que l'enfant qui suce son pouce retourne à d'anciennes satisfactions dont l'origine se trouve dans le stade oral, il est cependant inexact à notre avis de réduire la succion au stade oral. La succion comme la masturbation en tant qu'activités auto-érotiques se rencontrent dès la phase précoce du développement de l'enfant et se retrouvent aussi comme composantes d'activités ultérieures. Le suceur de pouce n'est pas seulement un enfant qui cherche à redevenir le bébé qui têtait le sein de sa mère.

— La deuxième explication que les psychanalystes nous donnent est que la succion, malgré son caractère auto-érotique ou à cause de son caractère auto-érotique, entraîne l'anxiété et la culpabilité de l'enfant. La lecture d'Abraham (1) et sa division de la phase orale du développement de la libido en deux sous phases — la première préambivalente, dominée par le plaisir de succion, la deuxième étayée sur la poussée dentaire où le plaisir de mordre domine (stade sadique oral ou oral cannibalique) — nous ont permis de comprendre comment, avec l'activité

(1) Abraham (K.), *Œuvres complètes*, Paris, Payot, 1965.

de morsure, la libido et l'agressivité peuvent se diriger sur un même objet. Selon Abraham : d'une part, il continue à exister une première phase préambivalente où le sein est entièrement bon ; d'autre part, même dans sa description de la phase sadique orale, il existe un double aspect de destruction et de récupération.

Chez le suceur de pouce la tendance à l'incorporation de l'objet peut donc naturellement entraîner angoisse et culpabilité, dans la mesure où cette incorporation suppose la destruction partielle de l'objet. Il serait possible de retrouver chez le suceur de pouce tardif ce que Green (1) constate souvent chez les patients de structure orale, à savoir : « un balancement entre une position agressive cannibalique avec identification primaire récupératrice d'un objet perdu et une position de dépendance pulsionnelle sans manifestation agressive apparente autre que ce besoin d'absolue possession de l'objet ».

— La troisième explication que nous avons dégagée à la suite de la lecture principalement de Mélanie Klein est qu'il existe une forte agressivité chez le suceur de pouce. C'est ce qui explique qu'oralité, angoisse et culpabilité soient liées. L'enfant qui tête ou qui suce son pouce a des fantasmes d'aspiration, de pompage, d'expression du sein : « Le désir libidinal de succion s'accompagne de la finalité destructrice de le sucer à mort, de l'assécher, de le vider, de l'épuiser totalement. » (2) En même temps que l'enfant a ses fantasmes, il craint (toujours en fantasmes) d'être dévoré, vampirisé, mis en morceaux à son tour d'où ses angoisses précoces.

Cet élément sadique, cet aspect destructif qui infiltrent la succion du pouce — comme d'ailleurs la masturbation — permettent de comprendre les rapports étroits que ces activités entretiennent avec la castration. Groddeck, reprenant une vieille légende populaire d'Hoffmann, le « Struwwelpeter » Pierre l'ébouriffé (première histoire d'un recueil auquel elle donne son titre), nous paraît avoir trouvé une merveilleuse illustration de cette connexion entre plaisir et castration.

Ce conte d'Hoffmann est un livre d'images à l'usage des enfants de tous les âges, centenaires inclus, dit Groddeck, et seuls les gens qui se croient adultes n'y comprendront rien. « Il raconte en riant des cocasseries, mais dans l'œuvre cocasse s'inscrit en lettres d'or la gravité de

(1) Green (A.), Cannibalisme, réalité ou fantasme agi, *Nouvelle Revue de Psychanalyse*, n° 6, automne 1962, Gallimard, p. 50.

(2) Heimann (P.) et Isaacs (S.), La régression in *Développements de la psychanalyse*, Paris, P.U.F., 1966, p. 175.

L'histoire de Suce-son-pouce

« Conrad, disait la mère, je sors
et tu restes là. Sois bien sage
et tranquille jusqu'à ce que
je rentre à la maison.
Et surtout, Conrad, écoute bien !
ne suce plus ton pouce ;
sinon le tailleur avec les ciseaux
viendra tout aussitôt,
et il te coupera les pouces
comme du papier. »

La mère s'en va
et hop ! le pouce
dans la bouche.

Extrait de *Struwwelpeter* de GRODDECK

Boum ! la porte s'ouvre et
d'une grande enjambée le tailleur
se précipite dans la pièce
vers le garçon qui suce son pouce.
Hélas ! clic clac les pouces
sont coupés par les ciseaux effilés.
Aïe ! C'est alors que crie Conrad.

Lorsque la mère rentre
à la maison, Conrad a triste mine.
Il se tient là, sans pouces,
ils sont loin tous les deux.

la vie. » (1) C'est pourquoi nous pensons que les images de « Suce-son-pouce » * résument merveilleusement toutes les questions posées par la succion du pouce à celui qui accepte de se pencher sur ce problème à la fois grave et innocent. On y retrouve le plaisir profond de l'enfant, la réprobation des parents, l'angoisse de la punition, la résignation devant la castration.

L'ENFANT SUCE SON POUCE PAR PLAISIR

LE « SUÇOTEMENT EST UN ACTE SEXUEL »

Il en a les traits essentiels, telle est l'affirmation de Freud dès les premières lignes des *Trois Essais,* consacrées aux manifestations de la sexualité chez l'enfant (2). Ces traits essentiels sont : « un mouvement rythmique et répété des lèvres », « absorbant toute l'attention » de l'enfant et l'amenant à « une espèce d'orgasme » et au sommeil. Enfin cette succion s'accompagne souvent de masturbation.

La succion nous fait donc connaître les trois caractères essentiels de la sexualité infantile :

1. — Celle-ci se développe en s'étayant sur une fonction physiologique essentielle à la vie.

2. — Elle ne connaît pas encore d'objet sexuel, elle est *auto-érotique.*

3. — Son but est déterminé par l'activité d'une zone érogène.

Ces trois notions — étayage, auto-érotisme et zone érogène — rendent compte de la genèse et de l'essence même de la sexualité pour Freud ; la succion du pouce est donc une activité privilégiée pour qui veut observer le passage d'un besoin vital (de l'ordre de l'allaitement) à une jouissance sexuelle (la succion du pouce). Laplanche, dans son

(1) GRODDECK (G.), *op. cit.,* p. 202.
* Voir pages 52 et 53.
(2) FREUD (S.), *Trois Essais sur la théorie de la sexualité,* Paris, Gallimard, 1962, pp. 72 et suivantes.

ouvrage *Vie et Mort en psychanalyse* (1) y voit le passage de l'instinct — comportement préformé dont le schéma est très héréditairement fixé et qui se répète selon les modalités relativement adaptées à un certain type d'objet — à la pulsion, le passage de la faim à la libido.

Revenons sur ces concepts importants si l'on veut comprendre ce que pensait Freud de la succion.

LA PULSION

La succion renvoie à l'oralité, c'est-à-dire au premier exemple pulsionnel. Il nous faut revenir rapidement sur cette notion de pulsion que Freud a esquissée par approximations successives au cours des différentes éditions des *Trois Essais* et dont l'exposé systématique se trouve dans le texte « Pulsions et destins des pulsions » de *La Métapsychologie*. Cet exposé va nous permettre de mieux comprendre le rôle du pouce dans la pulsion orale caractéristique de la sexualité infantile. La pulsion se définit par quatre dimensions :

1. — La poussée qui est le facteur moteur de la pulsion, « la somme de force ou la mesure d'exigence de travail qu'elle représente. Le caractère poussant est une propriété générale des pulsions et même l'essence de celles-ci » (2).

2. — Le but qui est l' « acte auquel pousse la pulsion » (*Les Trois Essais*), à savoir l'apaisement de la tension causée précisément par la poussée, en l'occurence apaisement de la tension causée par la faim par exemple.

3. — L'objet qui est « ce en quoi et par quoi le but est atteint » (2). Cette définition a des conséquences importantes, à savoir que l'objet est contingent, l'action et la satisfaction étant plus importantes que lui. L'objet est donc secondaire, peu individualisé. Il peut être fantasmatique et enfin il peut être partiel au sens Kleinien. Le pouce peut donc être l'objet de la pulsion au sens plein du mot, et ceci dès la vie fœtale ; mais une sucette, une étoffe, plus tard d'autres équivalents peuvent remplir le même rôle. Ce statut de l'objet est particulièrement important pour saisir en quoi l'auto-érotisme n'est pas, comme on a trop souvent

(1) Laplanche (J.), *Vie et mort en psychanalyse*, Paris, Flammarion, 1970.

(2) Freud (S.), Pulsions et destins des pulsions, *la Métapsychologie*, Paris, Gallimard, 1968, pp. 11-45.

voulu le dire, un stade où l'objet n'existe pas. Nous reviendrons sur ce point lorsque nous aborderons la notion d'auto-érotisme.

4. — La source enfin qui est « le processus somatique qui est localisé dans un organe ou une partie du corps et dont l'excitation est représentée dans la vie psychique par la pulsion » (1).

Après ce bref rappel de la définition de la pulsion, revenons à la première pulsion sexuelle dans le développement de l'enfant : la pulsion orale. Cette phase de l'organisation sexuelle dont la succion du pouce est un résidu, n'a d'ailleurs qu'une existence virtuelle, et seule la pathologie nous la fait connaître, dit Freud. Mais, c'est à cette phase primordiale que l'activité sexuelle va se séparer de l'activité alimentaire et remplacer l'objet extérieur (le sein) par une partie du corps du sujet ; que le but de la pulsion — d'alimentaire qu'il était, et vital par là-même — va devenir sexuel : il va être constitué par l'incorporation de l'objet, prototype de ce que sera l'identification, la dimension fantasmatique prenant une place désormais essentielle. Nous sommes amenés à revenir sur ces notions complexes et solidaires qui, pour Freud, définissent la sexualité infantile et qui, par leur jeu combiné, rendent compte de sa genèse : l'étayage, l'auto-érotisme et la zone érogène.

L'ETAYAGE

Par étayage, Freud entend le fait que la pulsion sexuelle s'appuie, s'étaye sur « une fonction corporelle essentielle à la vie », à savoir dans le cas particulier qui nous intéresse : la faim et la fonction alimentaire.

« Les pulsions sexuelles ne deviennent indépendantes que secondairement, s'étayent sur des fonctions vitales qui leur fournissent une source organique, une direction et un objet. » (*Vocabulaire de Psychanalyse*) (2).

Avec l'oralité, qui reste l'archétype de cet étayage de la pulsion sur la fonction, nous saisissons à l'état naissant comment dans un premier temps un instinct vital avec sa poussée, son accumulation de tension due à un déséquilibre hormonal ou tissulaire (auquel correspond l'impression subjective de faim), comment ce processus va entraîner vers la recherche du mamelon, la tétée et l'apaisement.

(1) FREUD (S.), Pulsions et destins des pulsions, *la Métapsychologie*, Paris, Gallimard, 1968, pp. 19-20.

(2) LAPLANCHE (J.) et PONTALIS (J. B.), *Vocabulaire de psychanalyse*, Paris, P.U.F., 1967.

L'objet est en l'occurence non pas tant le sein que le lait, c'est-à-dire le contenu plus que le contenant. Mais, parallèlement à cette fonction vitale, à ce besoin, à cette pulsion d'auto-conservation, se dessine un second processus qui va peu à peu s'autonomiser — même si au départ, la source, le but, l'objet semblent être les mêmes. Et c'est une fois cette séparation accomplie que l'objet alimentaire est abandonné, que le but et la source prennent leur indépendance par rapport à l'alimentation et que la pulsion sexuelle acquiert ce caractère déjà mentionné, à savoir qu'elle devient *auto-érotique.*

Mais laissons la parole à Freud qui nous semble avoir parfaitement explicité cette notion d'étayage dans ce passage des *Trois Essais* : « L'activité sexuelle s'est tout d'abord étayée sur une fonction servant à conserver la vie dont elle ne s'est rendue indépendante que plus tard. Quand on a vu l'enfant rassasié abandonner le sein, retomber dans les bras de la mère, et les joues rouges, avec un sourire heureux, s'endormir, on ne peut manquer de dire que cette image reste le modèle et l'expression de la satisfaction sexuelle qu'il connaîtra plus tard. Mais bientôt le besoin de répéter la satisfaction sexuelle se séparera du besoin de nutrition. » (1)

L'AUTO-EROTISME

Freud définit cette notion comme « une activité sexuelle qui n'est pas dirigée sur une autre personne », c'est-à-dire qui se caractérise par son absence d'objet. Ce terme emprunté aux sexologues de l'époque, en particulier à Havelock Ellis, va donc procéder de l'étayage et définir le suçotement en opposition à la succion alimentaire. Nous voyons d'emblée la difficulté qui surgit, à savoir que ce suçotement caractéristique du stade anobjectal a pourtant un objet, même s'il est partiel et partiellement fantasmatique : le pouce et tout ce qu'il symbolise. C'est précisément la notion d'étayage qui permet de résoudre cette difficulté : elle prouve clairement que, pour Freud, l'auto-érotisme n'a jamais été l'état d'absence primaire et totale de l'objet. Cet état à partir duquel le sujet devrait créer *ex nihilo* cet objet, « espèce d'état d'idéalisme biologique encore plus impensable que le solipsisme philosophique » (2), n'existe pas dans l'œuvre de Freud.

(1) Freud (S.), *Trois Essais sur la théorie de la sexualité,* Paris, Gallimard, pp. 74-75.

(2) Laplanche (J.), *Vie et mort en psychanalyse,* Paris, Flammarion, 1970, p. 35.

Le concept d'étayage permet en effet de postuler l'existence d'une relation primaire à l'objet, les pulsions d'auto-conservation sur lesquelles s'étayent la sexualité étant d'emblée en relation avec l'objet. A l'origine donc « l'objet est » et nous ne pouvons là encore que laisser la parole à Freud : « Lorsque à l'origine, la satisfaction sexuelle était encore liée à l'absorption de nourriture, la pulsion sexuelle avait son objet sexuel en dehors du corps propre dans le sein de la mère. Cet objet n'a été qu'ultérieurement perdu, peut-être précisément au moment où l'enfant est devenu capable de former une représentation d'ensemble de la personne à laquelle appartenait l'organe qui lui apporta une satisfaction. En règle générale, la pulsion sexuelle devient, dès lors, auto-érotique... Trouver l'objet sexuel, c'est à proprement parler, le retrouver. » (1)

L'auto-érotisme est donc un temps secondaire où il y a perte de l'objet partiel — le sein en tant que contenant du lait de la mère — et où il y a recherche d'un objet proche mais différent qui va se substituer au premier, qui va être l'objet de l'amour c'est-à-dire cette fois le sein fantasmatique de la mère.

Nous voyons que Freud, dans le paragraphe consacré à la succion, dégage une série de faits qui seront sans cesse repris par la suite, mais qui n'en gardent pas moins des implications révolutionnaires. Avant tout la succion est assimilée à un acte sexuel ; or, si depuis Freud l'existence de la sexualité infantile est communément admise, voir dans l'innocent suceur de pouce un jouisseur en quête d'orgasme fait encore bondir bon nombre de parents. Si tout le monde s'accorde pour voir dans la succion du pouce un désir de retrouver le paradis perdu, c'est-à-dire le sein maternel, beaucoup seront réservés, sinon indignés, si l'on définit ce vert paradis des amours enfantines comme celui de la masturbation orale. Pourtant Freud, avec sa tranquille audace, signalait que bien souvent les « mères assimilent le suçotement aux autres mauvaises habitudes sexuelles de l'enfant », d'où leur attitude souvent répressive à l'égard de cette mauvaise habitude. (Bien des recherches sur cette succion du pouce ont d'ailleurs été motivées par le désir de prouver sa nocivité !)

Ce caractère masturbatoire de la succion « avec mouvements rythmiques et répétés des lèvres sans but utilitaire, en dehors de toute absorption alimentaire » (2) est confirmé par la présence fréquente, relevée par Freud, des « mouvements rythmiques accompagnant la succion, tel le tiraillement de l'oreille ou l'attouchement d'une partie du corps ou

(1) Freud (S.), *Le mot d'esprit et les rapports avec l'inconscient,* Paris, Gallimard, 1953, p. 63.

(2) Freud (S.), *Trois essais sur la théorie de la sexualité,* p. 73.

enfin d'organes génitaux » (1). Toutes ces activités auto-érotiques permettent à l'enfant « de se rendre indépendant du monde extérieur qu'il ne peut encore dominer », traduisant ainsi son impuissance et sa toute puissance en face de ce monde extérieur. Mais c'est cette même toute puissance qui est irritante pour les parents et les éducateurs, et souvent ils se comportent comme s' « ils savaient que l'activité sexuelle rend l'enfant inéducable » (2) ; donc comme s'ils savaient non seulement qu'en se livrant à cette activité sexuelle l'enfant obtenait un « plaisir solitaire », mais encore que ce plaisir lui permettait de se passer d'eux, ne leur laissant plus prise désormais sur lui.

En général cependant, cette activité auto-érotique va laisser la place à d'autres activités et va être oubliée à la suite de ce curieux phénomène d'amnésie qui — pour la plupart des individus sinon pour tous — couvre d'un voile épais, dit Freud, les six ou huit premières années de la vie. Rares sont les parents des enfants « suce-pouce », capables d'apporter des précisions quant à leur propre activité dans ce domaine ; les justifications de cet oubli sont qu'ils n'ont pas gardé de souvenirs sur des faits si mineurs, ni anodins. Peut-être l'explication de Freud est-elle plus proche de la vérité qui voit, dans cet oubli, une confirmation du caractère sexuel de cette activité. En effet, « il ne peut être question », écrit-il, « d'une réelle disparition des impressions d'enfance, mais d'une amnésie analogue à celle qui chez les névrosés a effacé le souvenir d'événements survenus à un âge plus avancé et qui est caractérisée par le refus d'admettre certaines impressions dans la conscience » (3). Ce refoulement touchera aussi bien la succion du pouce que les activités masturbatoires de l'enfance et ce n'est bien souvent que devant l'image en miroir de leur enfant en train de sucer son pouce que certains essaieront de retrouver leurs souvenirs, sans toujours y parvenir.

LE ROLE DE LA CONSTITUTION

A cette activité sexuelle cependant, tous les enfants ne vont pas s'adonner avec le même plaisir. Freud souligne que « la tendance à sucer apparaît avec une intensité variable » chez le nourrisson en fonction du développement congénital variable de la sensibilité érogène de la zone

(1) Freud (S.), *Trois Essais sur la théorie de la sexualité*, p. 73.
(2) *Ibidem*, p. 72.
(3) *Ibidem*, p. 67.

labiale. Le rôle tenu par la constitution est donc une fois de plus clairement précisé par Freud : les sujets chez lesquels « la sensibilité érogène de la zone labiale est congénitalement fort développée » (1) seront — si cette sensibilité persiste — les futurs amateurs de baisers et seront prédisposés à être des fumeurs et buveurs ou bien — si le refoulement l'emporte — seront sujets aux dégoûts alimentaires et aux vomissements hystériques. A cette énumération, on pourrait ajouter, ce que Freud ne fait pas, la succion du pouce.

Cette remarque de Freud sur le devenir des sujets constitutionnellement « suceurs » est tirée de son expérience clinique et n'a pas le caractère réducteur de certaines hypothèses reprises par des chercheurs qui croient rester fidèles à son esprit. Freud est toujours parti de l'analyse de malades mais n'a jamais construit des caractérologies. Si la succion du pouce comme prototype de l'activité sexuelle l'intéresse, les suceurs de pouce, par contre, ne l'intéressent qu'à titre individuel et non pas en tant que représentatifs d'une « race spéciale ». La notion même de caractère oral lui est étrangère et, en définitive, la reconstruction du passé l'intrigue beaucoup plus que la prédiction de l'avenir, à l'inverse des caractérologues.

L'AGRESSIVITE DU SUCEUR DE POUCE POUR FREUD

Un dernier problème qui se pose est le rôle dévolu par Freud à l'agressivité dans cette première organisation sexuelle prégénitale qu'est la succion. Sa description ne met jamais l'accent sur cet aspect agressif de l'auto-érotisme, comme seront amenés à le faire plus tard Abraham et surtout M. Klein. La pulsion d'emprise * elle-même est une pulsion indépendante qui assure l'emprise sur l'objet. Elle se rattache, d'une part, à l'instinct d'auto-conservation, « les véritables prototypes de la relation de haine ne proviennent pas de la vie sexuelle mais de la lutte du moi pour sa conservation et son affirmation » ; d'autre part, cette pulsion est liée à un stade précis de l'évolution qui est le stade sadique anal. Même lorsque par la suite avec la dernière théorie des pulsions l'agressivité

(1) Freud, op. cit., p. 73.

* Pulsion d'emprise : « Freud entend par là une pulsion non sexuelle, qui ne s'unit que secondairement à la sexualité et dont le but est de dominer l'objet par la force. » (Laplanche et Pontalis, *Vocabulaire de psychanalyse*, Paris, P.U.F., 1967, p. 364.) Elle serait à l'origine de la cruauté de l'enfant qui, au début de son existence, n'essaierait pas de faire souffrir autrui mais n'en tiendrait pas compte non plus.

jouera un rôle plus important, « l'auto-cannibalisme » restera une notion secondaire par rapport à l'auto-érotisme chez Freud. Et si l'agressivité est une force essentiellement désorganisatrice et morcelante, ce n'est certainement pas cette force qui l'emporte dans le tableau qu'offre l'enfant suçant le sein de sa mère ou son pouce, mais bien plutôt la satisfaction, le plaisir, l'apaisement.

Quant au sado-masochisme, qui comporte un élément d'excitation et de jouissance sexuelles et s'opposerait par là à l'agressivité proprement dite qui serait elle d'essence non sexuelle (comme le montre magistralement Laplanche dans le chapitre « Agressivité et sado-masochisme » de son ouvrage *Vie et mort en psychanalyse*), il demeure, pour Freud, l'apanage d'un développement ultérieur de la sexualité prégénitale. L'enfant qui suce son pouce n'est, pour Freud, ni sadique ni masochiste.

En conclusion, il nous semble que l'apport de Freud est d'avoir montré que la succion du pouce est auto-érotique, ce qui ne renvoie pas à un stade nettement délimité dans le temps (« la succion peut être considérée comme un résidu de cette phase d'organisation qui n'a qu'une existence virtuelle... »), mais plutôt à une composante de la sexualité humaine où c'est le plaisir d'organe qui prime.

L'ENFANT QUI SUCE SON POUCE RESSEMBLE A L'ENFANT QUI SE MASTURBE

La succion du pouce, dans la mesure où « son but est déterminé par l'activité d'une zone érogène », se rapproche beaucoup de la masturbation. La définition que donne Freud de la zone érogène est : « une région de l'épiderme ou de la muqueuse qui excitée de certaine façon procure une sensation de plaisir de qualité particulière » (1). C'est donc, en quelque sorte, la source de la sexualité. Dans le cas de l'oralité, il s'agit donc de la zone buccolabiale excitée au moment du passage du lait. Mais, pour Freud, ce qui importe surtout, c'est le mode de l'excitation plus que la qualité de la région du corps excitée. C'est pourquoi un endroit quelconque du corps peut devenir la zone d'élection qui produira la volupté à l'enfant, cet endroit se comportant comme un organe génital. Une des conditions pour obtenir l'activité de cette zone est que l'excitation ait un caractère rythmique et répétitif que l'on peut rapprocher, à

(1) Freud (S.), *Trois Essais sur la théorie de la Sexualité*, Paris, Gallimard, 1962, p. 77.

la suite de Freud, du chatouillement. Cette description qui met l'accent sur le mode de l'excitation, sur la rythmicité de celle-ci, évoque inévitablement la masturbation qui apparaît alors comme le prototype de toute manifestation sexuelle chez l'enfant. Ce n'est probablement pas une coïncidence si Freud a intitulé le paragraphe IV du chapitre sur la sexualité infantile : « les manifestations sexuelles masturbatoires ». Freud précise d'ailleurs dans ce même paragraphe que les seules différences rencontrées « se rapportent aux procédés nécessaires pour obtenir la satisfaction : succion pour la zone buccolabiale, action musculaire d'un genre différent pour les autres zones érogènes selon leur topographie et leurs propriétés ». Enfin Freud rapproche la succion d'une sorte de « manipulation » et ce mot renvoie bien, là encore, à cette idée de masturbation orale qu'est la succion : « Le but de la sexualité est de substituer à la sensation d'excitation projetée dans la zone érogène une excitation extérieure qui l'apaise et crée un sentiment de satisfaction. Cette excitation extérieure est le plus souvent *une manipulation analogue à la succion.* » (1)

Si nous reprenons les *Trois Essais sur la Sexualité,* nous y trouvons clairement exposée l'idée que si la masturbation accompagne parfois la succion du pouce chez le nourrisson, « l'onanisme du nourrisson semble disparaître après une courte période... ». Puis vers la 4e année, au moment de la courte période d'épanouissement de l'activité sexuelle, on assiste à une seconde phase de masturbation qui subira à son tour une régression plus ou moins forte correspondant à la période de latence. Freud écrit encore : « Les enfants passent souvent de la succion à la masturbation. » (2)

Le problème qui se pose à la lecture de Freud est le suivant : pourquoi n'inclut-il pas la succion dans son paragraphe « les manipulations sexuelles masturbatoires » puisqu'il semble que, pour lui, les différences portent uniquement sur les procédés nécessaires pour obtenir la satisfaction, ce mécanisme restant identique (à savoir qu'il existe une situation anatomique pour certaines zones qui les rendent « propres à étayer une activité sexuelle sur une autre fonction physiologique ») ? De fait, il apparaît clairement que, pour Freud, la succion est une manifestation sexuelle du même ordre que toutes les autres activités masturbatoires rencontrées au cours du développement de l'enfant. Si la succion justifie d'un paragraphe spécial, c'est uniquement parce qu'elle a valeur d'exemple. Et, de

(1) FREUD (S.), *Trois Essais sur la théorie de la Sexualité, Paris,* Gallimard, 1962, p. 77.
(2) *Ibidem,* p. 72.

même que Freud pouvait écrire « la retenue des matières fécales dans les débuts répond à l'intention d'en user comme excitant masturbatoire de la zone anale ou de l'employer dans les rapports avec les personnes de l'entourage... » (1), il aurait pu dire que la retenue dans la bouche du pouce (ou d'un autre doigt) répond dans les débuts à l'intention d'en user comme excitant masturbatoire de la zone orale ou de l'employer dans les rapport avec les personnes de l'entourage. Cependant Freud distingue, par souci de clarté, trois phases de la masturbation infantile, « l'une correspondant au temps de l'allaitement, la seconde à la courte période d'épanouissement de l'activité sexuelle vers la 4ᵉ année, et c'est seulement la troisième période qui correspondra à l'onanisme de la puberté (2) ». En fait, ces distinctions s'expliquent également par le rôle de la cruauté lors de ces différentes phases. Il semble que Freud ne fasse pas intervenir celle-ci lors de la première phase, l'identification précoce se faisant à la mère comme source de plaisir plus que comme source d'agression. Aussi, malgré les ressemblances avec la masturbation, la succion du pouce reste liée au stade auto-érotique préambivalent pour Freud.

De toute façon, dès la première année de sa vie le nourrisson — ainsi que le montrent Spitz et Wolf dans leur recherche sur les activités auto-érotiques des jeunes enfants (3) — est susceptible de se masturber et de se livrer à des activités tout à fait comparables à la succion avec une participation émotive, intense, l'aspect rythmique et répété des manipulations pouvant aller jusqu'entraîner un espèce d'orgasme et en tout cas des érections.

L'activité sexuelle chez le jeune enfant, que ce soit sous forme de succion, de masturbation ou d'autres activités rythmiques auto-érotiques, est donc très importante, essentielle même. Spitz, à la suite de Freud, a pu écrire : « Je soutiens que dans les premiers dix-huit mois de la vie l'activité auto-érotique ou son absence est un indicateur valable de relations d'objets adéquates ou inadéquates tout comme à l'âge adulte l'activité sexuelle appropriée. » (4) Dans des groupes d'enfants où il étudiait les jeux génitaux en fonction de la relation mère-enfant, il avait en effet remarqué qu'en cas d'absence de cette relation, il n'y avait pas de jeu génital et que le développement général de ces enfants était en dessous de la moyenne. Dans

(1) Freud (S.), *ibidem*, p. 81.
(2) *Ibidem*, p. 83.
(3) Spitz (R. A.), Wolf (K. M.), Auto-érotisme, *P.A.S., of the child, 3-4*, 1949, p. 85.
(4) Spitz (R. A.), Vers une réévaluation de l'auto-érotisme, *Psych. de l'Enfant*, t. VII, Paris, 1964, pp. 269-297.

une observation plus ancienne, il avait déjà constaté que les enfants atteints d'hospitalisme ne suçaient pas leur pouce.

L'enfant qui suce son pouce, l'enfant qui se masturbe sont donc des enfants normaux, heureux, capables de s'accorder des satisfactions auto-érotiques et de se rendre ainsi indépendants d'un monde extérieur qu'ils ne peuvent encore dominer. Certes, les activités comme la succion perdent peu à peu de leur importance — à l'inverse de la masturbation — même si elles laissent « quelques vestiges : attouchement, frottement, grattage, manipulations diverses, pouvant réapparaître de façon automatique et rythmique lorsque faiblit l'attention ou que s'éveille l'anxiété. Leur disparition n'est jamais définitive et leur apparition est concomitante d'une régression à des stades de sexualité précédents » (1).

LES EDUCATEURS EN FACE DE LA SUCCION ET DE LA MASTURBATION

Freud n'est pas le seul à avoir rapproché succion et masturbation ; bien souvent les attitudes des éducateurs en face de cette activité laissent supposer qu'inconsciemment ils rapprochent eux aussi ces deux types d'activités. Devant le parallélisme de leurs réactions la question qui se pose légitimement est la suivante : existe-t-il dans l'inconscient parental une différence fondamentale entre ces deux activités ? Leur intolérance n'est-elle pas la marque de l'équation implicitement établie par eux : succion = masturbation ?

Cette équation trouverait une justification supplémentaire dans le fait que, à partir de 7 ans environ, la masturbation naturelle chez le jeune enfant subit généralement un déclin dû à l'entrée de celui-ci dans la phase de latence. Le déclin de l'une de ses activités rend la persistance de l'autre d'autant plus irritante qu'elle est interprétée comme la preuve que l'enfant n'a pas renoncé à se procurer toute satisfaction érotique.

Mais voyons rapidement quelques-unes des attitudes parentales en face de cette activité pour nous convaincre, s'il en est besoin, du rapprochement qui existe dans l'esprit des éducateurs entre succion et masturbation.

La mère ou le père peuvent interdire tout simplement cette activité sans autre commentaire qu'un ton réprobateur. Ceci peut amener l'enfant à

(1) LEBOVICI (S.), SOULÉ (M.), *La connaissance de l'enfant par la psychanalyse*, Paris. P.U.F., 1970, p. 475.

satisfaire à ce qu'il croit être la demande, à savoir : ne pas sucer son pouce en public, attendre la demi-obscurité de la télévision ou de la chambre à coucher pour le faire. En fait, il est très rare que les parents s'en tiennent à ce niveau d'exigence, sociale pourrait-on dire. Que de parents nous ont mentionné leurs nuits ponctuées de réveils et de visites pour « retirer le pouce de la bouche de l'enfant paisiblement en train de dormir » ! L'adulte blâme la succion et justifie son blâme par des explications du type « c'est bébé, ce n'est pas beau, c'est sale », avec des variantes innombrables du style « tu vas ressembler à un lapin, tu vas avoir des boutons dans la bouche »... Or des commentaires de ce genre évoquent immédiatement ceux que les parents utilisent pour la masturbation. Mais tous les parents l'ont expérimenté — à leurs dépens — quelle que soit la laideur, la saleté ou la bêtise de l'acte invoqué, il est bien rare que l'enfant se laisse intimider aussi facilement par ces fausses justifications. D'où le second type de réflexions si répandu : « J'ai tout essayé, docteur, il n'y a rien à faire. » Dans le « j'ai tout essayé » se retrouvent tous les moyens d'intimidation ou de coercition : les punitions corporelles (moins en usage actuellement), les privations alimentaires, les moyens plus catégoriques : attacher les mains, coudre les manches de pyjama, mettre les produits les plus variés sur le pouce abhorré (et là l'imagination des parents est sans limites, la moutarde, la cendre, les produits commerciaux les plus divers sont utilisés généralement sans succès, car la patience, l'ingéniosité, l'obstination des enfants l'emportent à la longue sur celles des parents). Comme l'écrit F. Dolto (1) à propos de la masturbation, mais on peut sans difficulté transposer cette assertion : « Point n'est question pour l'enfant d'oublier sa triste condition de victime. La moindre velléité de bouger sans intention masturbatoire, lui rappelle par association le plaisir interdit. Toute son activité manuelle en est condamnée. On imagine sans peine les sentiments de révolte que cette immobilité forcée peut provoquer, chez un être doué d'une forte agressivité naturelle, ou la perversion masochiste qui prend valeur initiatique chez celui qui la supporte sans révolte. » Point n'est besoin non plus de signaler que ces atteintes variées à l'activité manuelle visant l'arrêt de la succion ont pour conséquences immédiates une limitation de la masturbation. L'enfant est enfin livré, « pieds et poings liés » pourrait-on dire, à ce sadisme de l'adulte en prise lui-même à un sur-moi archaïque.

Or, qu'il s'agisse de masturbation ou de succion du pouce, les dangers, maladies, catastrophes multiples qu'elles peuvent entraîner relèvent pro-

(1) Dolto (F.), *Psychanalyse et pédiatrie*, Paris, Seuil, 1971, p. 69.

bablement davantage des propres problèmes des éducateurs que de la réalité. La plupart du temps la masturbation normale ou la succion du pouce, loin de fatiguer l'enfant ou de lui nuire, apaise une certaine tension libidinale naturelle — et lui apporte une détente physio-affective efficace — tant que n'intervient point dans ses fantasmes masturbatoires, oraux ou génitaux, l'idée d'une désobéissance coupable ou d'un danger menaçant.

Si donc la masturbation et les activités auto-érotiques de l'enfant sollicitent de façon quasi constante l'inquiétude des adultes et leurs interventions, ce n'est pas seulement pour des raisons éducatives et culturelles (« la sexualité si elle se manifestait d'une façon trop précoce, romprait toutes les barrières et emporterait tous les résultats si péniblement acquis par la culture », écrivait Freud dans l'*Introduction à la psychanalyse*). C'est aussi pour des raisons tenant à la nature même de ces activités : elles seraient intolérables aux parents qui projetteraient à l'extérieur, sur leurs enfants, leurs mauvais instincts, et qui face à ces actions auto-érotiques (mais également agressives, sadiques, destructives et culpabilisées) seraient eux-mêmes en proie à des fantasmes identiques.

L'ENFANT QUI SUCE SON POUCE CHERCHE A REDEVENIR UN BEBE

La succion du pouce, par son caractère auto-érotique, permet à l'enfant d'être le maître de ses plaisirs à un âge où, par ailleurs, il est dépendant de son entourage. « Le nouveau-né ne peut mettre en action lui-même le principe de plaisir, que dans la mesure où la gratification des besoins et des exigences instinctuelles peut être assurée par son propre corps, c'est-à-dire dans le domaine limité de la satisfaction auto-érotique. C'est dans ce domaine (dans l'acte de se balancer, de sucer son pouce, dans les diverses formes de masturbation) que l'enfant est et peut rester sa « propre loi » pour autant que n'interfèrent pas les interventions fâcheuses de l'entourage. » (1) Mais cette succion traduit une régression lorsqu'elle persiste au-delà d'un certain âge.

(1) LEBOVICI (S.), SOULÉ (M.), *La connaissance de l'enfant par la psychanalyse*, Paris, P.U.F., 1970, p. 475.

Rappel général sur la fixation et la régression

Dans l'étude dynamique qu'il fait de la vie psychique, Freud a montré que l'accès à un stade supérieur n'est jamais complet. Il y a toujours persistance de caractères du niveau inférieur qui s'intriquent avec les nouvelles acquisitions. Des perturbations peuvent se produire qui conduiront à un arrêt du développement à un certain stade : c'est la fixation.

Parfois, si les difficultés sont trop grandes, l'individu reviendra en arrière et les caractères dépassés réapparaîtront. C'est la régression. Fixation et régression sont complémentaires. Plus la fixation est forte, plus la régression sera facile lorsqu'une difficulté surgira.

Fenichel (1) explique le mécanisme des fixations par un facteur de fragilité constitutionnelle congénital (ainsi certains enfants naîtraient avec une sensibilité orale accrue) et par de nombreux facteurs d'expérience comme :

— des frustrations et privations excessives,
— une satisfaction excessive faisant que l'enfant quittera ce stade à regret, surtout si les satisfactions liées aux nouvelles zones érogènes sont réprimandées par les parents,
— une alternance trop brutale ou trop fréquente de satisfaction et de frustration.

Que la succion du pouce traduise une régression, il suffit pour s'en convaincre d'observer avec quelle fréquence ce phénomène s'observe au moment d'une autre phase régressive normale chez tout enfant et même tout adulte : la phase d'endormissement : « Aux yeux de celui qui étudie la régression il est difficile de trouver un tableau plus convaincant d'un moi qui se détériore graduellement et qui cesse d'accomplir ses activités normales, l'une après l'autre, jusqu'à ce qu'en fin de compte, tout le fonctionnement du moi soit suspendu et que le sommeil survienne » (2), ceci chez l'enfant le plus raisonnable et le mieux adapté.

Or les suceurs de pouce s'adonnent de façon privilégiée à leur habitude au moment de l'endormissement et, même s'ils ont renoncé à celle-ci durant le reste de la journée, avant de s'endormir ils reprennent irrésistiblement leur pouce. Que de mères se plaignent de trouver leurs enfants endormis et têtant leur pouce ! Endormissement et succion du pouce de par leur association étroite confirment donc l'existence d'une régression.

(1) Fenichel (C.), *La théorie psychanalytique des névroses,* Paris, P.U.F., 1953.

(2) Freud (A.), *Le normal et le pathologique chez l'enfant,* Coll. « Connaissance de l'inconscient », Paris, Gallimard, 1969, p. 125.

Mais dire que la succion du pouce traduit une régression n'est pas très éclairant en soi, car cette régression sera la plupart du temps temporaire, sera une partie du développement naturel de l'enfant, qui consiste en une alternance de progrès et de reculs.

La question qui se pose alors est de savoir à partir de quel moment la régression va cesser d'être un facteur bénéfique du développement normal de l'enfant pour devenir un agent pathogène.

Il faut être prudent dans les jugements que l'on peut émettre car la régression fait partie du développement normal de l'enfant. Ce développement procède par avancées et reculs successifs, et la rechute est inhérente à tout progrès. Quant à la succion du pouce, loin de compromettre l'épanouissement de l'enfant, elle sera bénéfique si ce retour en arrière n'est pas complètement bloqué par la réprobation de l'entourage ou par des contraintes d'ordre interne. Que la succion du pouce soit parfois un retour au monde de sécurité et de bien-être, qui caractérise les premiers mois de la vie, est certain ; mais elle n'est pas toujours synonyme de paix et de plaisir. En effet, de même que dans les premiers mois de la vie de l'enfant tout n'est pas toujours calme et voluptueux, de même lorsque l'enfant se met plus tard à sucer son pouce il lui arrive d'éprouver des sentiments d'angoisse intense.

L'ENFANT QUI SUCE SON POUCE EST ANXIEUX

Dans la succion du pouce « l'importance de l'élément auto-érotique n'apparaît pas toujours clairement et il est certain que l'utilisation de la sucette et du poing devient bientôt une défense nette contre les sentiments d'insécurité et d'autres angoisses d'une espèce primitive ». Cette phrase de Winnicott (1) indique clairement que, pour lui, la succion du pouce n'est pas simplement un plaisir : elle est aussi une défense contre l'angoisse. Peut-on aller plus loin et voir dans cette succion, non plus une conséquence de l'angoisse, mais une cause de celle-ci ?

(1) Winnicott (D. W.), *De la pédiatrie à la psychanalyse*, Paris, Payot, 1969, p. 46.

L'APPARITION DES PREMIERES DENTS ET SES CONSEQUENCES

Avec l'apparition des dents au 6e mois naissent une tension et un agacement des gencives du nourrisson qui déclenchent son besoin de mordre. On pourrait voir là une des premières manifestations de l'agressivité du nourrisson, agressivité qui s'exprimerait sur un mode oral. Abraham, psychanalyste disciple de Freud, a donné à cette époque le nom de stade sadique oral, soulignant ainsi l'importance psychologique de l'apparition des dents et l'émergence de l'agressivité qui y est rattachée. On trouve d'ailleurs un grand nombre d'expressions qui reflètent le lien unissant dents et agressivité : « Avoir les dents longues, mordre à belles dents, avoir une dent contre quelqu'un, être armé jusqu'aux dents, etc. »

Dans la mesure où la succion devient morsure, elle cesse donc d'être uniquement plaisante et s'accompagne de phénomènes douloureux pouvant ainsi déclencher l'angoisse de l'enfant.

Lors de la première étape du stade oral l'enfant suce sans mordre, il tête pour vivre. Mais, avec l'apparition des dents, le tableau change complètement et notre innocent suceur devient un cannibale qui se met à vivre pour mordre et non plus seulement à sucer pour vivre.

« La seconde étape se différencie de la précédente par la modification de l'activité orale, qui de succion devient mordication... Indubitablement la dentition est le premier instrument avec lequel l'enfant peut réaliser des destructions du monde des objets à une période où les mains ne sont encore aptes qu'à saisir et à tenir... *A l'étape de l'activité buccale de morsure l'objet est incorporé et subit la destruction.* A partir de là l'ambivalence règne sur la relation du moi à l'objet... » (1).

La poussée dentaire est certes une expérience importante pour le nourrisson ; elle s'accompagne d'exaspération douloureuse, de rage impuissante sans aucun recours possible pour fuir cette tension pénible, sans aucune décharge par la satisfaction. De plus, ces poussées dentaires chevauchent les expériences de séparation, d'angoisse du 8e mois, les réactions de crainte devant les étrangers.

Il n'est pas étonnant dans ces conditions que tout ne soit pas rose dans la tête du nourrisson de 8 mois qui suce son pouce. On peut cependant s'interroger sur la place prépondérante faite par Abraham à la poussée des dents dans l'apparition de l'angoisse. Dès sa naissance, le nourrisson

(1) ABRAHAM (K.), *Œuvres complètes,* Paris, Payot, 1965, p. 276.

est susceptible de se mettre dans des états de colère et de rage impressionnants. Pourquoi alors vouloir à tout prix faire des premiers mois de sa vie un paradis sans nuages, qui se transformerait brusquement en enfer plein d'orages ? Pourquoi l'activité d'aspiration à laquelle se livre le nourrisson avec ses gencives nues, mais fermes, ne s'accompagnerait-elle pas d'un certain cannibalisme avec ses trois aspects propres : l'amour sous la forme du désir de prendre en soi l'objet aimé, la destruction qui accompagne sa consommation et la conservation et l'appropriation des qualités dudit objet ?

Néanmoins si — comme le suggère Abraham — nous considérons que l'enfant, lorsqu'il suce son pouce, en fait le mord car il a des dents, nous comprendrons peut-être mieux les conflits inconscients que peut recouvrir cette habitude. L'enfant ne suce pas seulement son pouce : il l'incorpore, le mord, le dévore, comme il l'avait fait autrefois pour le sein de sa mère. Ces activités sont donc angoissantes et non pas seulement sécurisantes.

QUELQUES CAS CLINIQUES

Abraham, à l'appui de sa thèse sur la succion du pouce comme renvoyant au stade oral cannibalique, prend des exemples cliniques que nous allons rapporter brièvement car ils sont assez significatifs.

Un homme d'âge moyen souffre d'insomnies. Dans l'anamnèse de cet homme apparaît l'existence d'une succion du pouce fortement combattue lorsque l'enfant grandit (l'âge où le combat eut lieu n'est pas précisé). Un liquide amer finit par venir à bout de ce besoin — triomphe apparent puisque l'oreiller, puis la couverture, puis le bois du lit servent sucessivement de plaisir de substitution après les interventions des éducateurs. Le participant ne pouvait s'endormir sans ces excitations orales et, par la suite, il s'adonna à la masturbation. (Abraham parle de façon très suggestive des « somnifères auto-érotiques » à propos de ces activités.) Le patient essaya à plusieurs reprises de lutter contre la masturbation. Ceci entraîna une insomnie pour laquelle des somnifères lui furent prescrits, somnifères à leur tour indispensables. Au cours de son traitement le patient réussit à abandonner deux soirs de suite ses somnifères et à la séance suivante il se mit à sucer son pouce — résistance très claire pour Abraham, signifiant : « Vous m'interdisez toutes les satisfactions, je retourne à mes satisfactions les plus anciennes... » Sucer son pouce en présence d'un médecin était en l'occurrence le signe évident d'une opposition précise. En est-il ainsi pour ce genre de comportement chez l'enfant ? Cela est probable car l'enfant répugne très généralement à sucer son pouce devant le médecin et l'on rencontre toujours une certaine réticence lorsqu'on demande à l'enfant de montrer comment il suce son pouce.

Nous voyons bien dans cet exemple l'intrication étroite qui existe entre la succion du pouce, les satisfactions alimentaires et la masturbation. De plus, la succion du pouce comme régression agressive est soulignée : « Si vous m'interdisez de mâcher mon drap, de me masturber, de prendre des somnifères, je retourne à mes satisfactions les plus anciennes, vous voyez bien que vous n'arriverez à rien avec moi. » (1)

Un autre exemple d'Abraham montre les manifestations compliquées qui peuvent être issues du plaisir de sucer. Abraham décrit le cas d'un jeune homme de 17 ans qui présentait de nombreux mouvements de bouche, se mordait les lèvres, se les lèchait avec la langue, aspirait ses joues, serrait ses mâchoires ou encore se suçait les dents et les gencives ; il avait eu vers l'âge de 13 ans un appareil dont la pression était douloureuse, ce qui entraînait une succion de la partie douloureuse de la mâchoire. « Il utilisait la langue pour caresser et chatouiller son palais, ce qu'il éprouvait voluptueusement. Il n'ignorait pas la nature sexuelle de cette façon de faire. Il paraît justifié, dans un tel cas, de parler de *masturbation orale.* » (2)

Ailleurs, Abraham parle d'un psychotique qui lorsqu'il ne pouvait trouver du lait la nuit pour se satisfaire, mettait un point final à son excitation en se masturbant : « Il éprouvait lui-même le désir de têter du lait comme son aspiration la plus profonde et la plus originelle. La masturbation génitale malgré la puissance qu'elle exerçait sur lui, lui apparaissait comme surajoutée. » (3) Abraham signale encore les « pollutions buccales » de ce patient. Pour ce dernier la zone buccale était à ce point au service de la sexualité que, s'éveillant la nuit d'un rêve excitant, il remarquait que la salive lui coulait de la bouche ; d'où l'emploi fait par le malade du terme « pollutions buccales », comme s'il s'agissait de quelque chose d'évident et de connu.

Ces exemples sont tirés de la pathologie. Mais il existe bien des manifestations de cette emprise de la bouche héritée de notre passé lointain. Et bien des personnes — sans présenter de manifestations névrotiques graves — paient un certain tribut à la bouche, ainsi que le fait remar-

(1) ABRAHAM (K.), *Œuvres complètes,* Paris, Payot, 1965, p. 245.
(2) *Ibidem,* p. 246.
(3) *Ibidem,* p. 237.

quer judicieusement Abraham. Il cite tous les travailleurs qui ont besoin d'accompagner leur réflexion de suçotements divers, doigt dans la bouche, porte-plume, stylo, ongles, livres — autant d'objets nécessaires à la satisfaction auto-érotique et par là même au travail.

L'ENFANT QUI SUCE SON POUCE EST PARTAGE ENTRE LE DESIR DE SUCER ET CELUI DE MORDRE

Si Abraham reste un des premiers analystes à avoir remarquablement exposé la connexion existant entre les désirs cannibaliques du stade oral et l'angoisse, c'est cependant à M. Klein (1) que revient le mérite d'avoir si bien dépeint les fantasmes d'agressivité et de culpabilité précoces qui assaillent l'enfant durant sa toute première enfance. Faire appel à la régression pour expliquer la succion du pouce, c'est alors faire intervenir toute une constellation de fantasmes de destruction, morcellement, déchiquetage — autrement sadiques et agressifs que la morsure qui caractérise le stade cannibalique d'Abraham. Dans le cannibalisme, en effet, l'accent reste mis sur le plaisir ; après tout, le cannibalisme procure une jouissance indéniable et sa fin n'est pas tant la destruction que l'incorporation, et par là même la possession indéfinie de l'objet. Avec M. Klein, par contre, nous atteignons un stade où la libido n'est plus toujours en mesure de tempérer l'agressivité, où la lutte éternelle entre l'Eros et l'instinct de destruction et de mort (comme aurait dit Freud) fait rage. Certes, il y a oscillation entre le bon sein et le mauvais sein chez le nourrisson. Mais, lorsque le mauvais sein l'emporte, tout n'est alors que haine, rage et destruction, et le nourrisson va devoir recourir à de nombreux mécanismes de défense (comme l'introjection et la projection, la dénégation, le splitting) pour ne pas être submergé par l'angoisse et l'agressivité.

Que l'enfant, lorsqu'il tête et plus tard suce son pouce, laisse libre cours à la pulsion destructrice consistant à sucer à mort, à assécher, à vider, à épuiser totalement le sein de sa mère en même temps qu'à la pulsion libidinale d'introjection du sein comme objet relativement indemne, nous montre qu'il n'existe pas, pour M. Klein, de stade préambivalent c'est-à-dire de stade où la haine ne coexisterait pas avec l'amour. Lorsque l'on parle de régression au stade oral en face d'un suceur de pouce, on fait nécessairement appel à l'agressivité comme composante de son

(1) Klein (M.), *La psychanalyse des enfants,* Paris, P.U.F., 1969.

comportement, car l'agressivité fait partie de la relation la plus primitive de l'enfant avec le sein. Donc ici la régression procure des satisfactions, mais également des angoisses avec tout le cortège qui s'y associe, et c'est peut-être pourquoi les suceurs de pouce sont souvent des enfants présentant une symptomatologie d'angoisse diffuse.

L'ENFANT VORACE TEL QUE LE DEPEINT M. KLEIN

L'enfant dès sa naissance éprouve des désirs oraux avec amour et haine vorace et point n'est besoin, remarque M. Klein, qu'il ait pour cela acquis la connaissance consciente que mettre une personne en pièces signifierait la tuer : « Le phantasme que ses pulsions passionnées vont détruire le sein n'implique pas que le bébé ait vu réellement des objets mangés et détruits et soit arrivé ensuite à la conclusion qu'il pouvait provoquer le même résultat. Ce but, cette relation avec l'objet sont inhérents au caractère et à la direction de la pulsion elle-même et aux effets qui lui sont liés. » (1)

La *Voracité,* ce simple nom évoque à lui seul tout le cortège de dévoration, avidité, agressivité qui existe dès l'origine dans la vie fantasmatique du nourrisson. Cette voracité présuppose « l'interaction, bien que dans des proportions variables entre les pulsions libidinales et les pulsions agressives, correspondant à la fusion entre les instincts de vie et les instincts de mort » (2). Lorsque l'équilibre entre les deux formes de pulsions est rompu et que les pulsions agressives l'emportent — que ce soit pour des raisons externes (frustration, par exemple) ou internes (bébés chez qui la composante agressive innée est puissante et a tendance à s'éveiller facilement) — la voracité et, avec elle, l'angoisse de persécution et la frustration font leur apparition.

Il est intéressant de noter que, pour M. Klein, il existe une base constitutionnelle à cette voracité : certains bébés ont une composante agressive innée puissante et sont par là même des bébés pour qui la frustration, l'angoisse de persécution s'éveillent facilement. Ces mêmes bébés tolèreront d'autant plus mal la privation et auront d'autant plus de difficultés à administrer leur angoisse ; ils pourront par la suite devenir des suceurs de pouce acharnés.

(1) KLEIN (M.), ISAAC (S.), HEIMANN (P.), RIVIÈRE (S.), *Développement de la psychanalyse,* Paris, P.U.F., 1966, p. 90.

(2) KLEIN (M.) et Cie, *ibidem,* p. 188.

Cette voracité se distingue du cannibalisme d'Abraham dans la mesure où, dès la naissance, elle entre en jeu. Elle n'attend pas l'apparition des dents. Dans une note faisant partie d'un développement sur la vie émotionnelle des bébés, Mélanie Klein se démarque clairement de son maître : « Mon argumentation implique que je ne suis pas d'accord avec l'idée d'Abraham qu'il existe un stade préambivalent — dans la mesure où elle implique que les pulsions destructrices (sadiques — orales) s'éveillent seulement avec l'apparition des dents. Nous devons nous rappeler, cependant, qu'Abraham a fait remarquer le sadisme inhérent à la tétée comme « acte de vampirisme ». Assurément le début de la dentition et les processus physiologiques qui affectent les gencives sont un stimulus puissant pour les pulsions et phantasmes cannibaliques — mais l'agressivité fait partie de la relation la plus primitive de l'enfant avec le sein, quoi qu'elle ne se manifeste pas ordinairement à cet âge par la morsure. » (1) Vampire vorace et cannibale, tel est le nourrisson têtant sa mère.

Le bébé qui suce voracement son pouce identifie son doigt avec le sein incorporé ; ceci lui permet de le manipuler de façon omnipotente, de dénier son état réel de besoin et de frustration du sein nourricier, de projeter à l'extérieur, au dehors, le mauvais sein ; il peut ainsi éviter d'être submergé par la colère et l'agressivité, et ces mécanismes de défense que sont le clivage et l'introjection/projection lui permettent également de se tourner vers le sein réel et de l'accepter lorsqu'il réapparaît. A travers cette description maintes fois donnée par l'école anglaise (de M. Klein à P. Heimann), nous voyons clairement que, dès la naissance, l'enfant a une relation d'objet avec sa mère, objet partiel d'abord mais objet tout de même. En l'occurence le pouce représente, dans les fantasmes de l'enfant, l'objet gratificateur interne incorporé qui permet de se passer de l'objet externe, de l'abandonner momentanément et de l'idéaliser parallèlement.

La succion du pouce est dans ce contexte une activité auto-érotique, mais elle n'est pas une activité anobjectale et préambivalente. Le « bon pouce » coexiste avec le « mauvais pouce » dès l'origine (dès le stade schizoparanoïde). Dans certains cas de tensions extrêmes dont le seuil de déclenchement varie d'un enfant à l'autre suivant sa constitution et les circonstances extérieures, le pouce va devenir le mauvais pouce dévorant, destructeur à l'image du mauvais sein qu'on ne contrôle pas, puisque extérieur et frustrant, et l'enfant va se trouver dans l'incapacité de re-

(1) Klein (M.) et Cie, *ibidem*, p. 195.

courir à cette gratification hallucinatoire qu'est la succion du bon pouce. Nous pouvons tous évoquer ces nourrissons qui ne sont « qu'un cri » et qui, à certains moments, semblent tellement submergés de colère et de douleur que rien ne peut les calmer : le sein, la tétine ou le pouce qu'on leur présente sont rejetés avec la même violence, aveugle pourrait-on dire.

1. — *Quand* le nourrisson est submergé par sa voracité, le sein devient à son tour vorace car ces pulsions destructrices par le mécanisme de clivage et projection sont attribuées à l'objet externe mauvais, prototype de tous les objets persécuteurs qui interviendront par la suite.

2. — *Pourquoi* l'enfant est-il parfois submergé par sa voracité ? Rappelons l'hypothèse formulée par Mélanie Klein suivant laquelle « la libido orale qui s'exprime dans la fonction de têter rend l'enfant capable d'introjecter le sein comme un objet relativement indemne et ne contredit pas la supposition que les pulsions destructrices ont leur plus grande puissance dans les tout premiers stades » (1). Le bébé désire une gratification illimitée ; ceci entraîne une frustration inévitable contribuant à son sentiment de l'existence d'un sein dangereux qu'il va maintenir soigneusement séparé dans son psychisme du sein idéal (on retrouve dans cette description l'origine de la formation du surmoi dans le système Kleinien).

Or cette frustration inévitable, prototype de toutes les frustrations ultérieures, est vécue également comme une punition faisant naître l'angoisse de l'enfant et nécessitant plus que jamais le clivage de l'objet comme mécanisme défensif. Agressivité, dévoration, haine s'adressent au mauvais sein et renforcent en quelque sorte l'idéalisation du bon sein.

3. — *Comment ?* Plus le mauvais sein sera puissant, plus l'enfant aura besoin d'introjecter également un bon sein pour se rassurer. Or nous retrouvons là les deux possibilités évoquées sous des formes très différentes par ceux qui ont étudié la succion du pouce, à savoir : cette fixation à la succion orale peut être la conséquence de frustrations orales comme de satisfactions excessives dans ce domaine. Ce seraient, pourrait-on dire en reprenant la terminologie Kleinienne, les facteurs externes qui augmenteraient la voracité, ces facteurs externes renforçant à leur tour des facteurs internes, ce qui expliquerait l'existence de nourris-

(1) KLEIN (M.) et Cie, *ibidem*, p. 195.

sons plus ou moins voraces. (N'oublions pas que, pour M. Klein, la force des pulsions destructrices par rapport aux pulsions libidinales constituerait la base constitutionnelle de l'intensité de la voracité sur qui la frustration ou la satisfaction auront plus ou moins de prise.) Freud déjà avait été frappé par les différences constitutionnelles entre les nourrissons en ce qui concerne les besoins oraux et les satisfactions érogènes nécessaires dès la naissance.

Pour résumer, l'enfant qui suce son pouce introjecte le bon sein d'autant plus qu'il est vorace. Sa voracité est d'autant plus grande qu'il a constitutionnellement des tendances destructrices plus fortes. Ses tendances destructrices plus fortes le rendent d'autant plus intolérant à la frustration. Il opère un clivage où le mauvais sein est d'autant plus menaçant. La nécessité de recourir au bon sein est d'autant plus forte. On peut aussi rencontrer le cas du nourrisson chez qui la voracité n'est pas particulièrement importante ; mais sa mère, en le gratifiant généreusement et longuement de son « bon sein », entrave par là même la progression de l'enfant : elle le rend incapable de vivre la haine, l'angoisse liées aux aspects effrayants et dangereux des parents. Donc lorsque les pulsions agressives ou les pulsions libidinales l'emportent, créant par là même un déséquilibre, l'angoisse et la dépression consécutive dans un cas, l'incapacité à tolérer la frustration dans l'autre cas (c'est-à-dire en fin de compte également l'angoisse et la dépression consécutive), entraînent l'enfant à ne pouvoir rechercher de nouvelles sources de satisfactions ; elles l'obligent, au contraire, à rester fixé à un objet ou à un stade antérieur.

LE SEIN, LE PENIS, LE POUCE

Selon M. Klein, le sein et le pénis sont, chez les petits enfants, les objets primitifs des désirs oraux. Le pouce dans ce contexte pourrait être compris dès le stade oral comme représentant une lutte contre la castration. La peur de la castration, en effet, ne serait pas une peur apparaissant seulement au stade génital ; elle existerait déjà lors de la prédominance de la libido orale. Le pouce est alors incorporé sans cesse et constitue le bon objet qui ne risque pas de blesser l'intérieur du corps, et, inversement, d'attaquer ou d'être attaqué ; mais, parallèlement, il est l'objet de menaces, réelles ou imaginaires, et ravive toutes les peurs de castration : peurs de voir l'organe génital attaqué, blessé ou enlevé.

Cette équivalence sein/pénis/pouce, que M. Klein met en évidence dès le stade oral, fait du père aussi bien que de la mère le symbole de l'inévitable frustration orale ; le rôle symbolique de castrateur, conféré au père au moment de l'œdipe parce que représentant de l'inévitable frustration phallique, devient vrai dès le stade oral dans la mesure où, pour M. Klein, le nourrisson frustré se tournera vers le pénis du père comme source possible de satisfaction orale et sera, là encore, conduit à éprouver déception et agressivité. Lorsque l'on réduit la succion du pouce à un système traduisant les problèmes dans la relation mère-enfant, on oublie trop facilement le rôle du père dans les fantasmes de l'enfant. On oublie aussi le fait que la mère contient le pénis du père ou le père dans sa totalité, que le père contient le sein de la mère ou la mère dans sa totalité, qu'ils sont unis inséparablement dans un coït ininterrompu et que ce fantasme de « parents combinés », lié au sadisme infantile archaïque, a une grande valeur anxiogène ne pouvant que renforcer et sa culpabilité et la compulsion à la répétition.

Toutes ces descriptions, qui peuvent paraître à première vue très éloignées de ce que l'on observe chez le nourrisson, ont le mérite d'essayer de traduire la complexité du monde intérieur de ce nouveau-né, de montrer comment — dès le plus jeune âge — l'enfant est la proie de forces contradictoires qui ne sont pas purement physiologiques. L'enfant qui suce son pouce a une activité psychique complexe, il ne se contente pas de têter pour vivre, il vit pour têter.

LES « EDUCATIONS MECANIQUES »

Prenons un exemple de ce qui peut se passer chez le tout jeune nourrisson lors de ses expériences de succion. Ce nourrisson n'a pas toujours une mère nutritive et épanouie pour l'accueillir. Il ne boira pas toujours dans le calme le lait qui jaillit du sein de sa mère. Souvent on lui fait ingurgiter un biberon épais, sans lui laisser le temps de souffler, à l'aide d'une tétine trop percée. A peine a-t-il avalé sa portion qu'il est langé mécaniquement et recouché jusqu'à la fin de la période réglementaire qui le sépare de son prochain biberon. Ne parlons pas des erreurs de régimes faites par les mères qui élèvent leur rejeton au chronomètre et à la balance. Dans ces conditions, si l'enfant se met à avoir faim avant l'heure, il suce son pouce ; mais, bien vite, cela ne lui suffit plus, il s'agite, se contracte, avale de l'air, suffoque, se mord les doigts et bientôt il n'est plus que cris et rage impuissante. Ce qu'il ressent en lui est la douleur, l'impuissance, la dévoration intense dirait M. Klein ; ce qui, pour l'adulte, semble être une colère normale ou inopportune pouvant même être punie, constitue pour l'enfant l'expérience d'une souffrance profonde, angoissante, difficile à oublier surtout si elle revient régulièrement. Nous pouvons tous évoquer ces enfants violets qui hurlent et, pendant quelque temps, semblent tellement submergés de colère, de douleur, que rien ne peut les apaiser.

Il est cependant une autre fonction de la succion du pouce que Mélanie Klein signale, à savoir : le sentiment de toute puissance qu'elle procure à l'enfant grâce à la défense contre une réalité menaçante. M. Klein cite l'exemple de la petite Erna, fillette de six ans atteinte d'une névrose obsessionnelle, qui souffrait d'insomnies causées par l'angoisse (en particulier par la crainte des voleurs) et avait une série d'activités obsessionnelles : elle se couchait sur le ventre et frappait violemment sa tête contre l'oreiller, se balançait assise ou couchée sur le dos, suçait compulsivement son pouce et se masturbait. Or, cette enfant était extrêmement contrariée si l'on s'approchait d'elle pendant qu'elle se livrait à ces activités masturbatoires : « Ce n'était pas uniquement par peur d'être prise sur le fait, mais aussi pour se défendre contre la réalité. » (1) Ce retrait du réel provenait en partie de la crainte que lui inspiraient ses parents, crainte d'autant plus vive qu'Erna était elle-même très agressive et cruelle à l'égard de ceux-ci. Pour apaiser sa peur Erna était donc amenée à modeler une réalité selon ses désirs, où elle s'imaginait puissante, dominatrice et cruelle, où son sadisme était renforcé ; mais, par là même, elle se rendait responsable de tout ce qui pouvait arriver de néfaste à ses parents, et s'attendait à être punie dans la réalité ; d'où un cercle vicieux où, tour à tour, la succion du pouce jouait le rôle de satisfaction hallucinatoire avec toute puissance et suscitait une agressivité telle qu'elle entraînait une culpabilité massive, nécessitant un recours de plus en plus compulsif à la répétition de la succion ou de la masturbation.

L'ANXIETE MATERNELLE ET L'AGRESSIVITE

Il existe une autre forme de frustration plus subtile pour le nourrisson, et ayant également pour conséquence de déclencher son agressivité. On la rencontre chez des nourrissons que des mères anxieuses gavent, avant même qu'ils ne manifestent le moindre désir.

(1) KLEIN (M.), *La psychanalyse des enfants*, Paris, P.U.F., 1962, p. 62.

Certains analystes, comme Fenichel ou Grunberger, ont étudié ces enfants trop gâtés qui n'ont même pas la possibilité d'avoir une envie et sont satisfaits avant d'avoir ressenti la moindre insatisfaction. Les mères de ces enfants ont toujours « le sein à la main », sont incapables de supporter la moindre frustration pour leur enfant et l'empêchent par là même de rencontrer la réalité structurante du monde extérieur. L'enfant sera souvent incapable de répondre ultérieurement aux frustrations inévitables qu'il rencontrera. De plus, il percevra souvent en sa mère un être dangereux, qui veut l'étouffer, et exprimera son angoisse et son agressivité.

Un exemple intéressant de ce phénomène a été décrit par Spitz sous le nom de colique du 3e mois : un nourrisson hypertonique crie, reçoit immédiatement de sa mère anxieuse une nourriture trop abondante qu'il rejette avec douleur. Cette expulsion s'accompagne de nouveaux cris qui déclenchent le même remède de la part de la mère et, très vite, le cercle vicieux se forme. Or cette colique, qui peut être impressionnante, cède miraculeusement lorsque l'on prescrit l'usage de la tétine. La tétine permet en effet à l'enfant une activité motrice de décharge au niveau de sa bouche, elle lui procure satisfaction et évite de nouvelles surcharges alimentaires.

LE SEVRAGE ET LA SUCCION DU POUCE

L'enfant qui suce son pouce serait en quelque sorte un enfant non sevré et il est difficile de fixer une époque optima pour exiger de l'enfant l'arrêt de cette activité. Si la frustration (de même que le sevrage), loin d'entraver le développement de l'enfant doit au contraire le fortifier, il existe pour chaque enfant un équilibre délicat et variable entre les effets nuisibles et les effets bienfaisants de celle-ci.

« Chez certains bébés il existe encore un stade ultérieur dans le processus de sevrage qui doit être considéré : l'abandon de la succion du pouce ou des doigts. Certains bébés y renoncent sous la pression de la mère ou de la nourrice mais, selon mes observations, même si les enfants paraissent renoncer à sucer leurs doigts de leur plein gré... ceci occasionne des conflits, de l'angoisse et des sentiments dépressifs caractéristiques du sevrage, avec, en certains cas, perte de l'appétit. » (1)

(1) Klein (M.), Isaac (S.), Hermann (P.), Rivière (S.), *Développement de la Psychanalyse*, Paris, P.U.F., 1966, p. 251.

Tous ces troubles, observés par M. Klein au moment du sevrage ou de l'arrêt de la succion, peuvent — si l'enfant est par ailleurs équilibré — disparaître rapidement. Peut-être ne faut-il pas oublier cette recommandation de Spitz : « Une permissivité totale dans le domaine de la masturbation et des manifestations sexuelles de l'enfant ne contribue pas au développement. » (1)

Dans certains cas pourtant le sevrage a des effets nuisibles et seule l'étude attentive de chaque enfant permet d'apprécier l'époque favorable pour le sevrage ou la suppression de la succion du pouce.

L'exemple de Rita, enfant soignée par M. Klein, illustrera ceci. Son sevrage intervint à un moment où il fut vécu comme une punition, une rétaliation pour ses désirs agressifs et ses souhaits de mort à l'égard de sa mère. Cela provoqua une angoisse et une dépression telles que l'enfant devint incapable de se passer de son biberon. Lorsque le biberon lui fut enlevé, elle eut l'impression d'avoir effectivement détruit sa mère qu'elle aimait comme un objet indispensable et bon, et qu'elle détestait tout en même temps comme un objet persécuteur. « L'on est tenté d'inférer que si le biberon perdu représentait le bon sein perdu, la tasse de lait que Rita refusait pendant la dépression qui suivit le sevrage, représentait la mère détruite et morte. » (2)

SUCCION ET CASTRATION

Winnicott, dans un remarquable passage sur le développement affectif primaire, trace le lien qui existe entre amour et haine au niveau de la succion, et les fantasmes de destruction et de protection qui en découlent : « Sucer le pouce par auto-érotisme est un aspect de la question qui nous est familier... La haine s'exprime aussi lorsque l'enfant abîme son doigt en le suçant avec trop de vigueur ou trop continuellement et en tout cas il se met bientôt à ronger ses ongles : autre manière de faire face à cet aspect de ses sentiments. Il sera aussi susceptible de s'abîmer la bouche. Mais il n'est pas certain que tout le dommage ainsi causé à un doigt ou à la bouche fasse partie de la haine. Il semble qu'il y ait là un autre élément : si l'enfant doit avoir du plaisir il faut que quelque chose en souffre ; l'objet

(1) SPITZ (R. A.), Vers une réévaluation de l'auto-érotisme, *P.A.S. of the child*, Psych. de l'Enfant, T. VII, Paris, 1964.

(2) KLEIN (M.), *Essais de psychanalyse*, Paris, Payot, 1967, p. 408.

de l'amour primitif souffre d'être aimé sans parler du fait qu'il est haï. » (1)

Avec M. Klein, l'élément sadique qui infiltre la masturbation va être très mis en valeur, ainsi que les rapports étroits qu'elle entretient avec la castration. Du même coup, la succion du pouce avec son cortège fantasmatique si proche se superpose à la masturbation, l'une et l'autre activité sexuelle ambivalente où amour et haine, amour et mort (morsure) coexistent.

La masturbation se rattache à des désirs sadiques de l'enfant à l'égard de ses parents à la suite des représentations sadiques que l'enfant se forme du coït parental conçu comme un acte sadique de castration (du moins dans la théorie Kleinienne). Pour M. Klein, la masturbation se rattache donc au complexe d'œdipe, éveille une profonde culpabilité qui entraîne à son tour compulsion à la répétition et fixation. Le surmoi et la culpabilité étant déjà présents dès la phase orale, on peut penser que masturbation, sadisme oral, agressivité, culpabilité sont déjà à l'œuvre dès le début de la vie de l'enfant — même si ce n'est que peu à peu que la masturbation génitale s'instaure et l'emporte sur d'autres types de masturbations ou d'activités auto-érotiques.

Plus qu'une simple succession dans le temps il nous semble que M. Klein rapproche succion et masturbation au point de les rendre pour ainsi dire superposables dans les fantasmes de l'enfant assez rapidement. En effet, que lit-on dans la psychanalyse des enfants, sinon que très rapidement sein et pénis sont des objets primitifs des désirs oraux de l'enfant ! Le pouce qui représente le bon sein est donc logiquement le bon pénis également. Mais nous savons également qu'en face de la frustration inévitable que rencontre l'enfant, le sein est divisé en deux : le bon sein étant préservé et le mauvais sein subissant l'agressivité, la destruction, et étant le prototype de tous les objets haïs. De même, le pouce peut devenir le mauvais pouce, celui qu'on mord, qu'on haït, qu'on déchire en vain, ce mauvais pouce pouvant représenter le mauvais sein mais également le mauvais pénis puisque l'enfant insatisfait dans sa relation au sein a appris à rechercher la satisfaction de ses désirs oraux auprès du pénis du père. Ce sein et ce pénis que l'enfant attaque, mord, dévore, coupe font non seulement naître son angoisse mais également sa culpabilité ; car encore une fois, pour M. Klein, le sentiment de culpabilité lié à une fixation prégénitale provient déjà du conflit œdipien. Le surmoi de l'enfant est déjà là, dès le stade oral, et ce surmoi de l'enfant de un an mord,

(1) Winnicott (D. W.), *de la pédiatrie à la psychanalyse*, Paris, Payot, 1969, p. 36.

dévore, coupe les objets partiels qu'il introjecte, ceux-ci étant à leur tour susceptibles de lui faire subir le même sort.

Que le pouce soit le substitut symbolique du sein maternel, tous ceux qui se sont penchés sur ce problème l'ont admis, mais qu'il soit également le substitut du membre viril est moins banal dans la littérature psychanalytique. M. Klein avec son intuition si clairvoyante est une des rares à avoir, après Groddeck, pressenti l'étroite correspondance existant entre la succion, le pouce, la masturbation, la castration. Groddeck, nous le citerons encore une fois, écrit toujours à propos du « Struwwelpeter » : « *Suce son pouce c'est l'histoire de la castration :* Le sentiment d'inceste y est abordé. On y rappelle ce fait étrange, à savoir qu'il manque quelque chose à la femme, quelque chose que le garçon possède ; on y rappelle aussi que le garçon a toujours peur de devenir impuissant. Pour susciter cette crainte, il n'est pas besoin d'avoir jamais laissé tombé devant l'enfant un mot au sujet de la castration. Les phénomènes sont déjà donnés, ils sont nécessairement innés en l'être humain, ils sont venus au monde avec l'être humain. Comme ses propriétés, exactement comme le sentiment d'omnipotence, que tout être humain apporte avec soi lié au sentiment de culpabilité et au remords de la conscience qui l'accompagne sourdement. » (1) Ce passage de Groddeck — avec l'évocation de la toute puissance du nourrisson mais aussi de sa culpabilité, de son surmoi inné — à des résonances Kleiniennes. M. Klein aurait ajouté que l'histoire de la castration c'est aussi l'histoire de la masturbation ; en effet, chez le garçon, les tendances précoces à châtrer son père prennent la forme du désir d'arracher le pénis paternel d'un coup de dents ; la peur de la castration est donc d'abord ressentie par le garçon comme la peur que son propre pénis ne soit arraché d'un coup de dents.

On trouve chez tous les enfants la représentation selon laquelle le jeu avec les parties génitales aurait pour conséquence qu'on les coupe.

LE CARACTERE ORAL

De nombreux analystes depuis Freud ont cherché à décrire chez l'adulte les restes des expériences vécues au début de sa vie, durant le stade oral. Les principaux auteurs dont nous nous sommes inspirés pour dresser le portrait de l' « oral » sont : Abraham, Fenichel, Lewin, Jones, Reich et, plus récemment, Marty et Grunberger.

(1) Groddeck (G.), *La maladie, l'art et le symbole,* Paris, Gallimard, 1969, pp. 214 et 245.

L'AVIDITE ORALE

L'avidité est considérée comme un des traits caractéristiques de la phase orale. Cette avidité est insatiable, illimitée et correspond à la recherche du paradis perdu où le sein maternel était l'objet originel des émois érotiques du nourrisson. Fenichel (1) parle d'incorporation orale et la présente comme « la première réaction aux objets en général et le précurseur des dispositions sexuelles et agressives ultérieures ». Cette avidité se manifeste dans le fantasme « manger être mangé » que l'on retrouve chez certains malades ayant des traits oraux marqués. Dans la mesure où le nourrisson ne se distingue pas encore du monde extérieur, où il est en union fusionnelle avec le sein de sa mère, le désir apparemment contradictoire qui s'exprime dans le fantasme « manger être mangé » se comprend. Le désir de l'oral sera donc souvent flou, brumeux, imprécis et proche par là de la conscience qu'a l'enfant de sa relation avec la mère. Lewin (2) ajoute à ce fantasme de « manger être mangé » le fantasme de dormir. C'est ce qu'il appelle la triade orale. Le nourrisson se perd dans le paradis du « sein » maternel, le sommeil étant un substitut de celui-ci en particulier après la tétée. Freud déjà observait avec finesse le spectacle de ce bonheur illimité qu'éprouve l'enfant repu, bonheur qu'il essaiera de retrouver avidement par la suite : « Quand on a vu l'enfant rassasié abandonner le sein, retomber dans les bras de sa mère, et les joues rouges avec un sourire heureux, s'endormir, on ne peut manquer de dire que cette image reste le modèle et l'expression de la satisfaction sexuelle qu'il connaîtra plus tard. » (3)

L'oral va donc avoir une faim jamais assouvie. Ses désirs seront impétueux. Il voudra tout, tout de suite. Avide, insatiable, impatient, jaloux, tel apparaît l'oral.

LA DEPENDANCE ORALE

L'oral a une vie amoureuse superficielle, même si elle apparaît intense. L'oral recherche une satisfaction jamais comblée auprès de personnes successives qui le déçoivent toujours, ou reste fixé à un même objet qu'il

(1) FENICHEL (C.), *La théorie psychanalytique des névroses*, P.U.F., Paris, 1953.
(2) LEWIN (B.), Sleep, the mouth, and the dream-screen, *P.S.A. Quaterly*, 1946, *15*.
(3) FREUD (S.), *Trois Essais*, pp. 74-75.

va « parasiter », sucer indéfiniment sans pouvoir acquérir de véritable autonomie. Il aura tendance à l'individualisme pour se protéger contre le monde extérieur.

Lorsque l'oral s'intéresse à une personne, il a du mal à établir une relation durable avec elle. Il ne fait qu'amorcer cette relation qui souvent avorte. En effet, comme nous l'avons vu, l'oral a souvent été un enfant gâté, qui a manqué des frustrations nécessaires à l'acquisition d'une agressivité adéquate. Il a pris l'habitude d'obtenir des satisfactions de façon quasi automatique et il n'a pu intégrer, en même temps que l'amour, la force et la fermeté. Lorsqu'il fait preuve d'agressivité, l'oral ressemble à l'enfant impuissant qui trépigne mais n'essaie pas d'atteindre son entourage. De même, l'oral se montrera agressif de façon explosive et désordonnée, sans pour autant réussir à maîtriser autrui ou lui-même.

Enfin l'oral est généreux (par « faiblesse » dira Grunberger) (1) et pauvre (parce qu' « incapable de posséder »). Pour lui, donner et recevoir sont équivalents, de même que pour le nourrisson lorsqu'il ne fait qu'un avec sa mère. Le drame de l'oral est qu'il recherche sans fin, dans une quête vaine et harassante, un monde où il n'existerait aucun obstacle à ses désirs démesurés et où son narcissisme pourrait être comblé.

L'ORAL « NORMAL »

Il existe chez un certain nombre d'entre nous un harmonieux développement oral ; les satisfactions que nous avons connues à ce stade deviendront partie constitutive d'un caractère où l'avidité, la dépendance seront secondaires. Le sujet dont l'investissement oral aura été bon aimera « croquer la vie à belles dents ». Cette expression imagée et significative traduit l'espèce de certitude que le sujet a devant la vie. Il a connu le bonheur, il a été rassasié et il gardera de ce passé une plénitude inébranlable. Il sera confiant, optimiste, entreprenant, sociable.

L'érotisme oral n'est donc pas nécessairement mal intégré, mal assumé, mal dépassé. La succion du pouce de même que le baiser, le plaisir de manger ou le plaisir de parler, seront les ultimes vestiges de cette phase du développement de l'enfant où le plaisir était lié à l'excitation de la bouche.

(1) GRUNBERGER (B.), *Le narcissisme*, Payot, Paris, 1975, p. 165.

CONCLUSION

La psychanalyse nous fait comprendre en quoi la succion du pouce est le prototype de la sexualité infantile. En effet, nous voyons à l'état naissant comment l'enfant passe d'une activité psysiologique — l'acte de se nourrir — à une activité psychologique avec toute sa dimension fantasmatique. La succion du pouce est en quelque sorte le moment charnière où la sexualité se détache de l'objet naturel qui est le sein et se voit livrée au fantasme dans toute sa complexité. C'est pourquoi l'auto-érotisme n'est pas uniquement synonyme de calme et de volupté. L'enfant qui suce son pouce « est un être humain c'est certain, mais il a des lions et des tigres en cage à l'intérieur de lui », dit Winnicott. Cette description du suceur de pouce comme un être complexe qui, s'il se donne du plaisir, en souffre également — nous fait penser à ces enfants qui s'abiment les doigts à force de les sucer, qui se sucent au sang. (Winnicott remarquait avec finesse que « si l'enfant doit avoir du plaisir il faut que quelque chose en souffre »). M. Klein, cette autre analyste qui s'est penchée sur le monde intérieur des enfants, met, elle aussi, l'accent sur la richesse des fantasmes accompagnant le premier stade où pulsions agressives et destructives s'enchevêtrent avec les pulsions érotiques en un univers chaotique dominé par la peur et l'angoisse.

Si l'on essaye de dégager les principales idées de Freud, Abraham et M. Klein, concernant la succion du pouce, il nous semble qu'on peut résumer schématiquement l'évolution suivante : l'enfant qui avait commencé par sucer son pouce avec satisfaction chez Freud, s'est mis à le mordre anxieusement chez Abraham, pour finir par le dévorer voracement et avec culpabilité chez M. Klein. Ce pouce, symbole du sein éternellement plein, est peu à peu devenu source d'angoisse (car susceptible d'être mordu) pour finir par être persécuteur (car représentant un mauvais sein ou un mauvais pénis susceptible de mordre comme il est mordu et qu'il faut dévorer avant qu'il ne vous dévore).

Cependant, il ne faut pas oublier que l'enfant qui suce son pouce recherche avant tout un plaisir qu'il a connu et qu'il veut connaître à nouveau, même en l'absence de la source de gratification habituelle. Ceci implique qu'il a existé pour lui une source de gratification qu'il va intérioriser et qui va lui permettre de se passer du sein en cas de nécessité. Certains enfants très gravement perturbés, n'ayant pas connu une relation symbiotique à leur mère, source de plaisir total, ne pourront pas se livrer par la suite à cette activité auto-érotique. Les enfants psychotiques, par exemple, sont souvent incapables de sucer leur pouce.

Avec sa verve habituelle, Groddeck résume parfaitement l'importance du pouce et les nombreuses implications qui s'y rattachent :

«A partir de ce fait là, à savoir que les enfants sucent le sein de la mère, procède une chaîne d'autres phénomènes qui conduisent finalement à l'acte sexuel proprement dit ; et la succion du pouce fait partie de cette chaîne. Elle est tout d'abord un substitut pour la succion du sein maternel, qui satisfait simultanément la faim et le sentiment sexuel de l'enfant. La succion du doigt dirige l'attention sur le membre viril de l'homme, et l'amour, sur l'organe sexuel de la femme. Le même mot est utilisé pour désigner la bouche et l'organe sexuel de la femme ; et le doigt est conçu comme le symbole du membre viril, qui est introduit dans la bouche de la mère *. Et je rappellerai aussi l'histoire du Petit Poucet, et le doigt de Dieu, qui intervient dans tous les domaines comme une menace très significative, etc. Que ce soit une paire de ciseaux par quoi les pouces sont coupés a aussi sa signification. Les ciseaux sont une claire symbolisation de la femme. C'est à cela qu'il faut rattacher les résonances mystiques de l'impuissance et de la castration, et ce phénomène, à savoir que le coït provoque une castration et que dans l'amour soit contenu l'anéantissement, une chose qui se laisse poursuivre loin dans les couches religieuses, par le rapprochement de l'amour et de la mort, et la ressemblance qui règne entre eux, ce qui nous conduit à la tombe, au sein de la terre et à l'enterrement dans le sein maternel.»

Du sein généreux et nourricier au pénis menaçant et menacé, de la bouche dévorante au vagin denté, toute la sexualité infantile et adulte se trouve rassemblée dans cette succion du pouce exemplaire qui procure jouissance et souffrance, plaisir et douleur, satisfaction et frustration.

* Une collègue nous a raconté que, mentionnant qu'elle suçait son pouce devant Bachelard, celui-ci lui avait dit avec humour « c'est la nostalgie du trou bouché ».

CHAPITRE V

LES PSYCHOLOGUES ET LA SUCCION DU POUCE

A la question « pourquoi mon enfant suce-t-il son pouce ? » que les parents posent inlassablement à tous ceux qui s'occupent de l'enfant, les psychologues ont tenté à leur tour de répondre. Dans la plupart des recherches faites par ceux-ci sur les causes de cette habitude, deux grands courants s'affrontent. D'une part, les explications inspirées de la psychanalyse essaient de mettre en évidence le fait que la succion du pouce est un besoin primaire de l'enfant, inné, persistant parfois au-delà de l'âge où normalement il cède la place à d'autres besoins. D'autre part, les explications issues des théories de l'apprentissage montrent qu'au contraire on est en présence d'une habitude acquise, apprise par l'enfant, et il s'agit alors de déterminer la ou les causes de cet apprentissage.

Mais les psychologues, outre leurs divergences quant au fond du problème, ont rencontré de nombreux problèmes méthodologiques que nous allons évoquer brièvement, car ils expliquent en partie les contradictions que l'on relève dans les résultats.

PROBLEMES METHODOLOGIQUES

La définition des concepts est déjà source de difficultés et un terme apparemment aussi peu ambigu que « succion du pouce » recouvre des significations assez diverses suivant les auteurs. C'est ainsi que Lindner (1), qui est probablement le premier à avoir fait une étude clinique complète sur ce sujet et auquel Freud rend hommage dans ses *Trois Essais*, utilise le mot allemand « ludeln ». Ce mot inclut toutes les activités de succion

(1) LINDNER (S. L.), « Das Saugen an der Fingern, Lippen U.S.W. bei den Kindem » Jahrb. F. Kinderh, 14, 68, 1879 New Series.

entraînant une satisfaction, que l'objet soit les doigts, les lèvres, la langue, toute autre partie du corps ou même des objets étrangers. Certains auteurs emploient le terme de « succion du pouce » comme synonyme de « ludeln » ; d'autres, au contraire, restreignent l'emploi de « thumbsucking » à la succion du pouce et des autres doigts, le pouce étant le plus sucé des doigts ; d'autres enfin différencient « finger sucking » * et « thumbsucking » *. De plus, la succion du pouce est souvent accompagnée de mouvements accessoires que certains auteurs rattachent de façon indissoluble à la succion alors que d'autres les considèrent comme indépendants.

Enfin, si l'on essaie de nuancer ce que recouvre le terme « succion du pouce », on doit faire intervenir l'âge, la durée, le moment auquel elle a lieu. Là encore les définitions des parents, des enfants, des cliniciens et des dentistes sur ce qu'ils entendent par « enfant qui suce son pouce » ne sont pas nécessairement superposables, loin de là.

En ce qui concerne l'obtention des données, la variété de méthodes ne simplifie pas le problème. De nombreuses études ont montré la faible validité des données rétrospectives que l'on obtient en interrogeant les mères. Et si l'on soupçonnait depuis longtemps que les distorsions concernant ce type de données étaient importantes, des études récentes les ont clairement mises en évidence. La simple question « depuis quand votre enfant suce-t-il son pouce ? » n'obtient pas nécessairement une réponse objective. Dans une étude de 1961 (1) on a questionné 25 mères d'enfants, âgés de 4 et 5 ans, pour lesquels on possédait des dossiers cliniques faits au fur et à mesure de leurs consultations. Les auteurs ont comparé les données fournies par les mères sur leur grossesse, leur accouchement et les premiers développements de l'enfant avec les descriptions enregistrées 4 ou 5 ans auparavant : la différence était très significative. (Les informations obtenues directement à travers les dossiers cliniques ne sont d'ailleurs pas non plus infaillibles.) Les données rétrospectives sont insuffisantes et seules des études longitudinales en voie de développement peuvent peut-être apporter des réponses aux nombreuses questions qui se posent dans ce domaine.

Les chercheurs, après avoir essayé de trouver une cause unique à la succion du pouce, ont été de plus en plus sensibles au fait que la conduite de l'enfant ne pouvait être expliquée de façon exhaustive en termes de variables isolées.

* « Finger sucking » : succion du doigt. * « Thumbsucking » : succion du pouce.

(1) GODDARD (E.), BRODER (G.), WENAR (C.), Reliability of pediatric histories, *Pediatrics,* 1961, *28,* pp. 1011-1018.

Actuellement les recherches essaient de mettre en relation de nombreuses variables concernant un grand nombre d'enfants. Le développement considérable du travail sur ordinateur permet d'appréhender des interrelations complexes, mais certainement plus proches de la réalité que les explications trop simples d'autrefois.

LA SUCCION REFLEXE CHEZ LE NOURRISSON

La succion du nourrisson est faite d'un certain nombre de réponses motrices simples. Des mouvements d'orientation de la tête précèdent cette activité. Des mouvements buccaux et de déglutition faisant partie d'une chaîne réflexe l'accompagnent. La respiration peut être partiellement coordonnée à la succion et les rythmes de succion semblent constants pour chaque enfant. Avant de voir le devenir de cette activité réflexe, reprenons brièvement son déroulement chronologique.

Chez le fœtus

— Chez un fœtus de 8 semaines et demie, Hooker (1) constatait déjà ce mouvement de recherche pendulaire rapide de la tête en réponse à une stimulation tactile de la région periorale. Il constatait également qu'une stimulation tactile de la lèvre supérieure puis, quelques jours plus tard, de la lèvre inférieure entraînait la flexion latérale du cou et du tronc, l'extension des bras, une légère rotation du pelvis et une très faible adduction des cuisses.

— A la fin du 1er trimestre, au cours de la 12e semaine on peut observer, lors de l'excitation des lèvres, des mouvements de la langue, du menton et de la bouche. Si cette excitation est renouvelée à intervalles réguliers, le rythme de la succion et de la déglutition s'ébauche. A ce moment la langue, premier contenu mobile dans un contenant partiellement immobile, est apte à procurer les premières expériences tactiles du fœtus. Elle peut empêcher la pénétration de liquide amniotique dans les bronches et se projeter déjà à l'extérieur.

— A 16 semaines la protrusion des deux lèvres esquisse spontanément l'acte de têter.

— A 27 semaines le fœtus est viable. A cette époque on constate sous radio, ou lors de césariennes, qu'il suce son pouce *in utero* et déglutit du liquide amniotique.

(1) HOOKER (D.), The origin of behavior, *Ann. Arbor,* Michigan, Mich Uni, 1944.

— Enfin, à la naissance, on peut voir sur le dos du pouce de certains nourrissons le bourgeonnement kératinisé qui témoigne de la vigueur et de la fréquence des succions de la vie utérine ; il n'est pas absurde de se demander si déjà l'embryon ne peut pas tirer une certaine satisfaction de cet exercice.

Chez le nourrisson

— Dès le premier jour, Spitz (1) observe le fameux « rooting reflex ». Toute la partie extérieure de la région buccale, du « museau » (nez, joue, menton et lèvres), répond à une stimulation tactile par une rotation de la tête vers le stimulus et un mouvement happant de la bouche ; puis par une succion déglutition si le mamelon a été saisi, mouvement plus intense si l'on place directement le mamelon dans la bouche de l'enfant.

— En même temps que le bébé tête, il fixe de ses yeux le visage de sa mère et ne s'en détourne que pour s'endormir, ce qui permet une stimulation du système visuel pendant la tétée.

— Dès le 8ᵉ jour, si le nouveau-né est mis dans une position verticale ou oblique, il tourne la tête vers la personne qui le tient, ouvre la bouche et déglutit. Il s'agirait d'un phénomène d'origine labyrinthique.

— Au visage de l'adulte vu de face, l'enfant dès le 3ᵉ mois (ou même plus tôt) répond par un sourire.

— Enfin on constate une pulsion rythmique des mains qui s'effectue parallèlement et sur le même rythme que la succion.

A la suite de ces observations, Spitz émet l'hypothèse que le besoin de se nourrir, lorsqu'il est satisfait, aboutit à une réduction de tension par la succion déglutition au niveau de la bouche, ce qui induit la stimulation des zones visuelle, labyrinthique, motrice, par diffusion d'influx nerveux. C'est ce qu'il nomme phénomène de débordement. Le phénomène permet au moi du sujet d'émerger à partir de la bouche, cavité primitive incluant à la fois les caractéristiques de la perception intérieure et de la perception extérieure, et lieu de réunion de tous les sens. Ce débordement induit une maturité corticale, source de nouveaux progrès psychiques et moteurs.

(1) Spitz (R. A.), La cavité primitive (étude sur la genèse de la perception, son rôle dans la théorie psychanalytique), *Revue française de psychanalyse*, t. XXIII nᵒ 2, Paris, 1959, pp. 205-235.

On pourrait citer également des travaux où la succion sert de mesure pour évaluer un certain nombre de conduites du nouveau-né comme la discrimination, l'apprentissage, l'attention, l'orientation ; d'autres où l'on met en évidence le rôle de la faim, de la fatigue, de l'âge, du degré d'éveil sur le rythme et la quantité de succion. Mais tous ces travaux, s'ils montrent l'extrême précocité de cette activité de succion, n'éclairent en rien la persistance de celle-ci, persistance prouvant que sur une activité instinctuelle, réflexe, essentielle à la survie peut se greffer un plaisir qui n'a plus que des liens lointains de ressemblance avec ce réflexe élémentaire.

Les premiers travaux de Levy (1) qui datent de 1928, sont plus intéressants et essaient d'apporter une réponse à la question que nous nous posons, à savoir : pourquoi l'enfant suce-t-il son pouce de façon consciente et non plus seulement réflexe ?

LA SUCCION DU POUCE, CONSEQUENCE D'UN BESOIN INNE DE SUCCION INSUFFISAMMENT COMBLE

Levy s'était demandé, après lecture des ouvrages psychologiques et psychanalytiques sur la succion du pouce, s'il existait une corrélation entre la succion du pouce et l'infantilisme, si le fait d'avoir été gâté par la mère avait un rapport avec cette habitude, si les suceurs de pouce se masturbaient davantage que les autres enfants, s'ils restaient plus attachés à leur mère, s'ils avaient davantage de difficultés dans leur adaptation sociale. Or, à toutes ces questions il ne peut répondre par l'affirmative. Par contre, un fait significatif se dégage d'observations personnelles : tous les enfants qui sucent leur pouce ont une activité de succion insuffisante durant leur repas. Les travaux de Levy confirment l'hypothèse selon laquelle il existe chez l'être humain un besoin inné de succion qui, lorsqu'il est insuffisamment comblé, tend à persister et induit des conduites de substitution comme la succion du pouce. Celle-ci est bien, pour Levy comme pour Freud, une pulsion primaire qui se développe en s'étayant sur une fonction physiologique essentielle à la vie : ici le besoin de nutrition. Pourtant une des hypothèses fondamentales de la théorie psychanalytique est reléguée au second plan dans ces travaux expérimentaux, à savoir le fait que cette succion est la *première manifestation de la sexualité infantile*.

(1) Levy (D. M.), Finger sucking and accessory movements in early infancy (an etiologic study), *Amer. J. Psychiat.*, 1928, *7*, pp. 881-918.

LES NOURRISSONS QUI BOIVENT TROP VITE

Le travail de Levy mérite qu'on s'y arrête car c'est la première recherche sérieuse essayant de prouver l'existence d'un instinct de succion chez tout enfant, instinct qui, s'il n'est pas satisfait, entraînera des activités de substitution. Les études ultérieures n'ont pas toujours confirmé ces premiers travaux, mais toutes sont parties des découvertes de Levy.

Le travail de Levy repose sur l'examen de 112 enfants non sélectionnés vus en consultation privée. On peut résumer ses observations dans le tableau suivant :

Possibilité de sucer durant l'alimentation	suceurs de pouce	non suceurs de pouce
Satisfaisante		
L'enfant s'arrête lui-même de têter	8	93
Non satisfaisante		
• Arrêt spontané mais trop rapide	11	0
• Arrêt forcé, temps limité	7	1
• Alimentation à la tétine trop percée	2	0
	28	94

On remarque qu'un écoulement trop rapide du lait, des repas à heures fixes et de durée courte sont significativement plus fréquents chez les suceurs de pouce que chez les non suceurs. Par contre, les non suceurs bénéficient de repas à la demande plus nombreux, de biberons de nuit, de sucettes.

Sur les 28 suceurs de pouce, 24 avaient présenté des difficultés alimentaires lors de la phase du succion. Pour les 94 enfants qui ne suçaient pas leur pouce, on ne retrouvait jamais dans leur anamnèse de retrait forcé du sein ou du biberon. Si dans une même famille il y avait des suceurs et des non suceurs de pouce, cela était dû aux différences de succions permises dans la première enfance. Parmi les nourrissons qui avaient têté moins de quinze minutes en moyenne par repas, 45 % étaient des suceurs de pouce ; parmi ceux qui avaient têté plus de quinze minutes, 17 % seulement suçaient leur pouce. Enfin, 20 % des enfants non suceurs pouvaient disposer de sucettes ou d'un jouet en tenant lieu ; aucun des enfants suçant leur pouce n'avait ce recours.

Levy constate également que dès que le nourrisson est frustré au niveau de la succion il se met à sucer son pouce. C'est ainsi qu'un enfant vorace à qui sa mère offrira des seins regorgeant de lait, ne pourra satisfaire son besoin de succion et se mettra à sucer son pouce dès la fin de ses premières têtées ; de même, l'enfant à qui une mère rigide retirera le sein ou la têtine de la bouche à heure fixe, aura très rapidement un comportement compensatoire et se mettra lui aussi à sucer son pouce. Par contre, le fait d'être nourri au sein plutôt qu'au biberon, le rang dans la fratrie, la catégorie socio-professionnelle des parents ne jouent aucun rôle dans la succion du pouce.

En ce qui concerne les « mouvements associés » qui accompagnent souvent la succion, Levy prétend qu'ils remontent très souvent aux mouvements des mains et des doigts lors des premières têtées. Il va même jusqu'à suggérer que le pouce choisi est celui qui se trouvait libre lorsque l'enfant têtait, les mouvements accessoires étant ceux de la main bloquée. Il est logique dans ces conditions que les principales habitudes secondaires rencontrées soient des manipulations au niveau de la tête ou du cou (caressements, tiraillements, frottements des lobes de l'oreille, du nez, du menton, etc.). Cette localisation est en rapport avec la superficie qui est à la portée des mains de l'enfant lors des premiers mois de la vie. Que deviennent ces habitudes si l'enfant est changé de position régulièrement ? Peut-être en résulte-t-il la succion des deux pouces indifféremment ? Quant à la masturbation mentionnée dans l'anamnèse de certains enfants, elle serait un simple accident survenant au cours des explorations du nourrisson. Lindner (1) fait la même hypothèse : sur 69 suceurs il mentionne deux enfants touchant leurs parties génitales, huit leurs oreilles, cinq leur nombril, deux leur nez. Cependant la masturbation, en tant que conduite secondaire accompagnant la succion, est relativement rare aussi bien chez Lindner que chez Levy.

Ceci s'explique facilement, pour Levy, par le fait que la succion du pouce débute la plupart du temps au cours des 6 premiers mois de la vie, âge auquel les explorations de la main se limitent à la partie supérieure du corps. La masturbation infantile n'apparaît pas en général avant le sixième mois et est beaucoup plus répandue que la succion du pouce. Il est donc illogique, sauf exceptions, de la faire dériver de celle-ci.

(1) Lindner (S. L.), *op. cit.*

Les autres constatations de Levy sont que le rongement des ongles apparaît parfois comme succédant à une succion corrigée partiellement, et qu'enfin dans la majorité des cas il n'y a pas de déformations de la bouche. Le seul traitement rationnel de cette habitude s'avère dans ces conditions être un traitement prophylactique et il fait référence en conclusion à une phrase d'un médecin français, le Dr Horace Bianchon. Ce dernier affirmait en 1891, que le « nouveau-né mesure son degré de satiété, non en fonction de la quantité de lait qu'il a ingéré, mais en fonction de la sensation de fatigue que la succion lui a procurée ; quand il a remué les lèvres pendant plusieurs minutes il s'imagine qu'il est satisfait, même s'il a absorbé très peu de lait, ce qui induit en erreur beaucoup de mauvaises nourrices. » (« Causerie médicale », Journal du Temps, 23 février 1891.)

LES CHIOTS SUCEURS DE POUCE

En 1934, Levy (1) entreprit sur l'animal une étude expérimentale qui confirmait ses découvertes précédentes sur les nourrissons. Levy avait été frappé par l'observation d'un médecin de Chicago ayant remarqué que les veaux retirés des mamelles de leur mère et nourris à la « bouteille » se mettaient à lécher les oreilles des autres veaux, ou une partie de leur propre corps... Les fermiers avaient confirmé l'existence de ce comportement.

Pour montrer que l'estomac pouvait être satisfait sans que la bouche le soit, Levy mit au point l'expérience suivante :

Quatre chiots d'une portée de six étaient retirés à leur mère 10 jours après leur naissance. Deux étaient nourris avec un biberon dont la tétine avait de très petits trous, les deux autres ayant au contraire des tétines à larges trous. La quantité de lait était contrôlée de façon à ce que les chiots gardent les mêmes poids respectifs. L'expérience durait 20 jours pendant lesquels on essayait de maintenir toutes les conditions constantes, excepté le temps de succion permis durant les repas. Les chiots qui disposaient de longs repas (petits trous dans leurs tétines) avaient, de plus, droit à sucer ensuite le doigt de l'examinateur ! Leur temps de succion était en moyenne de 80 minutes par jour, l'autre paire de chiots suçant en moyenne 20 minutes. Les chiots qui avaient des repas rapides se mi-

(1) Levy (D. M.), Experiments on the sucking reflex and social behavior in dogs, *Amer. J. Orthopsychiat.*, 1934, *4*, pp. 203-224.

rent au bout de quelques jours à faire des mouvements de succion pendant plusieurs minutes après leur repas, ainsi que des bruits de succion durant leur sommeil, à sucer et à lécher leur corps et les objets du chenil. Le doigt de l'examinateur avait un attrait nettement plus grand pour eux (mesuré par la vigueur et la durée de la succion) que pour les autres. De plus, les chiots qui n'avaient pas eu leur content de succion se suçaient l'un l'autre de façon nettement plus active et fréquente que les chiots repus (ces derniers ne le firent que 7 fois durant les 20 jours de l'expérience et toujours juste avant un repas). Les chiots avec des gros trous dans leurs tétines durent être nourris environ 7 % davantage que les autres pour maintenir leurs poids équivalents ; ceci s'explique, selon Levy, par le fait qu'ils étaient beaucoup plus agités et dormaient moins que les chiots aux longs repas. Levy prétendait avoir également induit un « mouvement accessoire » chez l'un des chiots, en remuant de façon rythmique et systématique une patte durant un repas, et avoir pu faire de ce mouvement accessoire un stimulus conditionnel déclenchant des mouvements de succion, ceci durant les 3e et 4e semaines.

Levy retrouve enfin des activités de succion même chez les chiots ayant toute satisfaction dans ce domaine — ceci de 2 à 4 heures après leur repas — la faim expliquant cette succion et étant, selon lui, le second facteur causal dans la genèse de cette habitude. Cette constatation éclaire alors particulièrement la fréquence de la succion chez les enfants nourris toutes les 4 heures, puisqu'ils ont à la fois une possibilité de succion insuffisante au cours d'un repas réglé mécaniquement et l'occasion d'éprouver des crampes d'estomac avant le repas suivant.

Levy se veut très proche de la théorie psychanalytique dans ses hypothèses et ses conclusions. Il va même jusqu'à faire une analyse de la personnalité de ses chiots en rapport avec leur succion, tout en reconnaissant qu'il y a dans ce domaine bien des facteurs qui interviennent et qu'il ne maîtrise pas. Cependant, parmi les chiots frustrés, l'un se montrait spécialement agressif : en particulier c'était toujours lui qui suçait le corps de l'autre chiot frustré, qui très vite accepta la situation de « dominé ». Lorsqu'il fut remis avec le reste de la portée, après l'expérience, il continua à se montrer très agressif, refusant aux autres chiots en particulier d'approcher sa gamelle ; par contre, le « dominé » continua à ne faire aucun effort pour se nourrir et à se montrer très passif. Cette agressivité et cette passivité chez « deux chiots suceurs de pouce » — explicables, selon Lévy, par des différences de constitution — se sont trouvées renforcées par l'environnement : en l'occurrence le handicap causé par leur mode d'alimentation. Ces deux chiots dont les muscles de la mâchoire étaient nettement sous-développés, se montrèrent incapables d'avaler aussi rapidement que les autres par la suite.

De l'observation de la personnalité des chiots, Levy en vient à émettre l'hypothèse suivante chez l'enfant : il y a des chances pour que ceux qui sont soumis recherchent les plaisirs oraux et la succion du pouce davantage que ceux qui sont agressifs. Mais, de même qu'il est difficile de prédire la conduite des chiots à partir de l'étude de leur musculature buccale, de même il est impossible de prédire à partir de l'observation du caractère de l'enfant s'il sucera ou non son pouce — et inversement.

En 1951, une expérience analogue sur des chiots, faite par Ross (1), confirmait les résultats obtenus par Levy. On retrouvait le fait que les chiots nourris par leur mère n'éprouvaient pas un besoin d'activités orales complémentaires en dehors des repas, alors que les chiots alimentés au biberon présentaient de nombreux comportements de succion, de lèchage en dehors des repas — comportements qui cessaient après leur retour au sein maternel. Ross apportait une preuve supplémentaire à l'existence d'un besoin inné de succion qui, lorsqu'il n'était pas satisfait, entraînait des conduites de succion non reliées aux conduites alimentaires.

QUE PENSER DES EXPERIENCES DE LEVY ?

Qu'en conclure ? La succion est-elle un besoin primaire ou non ? Les hypothèses de Freud sont-elles ou non validées ? Dans une revue sur les études expérimentales concernant les concepts psychanalytiques (2), on trouve des données satisfaisantes pour confirmer :

— que la succion et l'alimentation sont deux besoins dictincts,

— que leur indépendance n'est pas totale (la succion est plus fréquente quand l'enfant est affamé),

— que la privation a les mêmes conséquences pour la succion que pour les autres besoins.

Par contre, les données infirment :

— que la succion soit une réponse consommatoire qui se développerait en vertu de l'association entre succion et alimentation,

(1) Ross (S.), Sucking behavior in neonate dogs, *J. abnorm. Soc. Psycho.*, 1951, *46*, pp. 142-144.

(2) Sears (R. R.), Survey of objective studies of psychoanalytic concepts, *Soc. Sci. Counc. Bull*, n° 51, 1943.

— que la succion ait un puissant effet sexuel. (Une étude (1) indique pourtant chez 10 enfants à qui on laisse sucer de l'air vigoureusement pendant 15 minutes après leur repas, un apaisement qui dure jusqu'au repas suivant.)

En somme, les hypothèses de Freud sont confirmées excepté en ce qui concerne l'auto-érotisme et l'on peut se demander dans ces conditions ce qu'il reste de l'apport de Freud !

Malgré leur intérêt les études que nous venons de voir laissent donc persister un certain nombre de questions fondamentales. S'il semble certain que les enfants comme les animaux recherchent l'occasion de sucer indépendamment de l'acte alimentaire et sont prêts à sucer « leur pouce » en cas de privation, aucune donnée ne nous est fournie sur les causes de la persistance ou de l'extinction de cette succion. Les observations de Levy concernent en effet la succion à l'état naissant, à l'état réflexe — mais que devient cette réponse avec le temps ?

Est-ce que les chiots de Levy ont continué à sucer leurs pattes ou les oreilles de leurs compagnons en grandissant ? se sont-ils mis à se ronger les griffes à la place ?... Bref, ces questions anthropomorphiques mais intéressantes restent en suspens... Et de même que Levy a abandonné l'observation de ses suceurs de pouce après leurs modes d'alimentation des premiers mois et avant même le sevrage, de même il arrête l'observation de ses animaux au 6e mois (il indique simplement que l'agressivité ou la passivité des chiots frustrés de succion aurait persisté ainsi qu'une faiblesse de la musculature des mâchoires). La succion du pouce serait davantage étudiée comme une activité réflexe pouvant être causée par un facteur unique et s'éteindre dès la supression de ce facteur, que comme une habitude élaborée faisant intervenir toute la personnalité. (Le sous-titre donné pas Levy à son expérience sur les chiots est significatif à cet égard : *A study of the sucking reflex in dogs* — Une étude du réflexe de succion chez les chiens.)

A la suite de Levy, de nombreux chercheurs continuèrent à apporter des preuves à l'idée de la succion du pouce comme conséquence d'un besoin inné non suffisamment satisfait. Ces expériences que nous allons résumer eurent un retentissement non négligeable sur les conseils psychologiques donnés aux mères pour élever leurs enfants.

(1) JENSEN (K.), Différential reactions to taste and temperature stimuli in newborn infants, *Genet. Pyschol. Monog.*, 1960, *12*, pp. 361-469.

EXPERIENCES CONFIRMANT CELLES DE LEVY

— En 1944, un médecin (1) montre une fois de plus que les suceurs de pouce à l'âge de 6 mois ont des repas de 70 minutes par jour en moyenne, alors que les non suceurs restent plus de 90 minutes à sucer et têter ; comme dans l'expérience de Levy, la succion du pouce s'installe très rapidement dès la diminution de la durée des repas.

— En 1949, un autre médecin (2) observe 259 enfants âgés de 0 à 6 ans et constate que les enfants suçant leur pouce sont ceux dont les repas sont les plus rapides. De plus, tous les enfants ayant pu disposer d'une tétine n'ont pas eu recours à leur pouce. Il admet cependant que certains enfants ayant eu, semble-t-il, toutes les satisfactions voulues dans le domaine de la succion ont cependant sucé leur pouce. Il explique ces exceptions par les différences constitutionnelles. Le besoin de succion serait variable d'un enfant à l'autre et, pour certains, seul le pouce apporterait l'apaisement nécessaire à un besoin très développé.

— Enfin une étude (3) de 1950 sur l'utilité de la tétine pour le traitement de la « colique » du nourrisson, retrouve l'absence de succion du pouce chez les utilisateurs de tétine.

Toutes ces études confirmaient l'idée que les enfants recherchaient l'occasion de sucer indépendamment de l'acte de manger. Spock (4), le célèbre pédiatre américain, tira de ces expériences quelques conclusions qui furent diffusées dans le monde entier grâce à la notoriété de son ouvrage : *Comment soigner et éduquer son enfant.* Nous utiliserons les paragraphes qu'il consacre à la succion du pouce, car ils nous paraissent tout à fait révélateurs de ce que des millions de mères américaines ont pensé et tenté avec leurs enfants suce-pouce.

(1) Roberts (E.), Thumb and finger sucking in relation to feeding in early infancy, *Amer. J. Dis. Child,* 1944, *68,* pp. 7-8.

(2) Klackemberg (G.), Thumbsucking, frequency and etiology, *Pediatrics,* 1949, *4,* p. 418.

(3) Levine (M. L.), Bell (A. I.), The treatment of colic in infancy by use of the pacfier, *J. Pediat.* 1950, *37,* pp. 750-755.

(4) Spock (B.), *Comment soigner et éduquer son enfant,* Marabout Service, Verviers, 1972.

LES CONSEILS AUX MERES DES NOURRISSONS QUI SUCENT LEUR POUCE

Avant tout le Docteur Spock recommande aux mères de ne jamais essayer d'empêcher l'enfant de sucer son pouce de manière directe, mais de lui donner l'occasion de sucer ou de têter davantage le sein ou le biberon.

Quand doit-on intervenir ?

Durant les 6 premiers mois, l'enfant n'a pas encore atteint une parfaite maîtrise de ses bras et ses tentatives pour sucer son pouce ou ses doigts sont encore malhabiles et peu contrôlées. C'est donc à ce moment là qu'il faut agir. « Si on parvient, durant les premiers mois, à satisfaire complètement son instinct de succion, il y aura peu de chances de le voir s'intéresser à son pouce plus tard. » (1)

Les bébés nourris au sein qui sucent leur pouce

Pour Spock, les enfants nourris au sein sont rarement des suceurs de pouce (cette affirmation n'a malheureusement jamais été validée statistiquement !). Ceci s'expliquerait par le fait que les mamans auraient tendance à laisser leur enfant têter aussi longtemps qu'il le voudrait alors qu'un biberon une fois vide est toujours retiré. Si jamais l'enfant suce son pouce après le sein, il faut le remettre au sein sans toutefois dépasser 40 minutes. L'enfant ne risque pas l'indigestion car au bout de 5 à 6 minutes il a absorbé la plus grosse quantité de lait nécessaire, mais il peut ainsi calmer son besoin de succion. De plus, il pourra choisir lui-même la durée de succion qui lui convient, durée susceptible de varier assez considérablement d'une tétée sur l'autre. Et Spock de conclure qu'une fois de plus, à l'occasion de ce problème particulier, on voit à quel point l'allaitement maternel s'adapte parfaitement aux besoins individuels et naturels du bébé !

Les bébés nourris artificiellement qui sucent leur pouce

Pour ceux-là, il faut donner des tétines trouées de telle sorte que l'enfant ne puisse jamais vider son biberon en moins de 20 minutes. Changer de tétine peut être nuisible car certains enfants refusent de têter lors-

(1) Spock (B), op. cit., p. 188.

que les trous sont trop petits ; mais s'ils ont été habitués dès leur naissance à ce type de trous ils continueront à le supporter. Souvent, lorsque l'enfant grandit et devient plus fort, il réussit à aspirer son lait en 10 minutes au lieu de 20 : c'est alors qu'il a recours à son pouce. Il suffit de changer les tétines usées.

Enfin Spock conseille de diminuer avec circonspection les repas d'un enfant qui suce son pouce, car la fréquence et le nombre des repas jouent un rôle tout autant que la durée de ceux-ci. User de la force fait le plus grand tort à l'enfant puisqu'on l'empêche ainsi radicalement de satisfaire son instinct. Ces conseils sont d'ordre prophylactique et s'appliquent à l'enfant de moins d'un an.

Après la seconde guerre mondiale, les explications de Levy et les conseils de Spock, pour séduisants qu'ils soient apparus, commencent à soulever des critiques. Un certain nombre d'études s'acharnent à démontrer que le sein à la demande, les longs repas, les sevrages tardifs, les sucettes ne sont pas la panacée universelle comme on l'avait cru ; que la gratification excessive peut être tout aussi génératrice d'une succion du pouce tenace que la privation du besoin de sucer. Le pouce n'est pas un besoin inné mais une habitude acquise par suite d'un apprentissage.

LA SUCCION DU POUCE, CONSEQUENCE D'UN APPRENTISSAGE

Dès 1947 un pédiatre (1) observe 5 nourrissons têtant le sein à volonté, aussi souvent et aussi longtemps qu'ils le souhaitent, et il s'aperçoit qu'ils sucent leurs pouces sans craindre d'ébranler les hypothèses de Levy et de ses émules. Ces enfants avaient beau n'être que cinq, ils étaient bien gênants et ils ne tardèrent pas à faire naître d'autres « contestataires », en tout cas d'autres travaux critiques tels ceux que nous allons voir.

LA SUCCION, CONSEQUENCE DE LA FAIM

Dans son étude détaillée du comportement de 143 enfants, Kunst (2) remet en question les hypothèses de Levy en disant que les mêmes don-

(1) SIMSARIAN (F. P.), Case histories of five thumbsucking children breast fed on unscheduled regimes, without limitation of nursing time, *Child Development*, 1947, *18*, pp. 180-184.

(2) KUNST (M. S.), A study of thumb and finger sucking in infants, *Psychol. Monogr.* 1948, *62*, N° 3.

nées expérimentales peuvent être justifiées de façon tout aussi satisfaisante par d'autres explications, en l'occurence par les effets de la faim. Déjà dans une étude de 1929 (1), on observait une corrélation positive entre les enfants les plus maigres (enfants de 10 à 12 ans) et les habitudes orales — l'habitude orale étant définie comme introduction dans la bouche d'un doigt. Quant aux pédiatres dépeignant les enfants nourris toutes les 3 heures comme beaucoup moins agités que d'autres nourris à intervalles plus longs, ils montrent tout simplement, selon Kunst, que les enfants éprouvent une tension pénible durant les périodes où ils ont faim ; d'où l'hypothèse suivante : la succion du pouce est une habitude acquise, non pas en réponse à un facteur aussi précis qu'une frustration dans l'exercice musculaire labial, mais plutôt en réponse à la tension (quelle soit physique ou psychique) résultant d'un nombre variable de facteurs dont la faim.

Une expérience (2), à cet égard convaincante, montre que la réponse réflexe de succion chez le nourrisson est la plus forte lorsqu'on la suscite au début d'un repas et qu'elle diminue progressivement au cours de celui-ci. Ce facteur faim est d'ailleurs un facteur complexe qui fait intervenir bien des mécanismes variant d'un enfant à l'autre (comme le métabolisme, l'activité hypothalamique, les relations entre les processus adrénergiques et cholinergiques). Un enfant peut éprouver des sensations pénibles de faim alors qu'un autre restera calme, même s'ils ont eu la même quantité et la même qualité de nourriture. Il est donc logique de penser que les premiers apprentissages de l'enfant vont être en rapport avec la réduction de quelques stimuli désagréables qui l'affectent. Ainsi il va apprendre à sucer la tétine du sein ou du biberon et cette conduite va être récompensée par la suppression de douleurs causées par la faim.

Le travail de Kunst confirme cette hypothèse ; il montre en effet que la fréquence de la succion du pouce augmente au fur et à mesure que l'on s'éloigne du repas, l'augmentation étant particulièrement nette 1 à 2 heures après, au moment où les contractions dues à la faim se font importantes. Quant aux différences individuelles observées, elles sont beaucoup plus probablement dues à des différences constitutionnelles qu'à des circonstances extérieures.

(1) OLSON (W. C.), The measurement of nervous habits in normal children. Minneapolis, Minn. Univ., Minnesota Press, 1929.

(2) HALVERSON (H. M.), Infant sucking and tensional behavior, *J. Genet. Psychol.*, 1938, *53*, pp. 365-430.

Ces diverses expériences cependant ne remettent pas en cause le fait suivant : une certaine privation entraînant une certaine tension est à l'origine de la succion, que cette frustration soit alimentaire ou autre.

LA SUCCION, REPONSE APPRISE MEME PAR LES NOURRISSONS ELEVES A LA TASSE

Un pédiatre américain (1) eut un jour l'idée inattendue d'élever des enfants entièrement à la tasse dès leur naissance. Ces nourrissons ne connurent jamais la tétine ou le sein et, contrairement aux sombres prédictions de Levy, ils n'éprouvèrent pas le besoin de se livrer à une succion frénétique de leur pouce pour compenser ce curieux manque.

Ensuite des chercheurs mirent en évidence le fait que les enfants nourris au sein avaient un réflexe de succion nettement plus développé que les enfants nourris au biberon ou à la tasse, et ceci durant les dix premiers jours de leur existence. Le sein serait donc une source d'excitation du réflexe oral plus encore qu'un apaisement de celui-ci. Ces curieuses expériences semblaient contredire la psychanalyse puisque les bébés nourris à la tasse, loin d'être des suceurs acharnés, étaient, au contraire, des enfants calmes et heureux. Les théories de l'apprentissage et du conditionnement fournissaient peut-être la clé de l'énigme.

LA SUCCION DU POUCE CONDITIONNEE

Dans un article intitulé « succion du pouce, une réponse apprise », Palermo (2) donne une excellente description de ce que peut être la conduite de succion en termes d'apprentissage conditionné et de renforcement. La faim déclenche des stimuli internes qui perturbent l'organisme et demandent donc des réponses. Si ces réponses réduisent ou suppriment les tensions internes, il y a toute probabilité pour que les mêmes réponses réapparaissent lorsque les mêmes stimuli reviennent. En vertu du principe de généralisation du stimulus, les stimuli voisins des stimuli internes évoqués pourront à leur tour déclencher les mêmes réponses. Enfin, lorsque

(1) FREDEEN (R. C.), Cup feeding of newborn infants, *Pediatrics*, 1948, *2*, pp. 544-548.
(2) PALERMO (D. S.), Thumbsucking : a learned response, *Pediatrics*, 1976, *17*, pp. 392-399.

l'intensité des stimuli augmentera, la probabilité de la réponse à ceux-ci augmentera de la même manière. Voyons maintenant comment Palermo applique ces hypothèses à la succion du pouce : le nourrisson a, en naissant, plusieurs besoins qu'il ne peut satisfaire de lui-même et l'un de ceux-ci est la faim. Cette dépendance oblige l'enfant à attendre l'aide de l'adulte pour réduire ses besoins et l'attente impuissante est une source de grande tension pour lui. Il est donc logique que ses premiers apprentissages soient ceux qui lui permettent de résoudre les tensions désagréables qui l'affectent. Il va, par exemple, très vite apprendre à sucer le sein ou la tétine du biberon parce que cette conduite entraîne la suppression des douleurs causées par la faim. On peut donc écrire l'équation suivante : faim = stimulus → succion = réponse. Il existe bien entendu dans ce conditionnement de nombreux renforcements annexes très importants, comme la chaleur du corps maternel et de la nourriture, la présence de la mère, les stimulations tactiles variées résultant de la succion, les vocalisations des parents, etc. Toutes ces sensations contribuent au bien-être, à la sécurité et au confort de l'enfant. Le tableau peut donc être décrit comme suit : l'enfant a faim, tellement faim qu'il se met à pleurer, sa mère le prend, lui offre une tétine qu'il suce jusqu'à satiété et il s'endort.

Il faut maintenant expliquer comment le pouce vient « s'introduire » dans cette séquence. La bouche est une région hautement innervée dès l'origine, la succion associée à l'alimentation est une réponse très gratifiante. De plus, à la naissance, les seules manipulations possibles pour l'enfant sont des jeux avec ses propres mains (il est incapable de tenir d'autres objets...). Or ses mains se trouvent proches d'une de ses zones les plus réceptives, à savoir ses lèvres. Enfin le pouce est celui des doigts qui, de par sa taille et sa forme, se rapproche le plus de la tétine et la probabilité d'un contact est donc très forte, contact renforcé par la réduction de la tension qu'il entraîne. Ce qui pouvait n'être qu'un hasard dans les mouvements incoordonnés du nouveau-né devient vite une réponse appropriée.

Pour illustrer sa thèse, Palermo reprend les données de Kunst : celle-ci a effectivement trouvé que chez le nourrisson entre 2 et 17 semaines la conduite de succion se manifeste environ 1 h 1/2 à 2 heures après un repas ; ceci coïncide parfaitement, selon elle, avec le début des sensations qui accompagnent les crampes occasionnées par la faim. Une fois dans la bouche, le pouce va jouer le rôle d'un stimulus inconditionnel produisant la réponse succion qui, à son tour, déclenchera une production de salive (ceci n'est pas sans rappeler la séquence qui intervient lors du conditionnement d'un comportement alimentaire). Cependant cette succion du pouce n'a pas les mêmes propriétés réductrices de la tension que la prise d'aliments (sinon par généralisation) et ceci explique pourquoi la succion du pouce est une réponse qui ne s'éteint pas facilement.

Que la succion du pouce augmente avec la fatigue, avec des repas plus éloignés, avec un sevrage tardif peut parfaitement s'expliquer par la théorie de l'apprentissage. Le lien entre la succion et l'insécurité est un peu moins direct mais, là encore, on peut imaginer que l'enfant est très vite submergé d'interdits de la part de ses parents. Cependant les parents le gratifient de leur satisfaction et de leur approbation lorsqu'il mange ou suce, d'où la relation que l'enfant établit inconsciemment entre succion et état de paix... Dans les maisons où l'entente règne entre mère et enfant durant les repas, la succion du pouce devrait être plus fréquente. Peut-être faut-il voir un reflet de cette hypothèse dans de curieux résultats (1) montrant que la probabilité de la succion du pouce est significativement plus importante chez les filles dont les parents ont un mariage heureux... !

LA SUCCION DU POUCE ET LE SEVRAGE

On a constaté (2) que les enfants sevrés tard semblent davantage enclins à sucer leur pouce que les enfants sevrés tôt... La réaction à la frustration est donc d'autant plus forte que la gratification permise a été grande. Dans les premiers travaux comme ceux de Levy, la durée de succion permise n'était étudiée qu'à travers la longueur et la fréquence des repas auxquels le nourrisson était soumis. Les auteurs avant 1940 ne s'intéressaient pas au nombre de mois pendant lesquels l'enfant suivait ce régime. L'âge auquel intervenait le sevrage n'était pas pris en compte. Pourtant il était logique de penser que, plus l'enfant était sevré tard, plus il devait être comblé quant à son besoin de succion et plus il devait abandonner facilement son pouce. Or il n'en était rien. En fait, il semblerait que ces résultats concernant le sevrage ne contredisent pas l'existence d'un besoin inné de succion, mais indiquent simplement qu'un tel besoin est renforcé par la gratification.

(1) Heinstein (M. I.), Behavioral correlates of breast-bottle regimes under varying parent-infant relationships, *Monogr. Soc. Res. Child Developm.* 1963, *28,* N° 4.

(2) Sears (R. R.), Wise (G. W.), Relation of cup feeding in infancy to thumbsucking and the oral drive, *Amer, J. Orthopsychiat.*, 1959, *20,* pp. 123-138.

QUELQUES DONNEES RECENTES

Pour reprendre de façon schématique les conclusions auxquelles les chercheurs anglo-saxons ont abouti, on peut dire : la position de Levy (assimilée à tort à la théorie psychanalytique) prétend que la succion du pouce est due à la non satisfaction d'un besoin primaire de succion intervenant durant les repas du nourrisson ; la position adverse consiste à affirmer que celle-ci s'explique par une gratification trop grande entraînant un renforcement excessif de ce comportement lui-même appris.

Un chercheur (1) en 1954 mène une expérience intéressante dans la mesure où elle tient compte de données étudiées jusque-là de façon isolée. En effet, il étudie sur 68 enfants (suivis depuis leur naissance) les relations qui existent entre la gratification orale et la succion du pouce, la gratification orale étant mesurée pour la première fois par la longueur de l'allaitement ou de chaque repas ainsi que par la durée totale de l'allaitement avant le sevrage.

Dans cette recherche, les enfants sevrés tard ne diffèrent pas significativement des enfants sevrés tôt — que le sevrage soit du sein à la tasse ou du biberon à la tasse. On retrouve cependant une tendance plus grande à sucer leur pouce chez les enfants longtemps allaités — que ce soit au sein ou au biberon. Par ailleurs, les enfants allaités tardivement réagissent davantage au sevrage que ceux qui l'ont été moins longtemps. Enfin, durant les premiers mois, il se dégage une corrélation très significative entre la succion du pouce et les repas rapides. Il semble donc qu'une explication en termes de renforcement soit insuffisante puisque les données empiriques suggèrent la liaison de la succion du pouce avec la rapidité des repas chez le nourrisson d'une part, et son sevrage tardif d'autre part.

L'hypothèse qui concilie les contradictions apparentes des recherches précédentes est la suivante : la force de la pulsion orale serait fonction du niveau de développement de l'enfant, autrement dit elle serait plus forte durant les premiers mois. C'est pourquoi si la frustration due à des repas trop rapides par exemple intervient durant cette période, il y aura fixation et succion du pouce ; et si cette pulsion se trouve satisfaite de façon prolongée (par un sevrage tardif), cela entraînera également fixation et succion du pouce — mais, cette fois, par gratification excessive.

(1) Yarrow (L. S.), The relationship between nutritive sucking experiences in infancy and non nutritive sucking in childhood, *J. Genet Psychol.*, 1954, *84*, pp. 149-152.

Cette hypothèse a le mérite de suggérer que la succion du pouce peut intervenir dans différents contextes et, par conséquent, jouer différents rôles suivant qu'on la trouve chez le nourrisson ou chez l'enfant. Un exemple précis illustre ce fait : plusieurs études ont montré que le nourrisson suçait davantage lorsqu'il était très éveillé (avant un repas par exemple), tandis que l'enfant plus âgé suce, au contraire, dans les moments d'assoupissement. Il est donc très arbitraire de vouloir, à partir d'études et d'observations faites chez le nourrisson, généraliser et donner des conclusions valables pour la succion du pouce à tout âge. Ce qui a motivé la succion de l'enfant de 3 mois (faim, inconfort, repas trop rapides, oralité constitutionnelle importante) ne peut, en aucun cas, expliquer pourquoi le même enfant suce toujours son pouce à 8 ans. Les études à partir des années 55-56 ne clarifient pas la situation : certaines (1) affirment ne trouver aucune corrélation entre la gratification orale et la succion du pouce ; d'autres (2) montrent que le plus grand pourcentage de suceurs de pouce se trouve dans la population des enfants qui ont des repas longs (ne dépassant cependant pas une heure).

EN TENTATIVE DE CONCLUSION

La privation est une condition suffisante pour entraîner la succion du pouce, l'enfant cherchant à obtenir de la sorte un plaisir qui lui a été refusé. La gratification excessive peut également être une condition suffisante, l'enfant désirant alors prolonger ou retrouver un plaisir qui a été longtemps renforcé. Enfin, une expérience tout à fait normale peut également jouer un rôle car la succion du pouce peut être la conséquence de différents facteurs, la gratification orale n'étant pas la seule variable nécessaire. Pour intéressantes qu'elles soient, toutes ces expériences ne prêtent guère attention au contexte dans lequel intervient la gratification ou la privation en question. Il n'est jamais fait mention en particulier de l'expérience subjective qu'a l'enfant, de l'avidité avec laquelle il tête, suce, mord, des occasions étrangères aux situations alimentaires de se livrer à

(1) Bernstein (A.), Some relations between techniques of feeding and training during infancy and certain behavior in childhood, *Genet. Psychol. Monogr.*, 1955, *51*, pp. 3-44.

(2) Traisman (A. S.) et Traisman (H. S.), Thumb and finger sucking, a study of 2650 infants and children, *J. Pediat.*, 1958, *52*, pp. 566-572.

des activités orales (jouets, sucettes...), de ses réactions aux aliments solides. Bref, il est évident qu'aucun facteur unique ne peut expliquer ce comportement dont les implications physiologiques et psychologiques sont innombrables et varient avec l'âge.

Quant à la querelle sous-tendant toutes ces recherches et souvent formulée de la façon suivante : « il existe un besoin primaire, inné de succion, qui, s'il n'est pas satisfait, trouvera d'autres voies pour se manifester » (les théoriciens comme Levy qui brandissent la bannière de la psychanalyse se rangent volontiers dans cette catégorie) par opposition à : « il existe un besoin secondaire acquis et, plus ce besoin sera renforcé par la récompense, plus il sera fort » (le drapeau des théories de l'apprentissage est alors déployé par ces autres théoriciens dont Sears est un bon exemple) — cette querelle nous paraît une fausse querelle qui relève plutôt d'un problème mal posé. En effet, s'il est clair que Freud rattache la succion du pouce et les autres activités orales de l'enfant à l'expérience qu'il a eu du « sein maternel » au sens large, il n'est pas clair du tout qu'il fasse sienne une théorie comme la théorie de Levy ou celle de Sears.

Un psychanalyste tout à fait orthodoxe comme Glover (1) écrit à propos de la signification de la bouche en psychanalyse : « Il semble presque hors de doute... qu'en ce qui concerne la gratification du comportement de succion, il existe une période optimale, différente d'un individu à l'autre qui si elle est écourtée ou prolongée entraînera soit un traumatisme, soit une fixation. Je serai porté à dire que l'écourtement de cette période sera presque toujours traumatisant tandis que sa prolongation dépendra du niveau de développement du moi atteint dans une civilisation donnée. »

Plutôt que la contradiction définitive des hypothèses de la théorie psychanalytique ou que la preuve du bien-fondé de celles de la théorie de l'apprentissage, ces études reflètent, assez fidèlement nous semble-t-il, l'évolution des idéologies concernant les meilleures façons possibles d'élever l'enfant. Si l'on reprend la littérature concernant les conseils donnés aux parents de 1930 à 1950, que constate-t-on ? Aux environs de 1930, à la rigidité dans les méthodes d'élevage des enfants, succédait une grande permissivité. Les horaires à la demande, les sevrages tardifs étaient devenus à la mode et toutes les études essayaient de prouver que la rigidité dans les repas, la sévérité dans le sevrage, l'absence d'opportunité

(1) GLOVER (E.), The signifiance of mouth in psychoanalysis, *Brit. J. Med. psychol.*, *4*, 1924, pp. 135-155.

Linus et son pouce

Extraits de « Vas-y, Charlie Brown », « L'increvable Charlie Brown »,
« Me faire ça à Moi Charlie Brown »
C.M. SCHULZ, HOLT & CIE, New York, 1974.

Linus, sa grand-mère, sa couverture et son pouce

pour sucer à satiété étaient la source de tous les maux. L'allaitement était d'ailleurs toujours chaleureusement recommandé de 1914 à 1945. On pouvait penser que les horaires souples, les contacts chaleureux, les sevrages tardifs étaient le propre des « bonnes mères » (ces bonnes mères étant probablement les mères qui allaitaient leur enfant à volonté). Cependant, vers 1948-1950, les attitudes se renversent, en quelque sorte : un nombre chaque jour plus grand d'études indiquent que l'alimentation artificielle peut être aussi recommandable, sinon plus, que l'alimentation au sein ; un nombre parallèlement aussi grand de travaux tentent de prouver que le sein à la demande n'est pas la panacée, que l'excès peut être aussi nuisible que la privation. Les suceurs de pouce, quant à eux, continuent imperturbablement à sucer leur pouce qu'ils soient éveillés ou endormis, sevrés tard ou sevrés tôt, allaités ou nourris à la tasse, repus ou affamés.

Une plus grande tolérance apparente des parents vis-à-vis de ce « vice » — qui, de catastrophique et nécessitant les remèdes les plus barbares, est devenu un plaisir naturel et anodin pour lequel ils n'attachent plus les mains — se dessine à la même époque et explique le désintérêt des chercheurs sur les causes de ce comportement.

SUCCION DU POUCE,
PERSONNALITE, CLASSES SOCIALES ET CULTURE

SUCCION ET « PERSONNALITE ORALE »

A partir de 1950 (environ) un certain nombre de travaux ont pris comme objet d'étude, non plus un aspect limité de comportement comme la succion du pouce, mais toute une série de traits de personnalité qu'on peut regrouper sous le nom de « personnalité orale ». Malgré les résultats ambigus des recherches précédentes les ambitions des chercheurs ont donc augmenté, mais les difficultés n'ont pas diminué pour autant et ces recherches se révèlent aussi contradictoires que les précédentes. Certains résultats sont néanmoins intéressants dans la mesure où ils concernent, non plus le très jeune enfant comme c'était le cas la plupart du temps, mais l'enfant après 6-7 ans ainsi que l'adulte. Ces études n'ont plus pour objet la succion du pouce, mais plutôt les rapports pouvant exister entre les expériences de la première enfance et la formation de la personnalité orale.

C'est ainsi que Thurston et Mussen (1) ne parviennent pas à mettre en évidence une relation entre la gratification orale du nourrisson et la présence d'une personnalité orale chez l'adulte.

Leur étude portait sur 91 étudiants américains dont la majorité étaient issus de la « middle class » (classe moyenne) et pour lesquels ils essayaient d'établir une relation entre leurs premières expériences alimentaires, telles qu'elles étaient décrites par leurs mères, et leur « personnalité orale », mesurée par leurs réponses au T.A.T. *. La gratification orale qui était la variable indépendante consistait à examiner la durée de l'allaitement au sein, la durée de l'allaitement mixte (sein et biberon) et l'âge du sevrage. Quant à l'hypothèse testée, elle était directement issue de la théorie psychanalytique, à savoir que les frustrations précoces devaient avoir des conséquences dans la formation du caractère. Les seules relations statistiquement significatives obtenues par les auteurs sont les suivantes : les sujets ayant été allaités de façon brève montrent une plus grande agressivité que ceux qui ont été allaités longtemps ; les sujets ayant eu une faible opportunité de succion sont plus bavards, et recherchent davantage l'attention que ceux qui ont pu sucer plus longtemps. Par contre, les autres corrélations significatives indiquent que les sujets présentant le plus de traits de personnalité orale sont ceux qui ont eu des expériences alimentaires plaisantes et longues dans leur enfance.

Dans un autre travail (2), l'optimisme oral (c'est-à-dire la sociabilité, le dévouement, l'adaptabilité) se retrouve chez les sujets qui ont eu autrefois un long allaitement au sein — plus de 5 mois — alors que le pessimisme oral (c'est-à-dire la passivité, l'isolement, l'agressivité verbale) caractérise les sujets sevrés avant 5 mois. Il ne faudrait cependant pas en conclure que, seule, la durée de l'allaitement joue un rôle dans le traumatisme du sevrage. En effet, si le sevrage est mal vécu par certains enfants, c'est peut-être parce que des facteurs plus fondamentaux (comme l'attitude de la mère, la constitution de l'enfant) interviennent également.

Enfin, il y aurait deux types de caractères oraux pessimistes (dus à un sevrage précoce) : le premier comprendrait les sujets agressifs et impulsifs, le second les sujets pessimistes mais ni agressifs ni impulsifs. Les psychanalystes ont surtout insisté sur l'avidité, l'impatience, l'agressivité du carac-

(1) Thurston (J. R.), Mussen (P. H.), Infant feeding gratification and adult personnality., *J. Pers.,* 1951, *19,* pp. 449-458.

* T.A.T. = Thematic Aperception Test — Murray. Test projectif.

(2) Goldmann-Eisler (F.), Breast feeding and character formation, In C. Kluckhohn & H. A. Murray (Eds), Personality in nature, society and culture, New York, Knopf, 1953, pp. 146-184.

tère oral ; mais Abraham distinguait lui aussi deux types de caractères oraux en fonction de l'âge auquel était intervenu le sevrage (V. partie psychanalytique).

En fait, toutes ces études * sur la «Personnalité orale» ne permettent pas de savoir si les suceurs de pouce ont des personnalités orales. (C'est pourquoi nous avons entrepris notre recherche statistique afin de voir si l'on pouvait retrouver certaines constantes de caractère dans une population d'enfants âgés de 7 à 13 ans, tous suceurs de pouce). Peu à peu, parents et spécialistes renoncent à tout expliquer en matière de succion du pouce ou d'oralité par une conduite spécifique comme l'allaitement au sein ou au biberon, les repas rapides ou lents, les sevrages tardifs ou précoces... Par contre, les études faisant intervenir l'environnement, la classe sociale et la relation mère-enfant qui en résulte, connaissent un succès grandissant. Apportent-elles enfin une réponse ? A-t-on plus de chances de sucer son pouce quand on est fils d'ouvrier que quand on est fils de cadre ?

Depuis longtemps on supposait que les attitudes des parents étaient fortement influencées par leur appartenance à une classe et que leurs méthodes d'éducation se différenciaient assez significativement en fonction de celle-ci. Il était naturel d'essayer de voir si ces attitudes et ces conduites avaient une influence sur la succion du pouce. Le stéréotype courant était que les classes inférieures se montraient plus sévères et punissaient davantage leurs enfants (par ailleurs plus négligés), d'où l'hypothèse d'une plus grande chance de rencontrer des suceurs de pouce dans ces milieux là.

SUCEURS DE POUCE, CLASSE MOYENNE ET FRUSTRATION

Les études montrant que la frustration était à l'origine de tous les maux corroboraient apparemment cette hypothèse, mais pouvaient en fait n'être qu'un reflet ou une conséquence de cette idée stéréotypée. C'est pourquoi lorsqu'en 1946 deux Américains, Davis et Havighurst (1), publièrent les résultats d'une étude faite à Chicago qui allaient absolument à l'encontre de tous les présupposés concernant la question, une « mini révolution » éclata dans les sciences sociales. Les auteurs se permettaient en effet d'affirmer, chiffres à l'appui, que trois fois plus d'enfants blancs de classe moyenne suçaient leurs pouces que d'enfants blancs de classes inférieures.

* Voir le tableau n° 3, en annexe, résumant ces diverses études.

(1) Davis (A.), Havighurst (R. J.), Social Class and color differences in child rearing, *Amer. Social. Rev.* 1964, *11*, pp. 698-710.

TABLEAU EXTRAIT DE L'ÉTUDE DE DAVIS ET HAVIGHURST 1946

	Blancs		Noirs	
	Classe moyenne	Classe inférieure	Classe moyenne	Classe inférieure
Enfants nourris au sein seulement	5 %	17 %	30 %	45 %
Enfants nourris quand ils ont faim	3 %	35 %	6 %	50 %
Enfants ayant des sucettes.	1 %	13 %	7 %	9 %
Enfants tenus pendant qu'on les nourrit	67 %	43 %	72 %	55 %
Enfants sevrés brutalement.	20 %	15 %	7 %	21 %
Enfants qui sucent leur pouce	51 %	18 %	48 %	30 %
Enfants qui se masturbent .	54 %	17 %	29 %	15 %

N. B. — La classe inférieure représente ici les ouvriers qualifiés et non qualifiés. (Population composée de 100 mères blanches et 100 mères noires, 50 de chaque classe.) La classe moyenne correspond à la classe moyenne française + une partie de la classe supérieure.

En outre, deux fois plus d'enfants noirs de classes moyennes que d'enfants noirs de classes inférieures en faisaient autant. Comme, par ailleurs, ils trouvaient une plus grande permissivité aussi bien pour l'alimentation, le sevrage et l'éducation de la propreté dans les classes inférieures, ils en tiraient aussitôt une relation de cause à effet avec la succion du pouce. Ces résultats confirmaient, selon eux, l'hypothèse que la succion résultait bien de la frustration d'un besoin ; mais cette frustration était infligée par les parents de classes moyennes, qu'ils soient blancs ou noirs ; de plus, cette frustration ne concernait pas uniquement le domaine alimentaire, l'enfant de classe moyenne étant soumis plus tôt et de façon plus continue à une éducation faisant de lui un être ordonné, consciencieux, raisonnable et « domestiqué ». Les auteurs retrouvaient d'ailleurs exactement les mêmes proportions en ce qui concerne la masturbation. Là, cependant, un doute surgit dans leur esprit et ils envisagèrent un instant la possibilité d'une incompréhension, d'une indifférence ou d'une dissimulation plus grande chez les mères de classes inférieures ; mais ils écartèrent très vite ces hypothèses au nom de la probabilité (?) et préférèrent penser que la masturbation était plus répandue dans les classes moyennes comme palliatif à la frustration. Tout l'échafaudage est séduisant et présente une apparente cohérence ; mais, si l'on examine d'un peu plus près les données, certains faits cadrent mal avec les hypothèses des auteurs. En effet, ils mentionnent davantage de sucettes en caoutchouc dans la classe inférieure blanche, par exemple. Or cet emploi de la sucette peut être interprété de deux façons bien différentes. On peut mettre l'accent, comme le font les auteurs, sur la permissivité des classes inférieures ou avancer l'hypothèse inverse, à savoir le seuil bas de tolérance de ces parents qui essaient avant tout d'avoir la paix...

Le sevrage tardif, les repas à la demande, les sucettes en caoutchouc peuvent être des marques d'indifférence ou de permissivité suivant les cas. L'attitude maternelle sous-jacente reste à déterminer.

Une extrême prudence s'impose quand on étudie ce type de travaux, car l'interprétation des faits n'est pas toujours objective. C'est ainsi que 250 mères noires (1) de milieux très dépourvus se révèlent, lors d'une enquête, être extrêmement permissives quant à l'éducation de la propreté. Une étude plus approfondie des motivations de ces mères révèle que cette permissivité est choisie parce que plus facile. Si l'éducation de la propreté est permissive chez les petits noirs défavorisés, ce n'est pas parce que leurs mères pensent que la sévérité pourrait nuire à l'enfant — c'est parce que l'apprentissage de la propreté demanderait un effort et une patience qu'elles n'ont pas. Il est donc plus facile pour elles de laisser l'enfant s'éduquer tout seul.

La dernière contradiction que nous voudrions relever dans cette étude de Davis et Havighurst concerne la cause possible de la succion du pouce. Les auteurs expliquent celle-ci par la frustration en général, ce qui ne va pas sans rappeler les premiers travaux de Levy (la frustration ici n'est pas limitée à l'alimentation : elle peut être la conséquence d'une plus grande sévérité maternelle qui se répercute dans toute l'éducation donnée à l'enfant). Mais si cette hypothèse du rôle de la frustration était suffisante, on devrait trouver peu d'enfants noirs suçant leur pouce puisque les parents noirs sont significativement plus « permissifs » que les blancs en ce qui concerne l'alimentation et le sevrage. Or, il y a autant de noirs que de blancs qui sucent leur pouce !

Enfin on retrouve dans cette étude une erreur fréquente qui est d'inférer, à partir d'une relation statistique portant sur des fréquences, des généralisations sur des attitudes. C'est ainsi que la proposition « davantage de

(1) Wortis (H.), Child rearing practices in a low socio-economic group, *Pediatrics*, 1963, *32*, pp. 298-307.

mères de classes moyennes sont sévères que de mères de classes inférieures » n'entraînent pas nécessairement la conclusion de Davis et Havighurst, à savoir : « Les mères de classes moyennes sont plus sévères que les mères de classes inférieures » !

SUCEURS DE POUCE, CLASSE MOYENNE ET PERMISSIVITE

De toute façon les conclusions de Davis et Havighurst commencèrent à être contredites une dizaine d'années plus tard, et de nombreuses études vinrent obscurcir encore les faits et leurs interprétations. Nous ne citerons que les résultats obtenus sur une population d'enfants californiens (1). Dans la classe moyenne, 64 % des enfants sucent leur pouce ; chez les ouvriers, 37 % seulement le font. Par contre, beaucoup plus d'enfants d'ouvriers que d'enfants de classe moyenne rongent leurs ongles. Les deux classes ne diffèrent pas quant à la fréquence de l'allaitement au sein, sa durée, l'âge du sevrage ou l'alimentation à la demande ; mais les mères de la classe moyenne sont moins sévères pour l'éducation de la propreté, tolèrent davantage l'agressivité des enfants à leur égard et répondent davantage aux pleurs des enfants.

L'explication de la succion du pouce par la frustration n'est donc pas convaincante car il semble bien que les enfants de la classe inférieure subissent plus de frustrations (sous forme de réprimandes et châtiments) que les enfants de la classe moyenne. La permissivité se répand largement dans la classe moyenne à partir des années quarante grâce à l'influence des spécialistes (psychologues, pédiatres, éducateurs). Les introductions de Spock (2) aux différentes éditions de son livre en donnent la preuve. Ce livre — qui constitue en quelque sorte la bible des parents de la classe moyenne — est un hymne à la permissivité, à la tolérance et à la compréhension même si, vers 1957, quelques nuances d'autorité et de fermeté sont réintroduites. Pourtant les enfants de la classe moyenne l'emportent sur leurs confrères de la classe ouvrière pour ce qui est de sucer leur pouce. Plusieurs hypothèses s'offrent, aucune n'étant d'ailleurs totalement convaincante pour la bonne raison qu'aucune n'a été confirmée expérimentalement à ce jour. On peut penser que la plus grande fréquence de succion du pouce dans la classe moyenne s'explique par une plus grande

(1) White (M. S.), Social class, child rearing practices and child behavior, *Amer. Social. Rev.*, 1957, *22*, pp. 704-712.

(2) Spock, *op. cit.*

réticence de cette dernière à l'égard de l'usage de palliatifs dits « non hygiéniques » comme les sucettes en caoutchouc. Un début de confirmation se trouve dans l'étude de Davis et Havighurst puisque 1 % des enfants de classe moyenne ont recours à cet ersatz contre 13 % dans la classe inférieure. Comme nous l'avons vu par ailleurs, de nombreux auteurs ont prétendu que l'usage de la sucette empêchait le développement de la succion du pouce. Cependant, si l'on regarde les chiffres proposés par les mêmes auteurs pour les noirs, cette explication ne suffit plus : les données cessent d'être significativement différentes pour l'usage des sucettes (7 % dans la classe moyenne, 9 % dans la classe inférieure) et, néanmoins, deux fois plus d'enfants noirs de classe moyenne sucent leur pouce que d'enfants noirs de classe inférieure. De plus, l'usage des sucettes s'est de plus en plus répandu et les pouces n'ont pas pour autant perdu leur utilité. Une autre hypothèse est que la question concernant la succion du pouce n'est pas comprise de la même manière suivant le contexte social. Par exemple, on peut penser qu'une mère sensible à l'éventuelle nocivité de ce comportement sera très vigilante, et retournera même durant la nuit voir si l'enfant ne suce pas son pouce (ce qui n'a rien d'extraordinaire comme nous avons pu le constater nous-même) ; une autre mère déclarera en toute bonne foi que l'enfant ne suce pas son pouce s'il se contente de se livrer à cette activité une fois couché dans son lit. Les mères de classe inférieure seraient dans l'ensemble soit moins attentives à ce problème « mineur », soit plus indifférentes. Inversement, elles peuvent avoir été très réticentes à reconnaître de « mauvaises habitudes » chez leurs enfants... ou avoir inconsciemment orienté le sens de leurs réponses en fonction de ce qu'elles estimaient être les « bonnes réponses ». Trop d'études ont mis en évidence les biais considérables que des questionnaires de ce type peuvent entraîner, pour que l'on puisse se fier sans réserves aux réponses obtenues.

SUCCION DU POUCE, CLASSES SOCIALES ET RONGEMENT DES ONGLES

Pourquoi est-ce que les enfants de la classe inférieure se rongent beaucoup les ongles ? Peut-être est-ce parce qu'ils sucent moins leur pouce tandis que les enfants de la classe moyenne, qui sucent davantage leur pouce, ont moins recours à leurs ongles.

On a souvent prétendu qu'il y avait un transfert fréquent de la succion du pouce au rongement des ongles. Les enfants se mettent à ronger leurs ongles à l'âge où ils abandonnent leur pouce. C'est-à-dire le plus souvent vers quatre ans (1) (2). On peut penser : l'enfant à qui on interdit de sucer son pouce « parce qu'il est trop grand » se met à ronger ses ongles, et cette conduite est renforcée par les réprimandes des parents, ainsi que par un environnement insécurisant. Mais pourquoi existe-t-il une différence entre les classes ? Si, comme le prétendent certains analystes (3), le fait de se ronger les ongles traduit une forme d'auto-punition en rapport avec un mélange de culpabilité et d'agressivité à l'égard des parents, les enfants de classe moyenne seraient moins « agressifs » que les autres. Peut-être est-ce parce qu'on leur laisse davantage la possibilité d'exprimer leur agressivité (cf. l'étude de White) et qu'ils ont donc moins besoin de retourner cette agressivité contre eux-mêmes. Dans la classe inférieure, au contraire, les mères ou bien punissent les enfants trop sévérement, ou bien les laissent trop faire par indifférence, et les enfants rongent leurs ongles.

Cependant il faut être prudent dans les conclusions que l'on peut tirer des études faites sur des échantillons très variés, à des époques différentes et dans des environnements différents.

Si l'on examine l'attitude des parents lorsque l'enfant dépasse l'âge de deux ans, on constate que les punitions corporelles sont plus répandues dans la classe défavorisée alors que les « arguments psychologiques » avec menace de la perte de l'amour ont la faveur de la classe moyenne. Si l'on admet que les punitions corporelles augmentent l'agressivité, on comprend pourquoi c'est dans la classe défavorisée que l'on trouve le plus fort pourcentage de rongeurs d'ongles. Les techniques psychologiques de la classe moyenne sont plus « permissives », mais également plus contraignantes ; si elles entraînent moins de rongement des ongles, elles fixent par contre davantage les enfants à un stade antérieur du développement : celui de la succion du pouce.

Les études sur les classes sociales montrent l'importance des changements intervenus dans les façons d'élever les enfants et, par là même, des variations quant aux attitudes des parents concernant la succion du pouce. Mais cette succion, quant à elle, demeure inchangée.

Actuellement, une uniformisation des méthodes d'élevage des enfants se réalise dans toutes les classes grâce, entre autres faits, à la diffusion chaque

(1) WESCHSLER (D.), The incidence and significance of Fingernail Biting in children, *Psychanalyt. Rev.*, *18*, pp. 201, 1931.

(2) BILLIG (A. L.), Fingernail Biting : the incipiency incidence and amelioration, *Genet. Psychol. Monogra.*, *21*, p. 123, 1941.

(3) MENNINGER (K.), A psychoanalytic Study of the signifiance of self Mutilations, *Psychoanalyt. Quart.*, *4*, p. 408, 1935.

jour plus grande des informations, conseils, recommandations sur la « meilleure façon » d'élever son enfant. Les différences entre les classes tendent à s'amenuiser. Mais sucer son pouce, ou ronger ses ongles reste un recours fréquent de l'enfant.

CONCLUSION

Que les mères offrent à leurs bébés le sein ou proposent le biberon, qu'elles donnent la nourriture à la tasse dès la naissance ou sèvrent leur progéniture bien après la première année, qu'elles permettent à leurs enfants de sucer ou de têter à volonté ou attendent l'heure fixée, qu'elles les dressent à la propreté dès le plus jeune âge ou leur laissent toute latitude pour faire cet apprentissage, qu'elles soient permissives ou attachent les coudes des enfants, qu'elles soient de classes supérieures, moyennes ou inférieures, blanches, noires ou jaunes, qu'elles soient nées un siècle auparavant ou plus récemment — les enfants sucent leur pouce avec le même entêtement et le même plaisir. C'est pourquoi les seules variations que l'on peut dégager lorsqu'on étudie ce phénomène sont des variations d'attitudes à l'égard de celui-ci, variations historiques qui ne semblent pas affecter beaucoup les suceurs de pouce. Peut-être faut-il voir alors dans les contradictions apparentes des opinions, théories, chiffres, explications proposés, un simple reflet de cet espèce de mouvement pendulaire des attitudes à l'égard de la succion du pouce.

Les parents ont été tour à tour sévères ou tolérants, ils ont cousu les manches ou traité la succion du pouce par le mépris, mis des appareils, atachés les bras ou permis les sucettes en caoutchouc ; mais ils sont restés perplexes et inquiets devant les besoins naturels de l'enfant. L'abandon des contraintes physiques n'a pas nécessairement signifié une meilleure acceptation de la sexualité de l'enfant, et les armes psychologiques qui les ont remplacées ont pu être tout aussi coercitives.

Que l'adulte refuse la succion du pouce, l'interdise, l'empêche par tous les moyens ou qu'il la tolère, l'accepte ou même l'encourage, il est déconcerté par celle-ci car elle met en question son emprise sur l'enfant. Les changements éducatifs n'ont pas fait disparaître les plaisirs solitaires de l'enfant, ni le refus que leur opposent les parents consciemment ou inconsciemment.

Les parents se comportent comme s'ils savaient que l'activité sexuelle rend l'enfant « inéducable » ainsi que le prétendait Freud ; les enfants, eux, se comportent comme s'ils savaient où est le plaisir quelles que soient les modes éducatives.

CHAPITRE VI

RECHERCHE SUR LA PERSONNALITE DES SUCEURS DE POUCE

« *Les méthodes statistiques sont utiles mais elles ont aussi acquis un statut purement honorifique qui peut être gênant. Leur présence ou leur absence est devenue un procédé, une recette qui sert à distinguer entre un bon et un mauvais travail.* » (1)

L'étude de la physiologie de la musculature buccale a permis aux stomatologistes de montrer que si les muscles de la bouche sont tout à fait normaux, la succion du pouce reste sans conséquences. Par contre, en cas d'hypotonie labiale ou d'autres insuffisances musculaires elle entraîne presque inévitablement des déformations (Voir chapitre 3 sur la succion du pouce et les dentistes). De plus, la succion du pouce est très souvent accompagnée d'une interposition de la langue entre les incisives durant la position de repos et d'une persistance du mode infantile de déglutition, qui sont aussi des facteurs aggravants. Il est donc nécessaire de soigner non seulement les malpositions mais aussi leurs causes. C'est pourquoi un psychologue, ainsi d'ailleurs que des orthophonistes, collaborent éventuellement au traitement des enfants qui consultent dans un Service d'ortho-

(1) SKINNER (B.), *A case history in scientific method.*
(L'histoire d'un cas en méthodologie des sciences), Amer. Psychologist, 1956, *11*, pp. 221-233.
« Statistical techniques serve a useful fonction but they have acquired a purely honorific status which may be troublesome. Their presence or absence has become a shibboleth to be used in distinguishing between good and bad work. »
(La juxtaposition des deux mots *procédé* et *recette* ne rend qu'imparfaitement compte de la connotation ironique et précieuse du terme « Shibboleth », terme d'origine hébraïque dont nous ne connaissons pas l'équivalent en français.)

pédie dento-faciale. Lorsque le stomatologiste détecte un enfant qui suce son pouce ou un doigt, il n'entreprend aucun traitement mécanique sans l'envoyer d'abord au psychologue, pour que celui-ci l'aide à mettre fin à cette habitude. C'est ainsi que, pendant plusieurs années, nous avons été amenée à examiner un grand nombre de suceurs de pouce, et que nous avons pu envisager d'entreprendre une étude statistique.

Avant de présenter cette étude statistique, nous allons préciser rapidement nôtre rôle en tant que psychologue dans le service de stomatologie de la Salpétrière.

Lorsqu'un enfant nous est adressé après avoir été examiné par le stomatologiste, nous avons un premier entretien libre avec lui. Nous lui demandons s'il sait pourquoi il est là ; ce qu'il pense de son habitude de sucer son pouce ; quand, comment, pourquoi il le suce ; ce qu'en pensent ses parents. Bref, nous l'interrogeons sur la façon dont il vit cette habitude par rapport à ses parents et à lui-même. Puis nous lui expliquons de façon aussi claire et détaillée que possible, compte tenu de son âge, les conséquences que peut avoir la succion du pouce sur la position de ses dents. Nous lui demandons ensuite s'il veut bien essayer, tout seul, sans l'aide de ses parents, de ne plus sucer son pouce. Lorsque l'enfant accepte (ce qui est presque toujours le cas), il doit choisir lui-même un système pour mettre fin à son habitude : calendrier où il note ses réussites et ses échecs, pansement qu'il confectionne lui-même, ou toute autre invention... Nous mesurons alors, à l'aide d'un pied à coulisse, et suivant une méthode appropriée, la béance qui existe entre ses incisives supérieures et ses incisives inférieures. Si l'enfant arrête de sucer son pouce, la béance diminue de façon sensible : plusieurs dixièmes de millimètres en une semaine. Cette mensuration encourage l'enfant dans ses efforts en même temps qu'elle permet une vérification objective de ses affirmations. A chaque visite de l'enfant nous mesurons donc la béance, nous lui annonçons le résultat et nous l'inscrivons sur son dossier.

Prenons l'exemple de Patricia âgée de 8 ans lorsqu'elle consulte pour la première fois. Après lui avoir dit bonjour, je me présente, lui annonce que je suis psychologue et lui demande si elle sait ce que c'est. Comme elle me fait signe que non, je lui explique que le psychologue s'occupe de tout ce qui ne va pas dans la tête des gens, de leurs soucis, de leurs inquiétudes, de leurs peurs — comme le docteur qui, lui, s'occupe de tout ce qui ne va pas dans leur corps. Elle dit avoir compris et je poursuis : « Sais-tu pourquoi tu es ici ? » — « Parce que mes dents avancent. » — « Et pourquoi tes dents avancent, le sais-tu ? » — « Non». Je lui explique alors le rôle que joue son pouce et nous nous mettons à parler de celui-ci. Elle me dit que le soir elle regarde la télévision et se met à sucer son pouce sans même sans apercevoir. Dans son lit elle n'arrive pas à s'endormir si elle n'a pas son pouce dans la bouche. Par contre : « Dans la journée je ne le suce jamais, sauf des fois quand maman me gronde ou que je me dispute avec mon frère qui a 10 ans. » Nous discutons alors sur ce que pense et dit son entourage lorsqu'elle suce son pouce, sur l'effet que lui font les remarques des uns et des autres, enfin sur son envie ou non d'arrêter. Patricia est très attentive, semble très désireuse de me plaire et m'affirme qu'elle veut s'arrêter. Je lui explique alors que ce sera peut-être long, difficile mais que je l'aiderai. « Pour commencer tu dois trouver toi-même un système qui t'aidera à ne plus le sucer. » Après un moment de réflexion elle a une idée : « Je vais essayer de serrer très fort mon ours dans mes bras avant de m'endormir, comme ça je ne penserai pas à sucer mon pouce. » Je dis : « Pourquoi pas ?... », malgré un certain scepticisme, et lui demande si elle aime quand maman ou papa lui disent de s'arrêter, elle s'écrie : « Oh ! non, ça m'énerve. » Je lui explique alors que je vais parler avec sa maman et essayer d'obtenir de celle-ci qu'elle ne s'occupe plus du tout de Patricia, qu'elle la laisse entièrement libre puisque c'est elle — et elle seule — qui va désormais essayer de voir ce qu'elle peut faire. Patricia semble ravie à cette idée mais me confie : « Je ne sais pas si maman va bien vouloir. » Ensuite je lui propose de me dessiner sa famille et de me parler de chacun des personnages qu'elle a dessinés.

La semaine suivante, elle reconnaîtra que son système était « idiot » et n'avait pas marché du tout ; elle me propose alors de dessiner un grand pommier dans lequel elle coloriera les pommes en rouge les jours où elle aura réussi à ne plus sucer son pouce. « Quand toutes les pommes seront rouges je serai grande et je ne sucerai plus mon pouce », dit-elle, ravie.

Elle demande alors à ce que je mesure sa béance entre les incisives gauches ; je lui montre que l'écart entre ses dents a très légèrement augmenté (1/10e de mm), mais je l'assure que la prochaine fois on trouvera un progrès. (Lors de la première séance elle s'était montrée très intéressée par le pied à coulisse et je lui en avais expliqué le maniement et l'utilisation.)

D'un enfant à l'autre les thèmes que nous abordons au cours de ces entretiens varient, mais j'essaie toujours d'expliquer le mieux possible à l'enfant ce qu'on va lui faire. Je le traite en « adulte », avec sérieux. Et si, comme il arrive parfois, je le sens trop jeune pour pouvoir assumer la coopération que j'attends de lui, je demande à ses parents de revenir au bout de 6 mois ou 1 an.

Après avoir vu l'enfant j'ai également un entretien avec les parents (ou la personne qui l'accompagne). Je dois souvent commencer par leur faire comprendre et accepter mon rôle car ils peuvent être surpris, sceptiques, agacés ou même indignés, que l'on s'occupe du pouce de leur enfant alors qu'ils viennent consulter pour ses dents. Nous parlons ensuite de l'enfant, de l'habitude qu'il a de sucer son pouce, des tentatives entreprises ou non par les parents pour la faire cesser, de leurs réactions par rapport à elle. Je pose enfin des questions sur le caractère de l'enfant, sur les problèmes qu'il pose en général, et je demande quelques précisions sur son développement dans la première enfance, son mode d'allaitement et son sevrage.

Les séances suivantes avec l'enfant sont consacrées aux tests projectifs de dessin de la famille et de l'arbre, ainsi qu'à la poursuite de la « psychothérapie de soutien ». Aux enfants qui viennent un grand nombre de fois, je fais passer aussi un test de niveau (la nouvelle échelle métrique d'intelligence de Zazzo), ainsi que des tests projectifs verbaux (Patte Noire et C.A.T.) (1). L'entretien, quant à lui, se déroule un peu au gré de l'enfant. Les arguments que je développe pour essayer de l'aider varient avec chacun. D'une façon générale, je me suis efforcée d'avoir une attitude suffisamment souple pour que l'enfant puisse, si cela s'avère nécessaire à son équilibre psychique, continuer à sucer son pouce. Lorsque l'enfant présente des troubles qui paraissent importants, je propose aux parents de recourir à un psychiatre ou à une consultation spécialisée.

Pourquoi des statistiques ?

Ce travail clinique très intéressant ne me permettait pas cependant d'avoir une vision d'ensemble objective sur les enfants que je suivais — vision d'ensemble qui, en retour, pouvait éclairer et permettre de mieux situer des cas individuels. J'ai donc pensé qu'il serait utile de constituer des statistiques sur les 87 suceurs de pouce pour lesquels mes dossiers étaient complets. Analysant et résumant un très grand nombre d'observations, j'espérais, sinon trouver des explications à la succion du pouce chez les grands enfants et comprendre plus profondément ce comportement, du moins faire apparaître certaines régularités statistiques et leur attacher une signification.

Les investigations statistiques que j'ai poursuivies relèvent, en fait, de deux approches distinctes, quoique les méthodes employées dans les deux cas soient les mêmes.

(1) C.A.T. : *Children Aperception Test,* Bellak.

La première approche a consisté principalement en la comparaison de mon échantillon de suceurs de pouce avec un échantillon témoin de 150 enfants, échantillon que j'avais constitué par ailleurs. Sur d'assez nombreux points j'ai pu mettre en évidence des différences statistiquement significatives qui peuvent s'interpréter de façon satisfaisante (et qui ne paraissent pas résulter de défauts de comparabilité de mes échantillons). Une conclusion importante vint confirmer le jugement auquel mon expérience clinique m'avait conduite : les enfants qui sucent leur pouce ne se distinguent pas vraiment des autres enfants du même âge, abstraction faite de cette habitude.

La deuxième approche a consisté en l'étude des interrelations entre 36 variables que j'avais choisies pour caractériser les suceurs de pouce. Il s'agissait, autrement dit, d'une étude de la structure interne de mon échantillon. Les différences qui paraissent les plus significatives sont celles que j'ai pu mettre en évidence entre les enfants dont j'obtenais qu'ils arrêtent de sucer leur pouce (c'est-à-dire la plupart), et ceux auprès desquels je rencontrais un échec. D'autres constatations intéressantes peuvent également être faites ainsi que nous le verrons dans ce chapitre.

LES METHODES

Les méthodes que nous avons utilisées sont très simples. Pour l'essentiel elles se ramènent au calcul de fréquences, de moyennes, de corrélations, et à l'application de tests du X 2.

Comme la plupart de nos variables étaient bivalentes c'est-à-dire pouvaient se transcrire sous la forme 0 ou 1 (exemple l'enfant ne suce pas son pouce 0, il suce 1), moyennes et fréquences étaient confondues et les tests de X 2 se trouvaient équivalents des tests de significativité des corrélations.

En annexe, nous donnons dans les tableaux 3 et 4 les résultats de la comparaison entre suceurs de pouce et enfants témoins et ceux de la comparaison entre suceurs de pouce qui arrêtent de sucer et suceurs de pouce qui n'arrêtent pas.

Les différents calculs auxquels nous avons procédé ont été permis par l'utilisation d'un programme sur ordinateur (software), extrêmement pratique, dont nous avons disposé (lors d'un séjour aux Etats-Unis) au département de psychologie du Massachusetts Institute of Technology.

En ce qui concerne la partie méthodologique de mon travail j'ai bénéficié directement de l'aide technique de mon mari, Administrateur de l'I.N.S.E.E. (Institut National des Statistiques et des Etudes Economiques).

LA CONSTITUTION DES ECHANTILLONS

Nous avons constitué deux échantillons : un échantillon de suceurs de pouce (ESP) et un échantillon témoin normal (ETN), comprenant respectivement 87 et 150 enfants.

L'échantillon des suceurs de pouce

Les 87 enfants de 7 à 13 ans que nous avons suivis à l'Institut de Stomatologie ont, en principe, des malpositions dentaires provoquées en partie par la succion du pouce. Mais il ne nous semble pas qu'il y ait là des raisons pour que ces enfants soient psychologiquement très différents des autres suceurs de pouce du même âge ne présentant pas de malpositions (A moins d'imaginer que cette habitude serait plus profonde chez eux puisqu'elle persisterait en dépit de ses conséquences disgracieuses.) Comme il s'agit d'une consultation hospitalière, on pourrait penser que les enfants de notre échantillon appartiennent à des familles plutôt modestes. En réalité, la renommée du service et sa situation géographique très commode (près d'une gare, d'un métro, de plusieurs lignes d'autobus) font qu'il n'en est rien — au contraire, ainsi que nous le verrons quand nous examinerons la distribution des catégories socio-professionnelles des chefs de famille. On peut même se demander légitimement si les parents de niveau culturel élevé et de situation relativement aisée ne consulteraient pas plus facilement que les autres dans un milieu hospitalier renommé.

Les 87 enfants que nous avons suivis ne différant probablement pas fondamentalement des autres enfants qui sucent leur pouce en France, nous avons fait l'hypothèse vraisemblable que notre échantillon était représentatif.

L'échantillon témoin normal

Cet échantillon a été constitué pour servir de base de comparaison avec le précédent. En principe, il devait donc être représentatif de la population des enfants ayant le même âge que nos suceurs de pouce. Nous avons retenu 150 dossiers d'enfants choisis de façon à ce que leurs âges ne soient pas trop éloignés de ceux des suceurs de pouce. En fait ils se sont trouvés significativement plus âgés (de pratiquement une année en moyenne), ce qui a entraîné quelques complications méthodologiques pour notre comparaison. En choisissant des classes dans des quartiers comme le 14e arrondissement et dans la banlieue Sud nous avons essayé aussi d'avoir un échantillon assez représentatif des différentes catégories socio-professionnelles. Nous avons réussi pour ce qui est des catégories supérieures, mais les catégories moyennes sont fortement sur-représentées (et les catégories inférieures sous-représentées). Ce défaut n'est cependant pas trop gênant car il est largement partagé par notre échantillon de suceurs de pouce.

Nous avons qualifié cet échantillon de normal en ce sens que les enfants qui le composent ne sucent pas systématiquement leur pouce. Evidemment ceci n'exclut pas qu'un certain nombre d'entre eux aient cette habitude, mais ils ne sont sans doute pas plus nombreux que dans la population générale. Nous avons préféré cependant ne pas leur poser la question car chez les grands enfants cette habitude est souvent dissimulée.

LE CHOIX DES VARIABLES

Nous n'avons pas hésité en fonction des nombreuses questions que nous nous posions à choisir un assez grand nombre de variables. Nous avons retenu de la sorte six caractéristiques générales disponibles pour tous les enfants et six autres disponibles pour les seuls suceurs de pouce. Nous avons également sélectionné 12 variables caractéristiques des dessins de l'arbre et 12 autres caractéristiques des dessins de la famille. En fait, la plupart de nos variables étant des caractéristiques qualitatives, nous avons pu les coder sous forme de variables bivalentes à valeur 0 ou 1. Il nous a paru utile, en outre, de recoder sous cette forme les caractéristiques générales qui faisaient exception. (Toutefois la variable âge a été recodée de façon à distinguer 3 classes d'âge, tandis que deux variables bivalentes ont été utilisées pour repérer, suivant 3 modalités, la catégorie socio-professionnelle).

En annexe, nous donnons dans les tableaux 1 et 2 la dénomination et une définition succincte de ces différentes variables, ainsi que leurs moyennes pour nos 2 échantillons (c'est-à-dire dans le cas de variables bivalentes, la fréquence de la modalité 1).

LES SUCEURS DE POUCE ET LES ENFANTS « NORMAUX »

LES CARACTERISTIQUES GENERALES DE L'ECHANTILLON DES SUCEURS DE POUCE ET LEUR COMPARAISON AVEC CELLES DES ENFANTS « NORMAUX »

Les caractéristiques générales que nous avons relevées à la fois pour les suceurs de pouce et pour les enfants de l'échantillon témoin sont : le sexe, l'âge, le nombre de frères et sœurs, le rang dans la fratrie, la catégorie socio-professionnelle des parents et l'avance ou le retard dans la scolarité. Toutes ces caractéristiques nous semblaient *a priori* pouvoir avoir une incidence sur la succion du pouce ; de nombreuses études psychologiques les mentionnaient sans toujours donner des précisions chiffrées. Nous allons examiner les résultats significatifs que nous trouvons chez les suceurs de pouce en comparaison avec ceux des enfants témoins.

Le sexe

On remarque que les filles sont nettement plus nombreuses que les garçons parmi les enfants qui sucent leur pouce : elles constituent 61 % de notre échantillon alors que les garçons n'en constituent que 39 %. Bien que cet échantillon soit de petite taille, la différence entre les sexes est déjà significative.

Il reste à savoir quelle signification nous pouvons attribuer à cette différence. Si notre échantillon pouvait être considéré comme vraiment représentatif de la population des suceurs de pouce en général, nous aurions là une indication que les filles ont plus souvent cette habitude que les garçons. Cette indication irait dans le sens des résultats trouvés par des psychologues comme Honzik et Mac Kee (1), résultats qui ne sont pas confirmés cependant par d'autres études comme celle de Traisman (2). Nous ne pouvons naturellement pas à l'aide de notre échantillon (de taille bien inférieure à ceux des auteurs américains) prétendre apporter une meilleure information. Le fait d'avoir plus de filles pourrait montrer simplement que les parents ont un souci esthétique plus grand pour leurs filles lorsqu'elles présentent des malpositions dentaires que

(1) Voir bibliographie.
(2) Voir Chapitre V : Les psychologues et la Succion du pouce.

pour leurs garçons, ce qui expliquerait qu'elles soient plus nombreuses à consulter.

Pour ce qui est de l'échantillon témoin, les filles sont également beaucoup plus nombreuses que les garçons, du fait que nous avons eu davantage accès à des classes de filles qu'à des classes de garçons.

L'âge

Les enfants qui sucent leur pouce ont en moyenne 8,7 ans, tandis que les enfants de l'échantillon témoin ont en moyenne 9,5 ans.

Le nombre d'enfants

Les familles de notre échantillon de suceurs de pouce ont en moyenne 2,7 enfants, celles de l'échantillon témoin 3,1 enfants. Si on oppose les petites familles comprenant 1 ou 2 enfants aux grandes familles comprenant 3 enfants ou plus, on voit que ces dernières sont un peu moins fréquentes dans notre échantillon de suceurs que dans l'échantillon témoin : 51 % contre 57 %. Ces différences sont cependant trop faibles pour être statistiquement très significatives et ne méritent pas qu'on s'y attache.

La catégorie socio-professionnelle des parents

Nous avons repéré la catégorie socio-professionnelle par celle du chef de famille et nous avons distingué, comme on le fait souvent (1), trois niveaux :

— le niveau supérieur regroupant les professions libérales, les cadres supérieurs et certains cadres moyens comme les instituteurs,

— le niveau moyen regroupant les cadres moyens et les employés,

— le niveau inférieur regroupant les ouvriers et personnels de service.

On constate (cf. tableau 1 en annexe) qu'il y a nettement plus d'enfants dont les parents font partie des catégories supérieures parmi les suceurs de pouce (37 %) que parmi les enfants de l'échantillon témoin normal (22 %), et corrélativement moins d'enfants dont les parents font partie des catégories moyennes et inférieures (respectivement 45 % contre 55 %, et 18 % contre 23 %).

(1) CHILAND (C.), *L'enfant de 6 ans et son avenir*, Paris, P.U.F., 1971, voir page 57 et suivantes.

Les pourcentages que l'on obtient à partir du recensement de la population de 1968 pour le quartier de l'hôpital de la Salpétrière (13e arrondissement) et pour la Ville de Paris dans son ensemble sont : 23 % et 30 % d'individus dans les catégories supérieures ; 32 % et 30 % dans les catégories moyennes ; 45 % et 40 % dans les catégories inférieures (1). On remarque que, tant dans notre échantillon de suceurs de pouce que dans notre échantillon témoin, les catégories inférieures sont sous représentées à la différence des classes moyennes. Par ailleurs, la proportion d'enfants issus des catégories supérieures est proche dans notre échantillon témoin de celle d'un quartier comme le 13e arrondissement, mais elle reste nettement supérieure dans notre échantillon de suceurs à celle de Paris dans son ensemble. Ce dernier point confirme l'impression que nous avions : les parents de niveaux socio-culturels plus élevés consultent plus facilement dans un service de stomatologie, ils sont peut-être plus sensibilisés au problème des malpositions dentaires de leurs enfants.

L'avance ou le retard en classe

Nous avons défini la variable avance ou retard en classe de la façon suivante. Lorsque l'enfant était dans la classe qui correspondait à son âge d'après le cursus scolaire prévu par les textes officiels, nous avons codé 0 (6 ans = CP, 7 ans = CE1, 8 ans = CE2, 9 ans = CM1, 10 ans = CM2). Nous avons codé — 1 si l'enfant avait un an de retard, + 1 pour 1 an d'avance, — 2 pour deux ans de retard, etc. Nous avons également opposé les enfants qui ont un retard scolaire à ceux qui ont une scolarité normale ou sont en avance. Nous avons constaté que le retard moyen était de — 0,2 an pour les suceurs de pouce et de — 0,5 an pour les enfants de l'échantillon témoin. Cette différence quoique faible est statistiquement significative. Elle est confirmée par le fait que 79 % des « suceurs » ont une scolarité qui suit les normes (ou bien sont en avance) contre seulement 61 % des « normaux ». Un tel écart entre nos deux échantillons peut résulter de la différence qu'ils présentent dans leur composition par âge, car le retard scolaire a évidemment tendance à être en moyenne plus grand pour des enfants plus âgés. Cependant cette explication n'est pas suffisante. Lorsqu'on compare les sous-échantillons par classe d'âge, on observe en effet que le retard augmente plus rapidement

(1) Source I.N.S.E.E., Voir notamment *Economie et Statistique*, n° 13, juin 1970, Tableaux démographiques pour huit mille zones.

pour les enfants de l'échantillon témoin que pour les suceurs de pouce *. Dans ces conditions, l'explication doit plutôt être trouvée dans le fait que les catégories socio-professionnelles supérieures sont plus représentées dans notre échantillon de suceurs de pouce que dans l'échantillon témoin. On sait en effet, que le niveau socio-culturel du milieu familial est un facteur important qui joue dans le sens de la réussite scolaire, et qu'en particulier les taux du redoublement diffèrent suivant la catégorie socio-professionnelle des parents (1).

Il nous faut d'ailleurs remarquer à propos du pourcentage très élevé (50 %) d'enfants de 10 ans et plus en retard dans notre échantillon témoin (enfants en principe de cours moyen 2), qu'il n'est pas exceptionnel mais qu'il est égal au pourcentage moyen observé pour les écoliers parisiens et français en général (2).

Conclusions

Lorsque l'on compare deux à deux par le test de X 2 les caractéristiques générales de l'échantillon des suceurs de pouce et celles de l'échantillon témoin, les seules différences significatives qui apparaissent nettement, une fois l'âge contrôlé, sont la catégorie socio-professionnelle des parents et l'avance en classe.

Les suceurs de pouce que nous avons vus ne sont donc pas différents des enfants témoins, sauf en ce qui concerne leur origine sociale. Leurs parents, un peu plus souvent que ceux des enfants témoins sont en effet de niveau supérieur. Ces mêmes suceurs de pouce se trouvent dans l'ensemble avoir une scolarité normale ou même plutôt meilleure que la

* Alors que pratiquement aucun enfant de 6-7 ans n'a de retard, 34 % des enfants « normaux » de 8-9 ans sont en retard contre 22 % seulement des « suceurs » ; enfin 50 % des enfants « normaux » de 10 ans et plus sont en retard contre seulement 33 % des « suceurs ».

(1) Voir, par exemple, BAUDELOT (C.) et ESTABLET (R)., *L'école capitaliste en France*, Maspero, 1971.

(2) ZAZZO (R.) et DABOUT (M.), *Répartition des écoliers parisiens dans les cours de scolarité primaire et secondaire pour l'année 1950-1951*, in Enfance n° 3, 1952. Statistiques citées et analysées in C. Chiland, *L'enfant de 6 ans et son avenir*, Paris, P.U.F., 1971, p. 61 et suivantes.

moyenne des enfants, ce qui n'a rien d'étonnant puisqu'ils sont issus d'un milieu en général plus favorisé.

Malgré les réserves qu'elles peuvent susciter, ces conclusions ne sont pas sans rappeler les résultats de l'étude de Davis et Havighurst sur une population américaine blanche et noire (cf. tableau du chapitre V). Nous retrouvons la prééminence des suceurs de pouce dans la classe moyenne (qui correspond en partie à notre classe supérieure), ceci aussi bien pour les enfants blancs que pour les enfants noirs.

La plus grande fréquence des suceurs de pouce dans les classes moyennes ou supérieures mériterait sans doute une étude plus approfondie. Elle pourrait ne pas s'expliquer entièrement par le choix de notre échantillon de suceurs (dont les parents consultent à l'hôpital) puisqu'on la retrouve également aux Etats-Unis. Quant à une éventuelle infériorité intellectuelle des suceurs de pouce, elle est tout à fait remise en question. Bien au contraire, les suceurs de pouce se révèlent être en moyenne de bons élèves et leurs dessins — comme nous allons le voir — ne font que confirmer leurs capacités intellectuelles.

LES DESSINS D'ARBRES CHEZ LES SUCEURS DE POUCE ET CHEZ LES ENFANTS « NORMAUX »

A tous les enfants que nous voyions en consultation nous avons proposé de faire le test de l'arbre (selon la méthode de Stora) (1). Ce test est un test de projection : « On entend par là que le sujet exprime dans son dessin bien autre chose que ce qu'il pense faire consciemment... Il se révèle de façons bien diverses : il se montre tel qu'il croit être, tel qu'il veut paraître, ou encore tel que le requiert la situation. » (2) Il nous a donc semblé intéressant d'utiliser cette procédure d'investigation de la personnalité de nos suceurs de pouce, d'autant plus que l'enfant prend plaisir à dessiner et à communiquer par ce moyen. En outre, Stora nous fournissait des bases statistiques considérables qui rendaient notre travail de com-

(1) STORA (R.), *La personnalité à travers le test de l'arbre,* Bulletin de Psychologie, 1964, 1965, tome I et II, n° spécial réédité aux Editions Universitaires, Paris, 1975.

(2) *Idem,* p. 18.

paraison plus facile. Enfin, le test de famille que nous avons également utilisé de façon systématique étant aussi un test projectif de dessin, la comparaison des résultats nous paraissait devoir être fructueuse.

Nous avons appliqué pour le test de l'arbre les consignes suivantes :

1. — « Dessinez un arbre, n'importe lequel, comme vous voulez, mais pas un sapin. »
2. — « Dessinez un autre arbre, n'importe lequel, comme vous voulez, mais pas un sapin. »
3. — « Dessinez un arbre de rêve, un arbre d'imagination, un arbre qui n'est pas dans la réalité, dessinez-le comme vous voulez. »
4. — « Dessinez un arbre, n'importe lequel, comme vous voulez, mais en fermant les yeux. »

Le dessin s'effectue au crayon noir sur 4 feuilles de format 21-27.

Le premier arbre représente, selon Stora, les réactions, le comportement de l'enfant en milieu inconnu (comportement contrôlé). Le deuxième arbre consiste à effectuer une tâche déjà connue et on peut penser qu'il est représentatif du milieu habituel dans lequel vit l'enfant. Le troisième arbre donne un aperçu des tendances restées insatisfaites par la réalité ; quant au quatrième arbre, il fournirait des indications sur des situations conflictuelles importantes vécues dans l'enfance.

Pratiquement nous n'avons retenu que les tracés qui se retrouvaient dans tous les arbres ou dans les deux premiers, écartant ainsi ceux qui n'apparaissaient qu'au troisième ou quatrième arbre.

Pour le choix des caractéristiques à étudier nous avons procédé en plusieurs étapes. Nous avons d'abord distingué *a priori* quatre grands thèmes qui nous semblaient intéressants en fonction de nos lectures en psychanalyse, stomatologie et psychologie. Ces thèmes sont :

1. — Le puérilisme, la dépendance.
2. — L'avidité affective, l'oralité.
3. — L'insécurité, l'angoisse.
4. — Les conflits, l'agressivité.

Nous avons ensuite retenu les tracés caractéristiques (ou variables pour nous) qui correspondaient à ces thèmes dans la description psychologique de base donnée par Stora. Nous nous sommes servis également de l'échelle de maturité affective qu'elle a établie à partir de l'examen de 4 832 dessins de garçons et de filles « normaux » de 4 à 15 ans. Plus précisément Stora a repéré 126 constellations psychologiques enfantines de tracés, qu'elle a soumises à un contrôle statistique et psychogénétique et qu'elle a regroupées par ailleurs en 86 rubriques psychologiques.

Nous avons consulté pour retenir nos variables les rubriques psychologiques suivantes :

— 1 : mère opprimante
— 4 : père opprimant
— 18 : rapports difficiles avec la mère
— 17 : rapports difficiles avec le père
— 30 : angoisse, anxiété
— 31 : insécurité affective
— 33 : autocritique
— 35 : inhibition
— 39 : préoccupations sexuelles
— 42 : intérêts pour la nourriture, la boisson
— 56 : dépendance vis-à-vis du milieu de façon plus infantile que l'âge du sujet
— 59 : peur des rapports sociaux
— 79 : puérilité — désir de ne pas voir la réalité

Le choix proprement dit des variables a été celui des tracés qui nous paraissaient les plus intéressants dans les constellations de tracés correspondant à ces rubriques (étant bien entendu qu'une même constellation et *a fortiori* qu'un même tracé pouvaient se trouver dans plusieurs rubriques).

Ainsi nous avons retenu une vingtaine de variables que nous avons soumises à une première analyse statistique et nous avons éliminé celles dont la fréquence était trop faible pour se prêter à une analyse statistique. Au total nous avons obtenu 12 variables : 3 pour chacun des quatre thèmes envisagés au départ. Nous espérions, assez naïvement, obtenir des corrélations plus élevées entre les variables illustrant un même thème, et retrouver par l'analyse factorielle nos quatre thèmes comme axes principaux. Notre attente a été déçue, ce qui n'est pas très étonnant. En effet, la signification d'un tracé ou d'une constellation de tracés n'est jamais univoque : un même tracé peut appartenir à plusieurs constellations et une même constellation correspondre à plusieurs rubriques psychologiques. En ce qui concerne les rubriques elles-mêmes il n'est pas toujours aisé, par exemple, de délimiter ce qui est de l'ordre du puérilisme ou ce qui relève de l'avidité affective ; un tel découpage est nécessairement plus ou moins arbitraire.

Nous allons donner succinctement la définition des douze variables de l'arbre que nous avons retenues avant de dégager les résultats obtenus.

Les arbres à feuillage étroit c'est-à-dire ceux dont la largeur est inférieure au quart de la largeur de la feuille de dessin, les arbres dont les branches n'ont qu'un trait, les arbres dont la forme rappelle celle du têtard traduisent le puérilisme et la dépendance.

Les arbres décorés de ronds, de fleurs et divers contenus, ceux qui sont noircis ou dessinés d'un trait pâteux, ceux dont le tronc est plus grand que le feuillage évoquent l'avidité affective de l'enfant et ses tendances orales.

Les arbres sans feuilles, sans branches ou ceux dont le feuillage descend, les arbres dont le tronc est soudé à la base, les arbres dont le tronc est séparé du feuillage par un trait sont signes d'insécurité et d'angoisse.

Enfin, lorsque l'on trouve des croix dans le feuillage, des cicatrices sur le tronc, des rectifications dans le dessin de l'arbre, on peut présumer l'existence de conflits générateurs d'angoisse ou d'agressivité.

L'oralité du suceur du pouce

Lorsque l'on compare les dessins d'arbres chez les enfants qui sucent leur pouce et chez les enfants témoins, le tracé qui diffère le plus significativement entre les deux échantillons est celui qui comprend les tracés de ronds dans le feuillage, fleurs et divers contenus. Tous ces tracés représentent, pour Stora, la tendresse que l'on veut recevoir et exprimer. On trouve en particulier, pour les ronds dans le feuillage, le commentaire suivant : « Désir de recevoir de l'affection, oralité passive, sentimentalité réceptive, importance des impressions buccales et cutanées... » (1). On

(1) Stora, *op. cit.*, p. 8 (tome 2).

aurait là une confirmation d'une composante orale significativement développée chez la population des suceurs de pouce. On peut se demander cependant, si cette différence ne serait pas due au fait que nos suceurs de pouce sont légèrement plus jeunes que les enfants de l'échantillon témoin. En réalité, un contrôle par l'âge montre que cette différence reste très significative pour le groupe des 8-9 ans et tend à l'être pour le groupe des 6-7 ans. Elle ne l'est plus du tout cependant pour le groupe des enfants de 10 ans et plus. On pourrait donc émettre l'hypothèse que chez les suceurs de pouce de plus de 10 ans la composante orale n'est plus prédominante. Les suceurs de pouce plus jeunes, au contraire, donneraient davantage d'importance aux sensations tactiles et buccales et seraient plus généralement des enfants tendres et avides de tendresse.

Voici un exemple de dessin (*ci-contre*) traduisant l'oralité de Gilles, garçon de 11 ans, qui se ronge également les ongles et qui est resté très bébé selon la mère. Sa sœur, d'un an plus âgée, ne suce pas son pouce. Gilles a été allaité jusqu'à trois mois, sevré sans difficultés et a présenté un développement normal selon la mère. Elle le dit gros mangeur. Lui-même se déclare très gourmand (il est assez rond pour son âge, presque un peu gras). Les ronds, bien visibles dans le feuillage de l'arbre confirment l'oralité manifestée par l'enfant.

Un autre exemple d'arbre de ce type se trouve dans le cas clinique de Bénédicte, exposé à la fin du chapitre VII.

Le deuxième arbre (*ci-contre*) tracé par Jocelyne, correspond tout à fait à ce que Stora appelle « Divers contenus » et qui désigne un dessin où, en plus de l'arbre demandé dans la consigne, l'enfant a représenté des objets, des hommes, des animaux, le soleil ou tout autre tracé. Ce type de dessin traduit le besoin d'un entourage qui sympathise, l'imagination, le désir de communiquer et d'exprimer de la tendresse. Jocelyne, 7 ans, est fille unique, présente un léger zézaiement et des allergies que l'on traite par des piqûres. Elle est très vive, s'exprime avec volubilité et ne quitte pas sa poupée en chiffons. Elle me dit qu'elle n'a ni frères ni sœurs, mais qu'elle a beaucoup de poupées et de nounours.

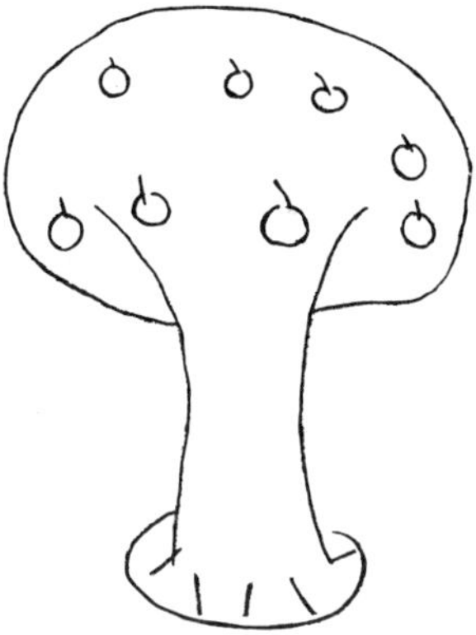

Arbre exprimant l'oralité (dessin de Gilles).

Arbre avec divers contenus exprimant la tendresse (dessin de Jocelyne).

L'infantilisme du suceur de pouce

Les enfants dits « normaux » dessinent beaucoup plus souvent que les suceurs de pouce des croix dans le feuillage de leurs arbres (60 % contre 44 %). Ce tracé indique un conflit senti ou éprouvé et il semble que les enfants qui sucent leur pouce n'éprouvent pas le besoin d'exprimer de conflits, du moins de cette façon.

Cette différence reste marquée quand on contrôle par l'âge : 40 % contre 70 % pour la classe des 6-7 ans, 36 % contre 50 % pour celle des 8-9 ans (ces fréquences n'apparaissent cependant statistiquement significatives qu'au seuil de 0,10 pour la première classe et de 0,20 pour la seconde).

Quelle signification attribuer à cette différence ? Les enfants qui sucent leur pouce semblent éprouver moins de conflits, surtout lorsqu'ils sont jeunes, que les autres enfants. Peut-être faut-il voir dans la succion du pouce précisément une tentative de l'enfant pour résoudre ses conflits. Peut-être faut-il penser aussi que les enfants qui sucent leur pouce ont des difficultés au niveau de l'expression même de leurs conflits, et plus généralement, au niveau du maniement de l'agressivité. L'immaturité, l'absence apparente de conflits ne seraient que le signe de telles difficultés (plus importantes que chez les autres enfants). Stora signale également la présence de croix chez les enfants qui ont des rapports difficiles avec leur mère ou leur père. Le suceur de pouce aurait en quelque sorte des rapports trop faciles apparemment avec ses parents, ce qui traduirait son « infantilisme » ou sa culpabilité en face de toute tentative de prise de distance par rapport aux images parentales.

Pour illustrer cet aspect particulier de la personnalité des suceurs de pouce nous allons prendre le cas d'un enfant de milieu aisé : Daniel qui suçait son pouce mais qui a brusquement cessé (dès le 3e entretien avec nous). Cet enfant vif, intelligent, est âgé de 10 ans. Il a un frère de deux ans plus âgé avec qui il se dispute beaucoup ; et une sœur de trois ans son aînée qui a sucé son pouce jusqu'à 9 ans et s'est arrêtée après avoir entouré son pouce de ficelle, dit Daniel. Il nous frappe d'emblée par sa vivacité, son exubérance même. Ses arbres comprennent des croix en feuillage qui traduisent une certaine agressivité que l'on retrouve dans son dessin de famille où les enfants déguisés en cow-boys et indiens s'amusent à casser toute la maison pendant que le père essaie de réparer les dégâts et que la mère lave à l'extérieur. De même, dans un projectif verbal : le Patte Noire, Daniel fait les trois vœux suivants : être grand pour se faire respecter, avoir des tout petits frères pour les écrabouiller, et être libre. A la différence de beaucoup d'enfants qui sucent leur pouce, l'agressivité est chez lui assez bien assumée et explique la facilité avec laquelle il a quitté ce plaisir d'enfance. Au bout de 3 séances Daniel m'envoie un mot pour m'annoncer sa réussite, avec au dos un dessin d'arbre tout à fait conforme aux dessins qu'il m'avait tracés lors du test.

Signalons enfin chez les suceurs de pouce les plus âgés la persistance d'un tracé caractéristique du jeune âge, à savoir les branches à un trait. Après 10 ans le suceur de pouce semble se réfugier davantage dans l'imaginaire que l'enfant « normal » du même âge et son comportement serait une façon de fuir la réalité. L'arbre de Daniel en est un exemple.

Arbre avec croix ; agressivité (dessin de Daniel).

En conclusion, au niveau du test de l'arbre, les suceurs de pouce semblent nettement plus tendres, sentimentaux, « oraux » que les autres. Ils ont des difficultés avec leur entourage qui peuvent se traduire aussi bien dans les problèmes qu'ils ont à propos de la nourriture et de la boisson, que dans l'avidité affective qu'ils manifestent. On retrouverait ainsi au niveau du dessin quelques-unes des composantes classiquement décrites dans le caractère oral. Il est possible également que les suceurs de pouce les plus jeunes éprouvent des difficultés dans le maniement de leur agressivité et que les plus agés aient tendance à fuir dans le jeu et le rêve.

LES DESSINS DE FAMILLE CHEZ LES SUCEURS DE POUCE ET CHEZ LES ENFANTS « NORMAUX »

L'enfant qui suce son pouce est souvent décrit comme un enfant immature, timide, replié sur lui-même ; il est donc intéressant de voir comment il se situe à l'intérieur de son groupe familial. Le test de la famille qui consiste à demander à l'enfant de dessiner sa famille (ou une famille) permet une exploration intéressante de certains des fantasmes de l'enfant, de la façon dont il vit son milieu familial. De plus, la comparaison avec l'arbre est possible puisque — dans les deux tests — il s'agit de dessiner.

Nous avons, comme pour le test de l'arbre, demandé à tous les suceurs de pouce que nous examinions de nous dessiner leur famille. A partir de ces dessins, nous les avons fait parler de leurs sentiments à l'égard des différents membres de la famille et de ce qu'ils imaginaient être les sentiments des autres à leur égard. Comme pour l'arbre, nous avons dégagé 12 variables qui nous semblaient être intéressantes par rapport à ce que nous pensions pouvoir être caractéristique des suceurs de pouce.

Pour les appréciations cliniques et parfois quantitatives des dessins, nous nous sommes aidé principalement des ouvrages de Mme Favez-Boutonier (1), de Machover (2) et de Corman (3).

Les yeux non voyants (sans pupilles), les bouches remarquables (proportion, concavité accentuée, absence), les boutons remarquables (dessinés sur le costume très nombreux, ou noircis ou bizarres) sont trois variables qui peuvent se rattacher à la rubrique puérilisme, dépendance.

La place près de la mère et la place près du père de l'enfant qui suce son pouce, la sensorialité de ses dessins (prédominance des lignes courbes, des liens entre les personnages, de détails vivants) traduisent l'avidité affective de l'enfant.

Les dessins petits (inférieurs au quart de la page), les dessins qui traduisent un Q. I. plus faible que celui qu'on attendait, les ratures et les rectifications sont des indices d'insécurité et d'angoisse.

(1) FAVEZ-BOUTONIER (J.), *Les dessins des enfants,* Editions du Scarabée, Paris, 1959.

(2) MACHOVER (K.), *Personality projection in the drawing of the human figure,* Thomas Publisher, springfield Illinois, 1949.

(3) CORMAN (L.), *Le test du dessin de famille dans la pratique médico-pédagogique,* Paris, P.U.F., 1964.

Enfin les noircissements, les doigts non dessinés, les cous non dessinés renvoient aux conflits et à l'agressivité de l'enfant, mais également à l'immaturité.

La dépendance du suceur de pouce

La différence la plus significative entre les dessins de famille des suceurs et ceux des non suceurs concerne les noircissements d'une partie des vêtements ou du corps. Les enfants qui sucent leur pouce ont tendance à noircir davantage leurs dessins de famille que les enfants témoins. Ceci reste vrai lorsqu'on considère les groupes de 6-7 ans et de 8-9 ans.

Il paraît difficile de donner une explication unique et globale de la présence significative de ce tracé. Le noircissement du dessin peut traduire la régression pour Koch (1), la vulnérabilité, l'impression de dépendance infantile, le grand attachement à la mère pour Stora (2), les sentiments dépressifs, la peur, l'angoisse mais aussi une certaine richesse intérieure pour Debienne (3), l'existence de conflits pour Machover (4), les tendances agressives ou l'angoisse pour Borelli Vincent (5). A travers la variété de ces commentaires on retrouve cependant certains des traits déjà rencontrés — notamment un certain infantilisme — et certains de ceux que nous allons voir maintenant.

Pourtant l'interprétation de ces noircissements doit être prudente. Seule la clinique permet de trancher entre une signification expressive de ce noircissement, comme par exemple la tendance à une décharge motrice de type impulsif, une signification plus « projective », indiquant des tendances agressives à l'égard du personnage noirci, ou encore une angoisse liée symboliquement à la partie du corps noircie.

Dans l'exemple d'Hélène, 9 ans, on remarque que le noircissement concerne les membres masculins de la famille : son père et son frère âgé de 7 ans *. La mère d'Hélène est institutrice ; elle a allaité sa fille 3 semaines, puis a dû abandonner parce qu'elle faisait une dépression nerveuse. La mère semble très émotive, crispée et présente sa fille comme très

(1) KOCH, déjà cité.

(2) STORA, déjà cité.

(3) DEBIENNE (M. C.), *Le dessin chez l'enfant*, Paris, P.U.F., 1968.

(4) MACHOVER, déjà cité.

(5) BORELLI VINCENT (M.), L'expression des conflits dans le dessin de la famille, *Revue de Neuropsychiat. Inf.*, 1965, *13*, n°s 1 et 2.

* Voir les dessins reproduits page 141.

anxieuse. Elle m'explique également que l'enfant fait de nombreux cauchemars, se réveille la nuit en hurlant. Hélène a un tic de clignement des yeux et mange — outre son majeur — tout ce qui lui tombe sous la main : crayon, cheveux, doigts, gomme. Elle a essayé de se mettre une mouffle pour ne plus sucer son doigt mais a serré si fort que sa main a gonflé ! Hélène a arrêté de sucer son pouce au bout de quelques mois, mais a entrepris une psychothérapie.

Un autre aspect intéressant de la dépendance de l'enfant qui suce son pouce se retrouve dans le fait que, vers 6-7 ans, celui-ci se dessine volontiers près de sa mère ou de son père. Les enfants témoins normaux n'ont pas cette tendance. Les proportions sont les suivantes : 36 % des enfants qui sucent leur pouce se dessinent près de leur père, 21 % seulement des enfants témoins en font autant ; 40 % des suceurs de pouce se dessinent près de leur mère, contre 28 % des enfants témoins du même âge.

Par contre, les enfants qui sucent leur pouce à l'âge de 10 ans et plus se placent très rarement auprès de leur père : 8 % au lieu de 28 % pour les enfants de l'échantillon normal. Sans pour autant se placer plus souvent auprès de leur mère, bien au contraire : 16 % pour les suceurs de pouce et 25 % pour les enfants normaux.

Les suceurs de pouce de 8-9 ans, quant à eux, se placent auprès de leurs parents dans les mêmes proportions que les enfants normaux : 1 fois sur 5 environ près du père, 1 fois sur 4 près de la mère.

Ce phénomène d'inversion, que nous observons ainsi chez les suceurs de pouce entre les âges de 6-7 ans et 10 ans et plus, confirme notre intuition clinique. La persistance de la succion du pouce chez le grand enfant ne peut s'expliquer que par un ensemble de facteurs qui varient notamment suivant l'âge. Ainsi, en ce qui concerne la distance par rapport aux figures parentales, le suceur de pouce passerait d'une trop grande dépendance (6-7 ans) se traduisant par un besoin de protection et une demande affective importance, à une prise de distance extrême (10 ans et plus) avec refuge dans le rêve et tentative d'autonomie d'autant plus grande qu'elle reste liée à un comportement régressif.

Enfin les enfants suceurs de 6-7 ans ont souvent dessiné une bouche remarquable à leurs personnages, phénomène qu'on ne retrouve plus ensuite. Hasard, maladresse motrice, projection de l'image du corps ? Il est difficile de répondre. De toute façon, il convient de rester plus circonspect lorsqu'une différence apparaît significative pour la seule classe d'âge de 6-7 ans, sans l'être au niveau de l'ensemble. En effet les effectifs comparés sont un peu faibles pour que l'on se fie complètement au test du X 2.

Noircissement de la famille ; angoisse (dessin d'Hélène).

Famille avec bouches accentuées (dessin de Jean-Pierre).

Nous avions retenu cette variable à cause d'un commentaire de Machover (1) pour qui une accentuation excessive de la bouche est souvent liée à des lubies alimentaires... et à des colères. La bouche concave ou réceptive oralement se rencontre souvent chez les individus infantiles et dépendants (cette dépendance se manifeste souvent par une accentuation également excessive des boutons).

L'exemple de Jean-Pierre, 7 ans, est assez caractéristique de ce type de dessin particulier *. Jean-Pierre a une sœur, de deux ans plus jeune, qui suce un mouchoir et qui est décrite comme absolument insupportable par la mère. L'oncle de Jean-Pierre est hospitalisé pour leucémie.

L'immaturité et la timidité du suceur

Les enfants qui sucent leur pouce font souvent des dessins de famille petits : leurs personnages ne dépassent pas le quart de la hauteur de la feuille. Le fait de ne pas utiliser tout l'espace proposé, de réduire son dessin au quart de la feuille traduit en général des inhibitions dues à la timidité, à l'absence de confiance en soi, à l'anxiété. Ces traits se retrouveraient particulièrement chez les suceurs de pouce de 6-7 ans et chez ceux de 10 ans et plus. Par contre cette timidité, cette inhibition n'apparaît pas chez les suceurs de 8-9 ans.

Parallèlement à ces tracés de taille réduite par rapport à ceux des autres enfants, ils dessinent des bonshommes ou des bonnes femmes plus immatures que les autres. Lorsque l'on évalue leur quotient intellectuel d'après le nombre de détails et la facture de leurs personnages, on trouve des scores inférieurs à ceux des enfants « normaux » du même âge. Or les enfants qui sucent leur pouce ne sont pas moins intelligents que les autres enfants — loin de là. Nous avons vu qu'ils étaient souvent en avance dans leur classe et que, par ailleurs, leurs performances à un test de développement comme celui de Zazzo (nouvelle échelle métrique d'intelligence) étaient normales. C'est pourquoi il faut voir dans ces Q. I. inférieurs des dessins de famille, la marque d'une immaturité affective plutôt que le signe d'un retard intellectuel.

A priori on peut penser aussi que les variables Q. I. et dessins petits ne sont pas indépendantes. L'inhibition, par exemple, peut aussi bien se traduire par une diminution de la taille des personnages dessinés que par la pauvreté du dessin. On vérifie d'ailleurs que la corrélation entre ces deux

(1) MACHOVER (K), *op. cit.*, p. 15.
* Voir les dessins reproduits page 141.

variables est significativement positive, surtout sur l'échantillon des suceurs de pouce.

Nous allons, pour illustrer cette immaturité qui se traduit dans les dessins de famille des suceurs de pouce, prendre deux exemples extrêmes mais non rares :

Le premier, Olivier, est un garçon de 7 ans ; il suce son pouce droit de préférence. Sa sœur, 12 ans, le suce également beaucoup ; mais, à la différence d'Olivier, elle n'a aucune déformation au niveau des dents. L'enfant à un Q. I. de 105 à la NEMI. Ses arbres sont aussi petits que sa famille *.

Didier, lui, a 8 ans ; il essaie de ne plus sucer son pouce en mettant du sparadrap. Sa sœur, 6 ans 1/2, ne suce pas son pouce. Les arbres de Didier sont aussi minuscules que sa famille *. Sa scolarité est normale jusque-là. La mère est très autoritaire, rigide et prétend que rien ne vaut les liquides amers du commerce pour faire passer ces mauvaises manies.

Ces exemples montrent la prudence avec laquelle il faut interpréter des résultats en terme de Q. I. En effet, il n'est pas très légitime d'utiliser les méthodes d'évaluation du test du bonhomme, mis au point par Goodenough (1), pour le test de famille où les implications affectives sont plus grandes. Cette implication affective, qui diminue la performance de certains suceurs de pouce en les inhibant, se traduit par un rétrécissement de l'acte moteur lorsqu'il s'agit de représenter le milieu familial. Par contre, l'arbre, qui est plus neutre, n'a pas aussi souvent que la famille des proportions restreintes.

Si nous considérons les tracés qui différencient significativement les suceurs de pouce des enfants témoins au niveau du dessin de la famille, nous devons retenir : les noircissements, la petitesse des personnages et le niveau général du dessin inférieur à ce qu'on pouvait attendre ; à un moindre degré, la sensorialité pour les plus jeunes et l'éloignement par rapport au dessin du père pour les plus vieux. Tout ces tracés indiquent une certaine immaturité, une certaine anxiété qui ne vont pas d'ailleurs sans une certaine richesse intérieure et sans des contradictions (surtout après 9 ans) entre des revendications d'indépendance et des désirs de dépendance.

Cette richesse intérieure du suceur de pouce transparaît à travers ce que, d'après Minkowska (2), nous avons appelé la sensorialité des dessins.

* Voir les dessins reproduits page 144.

(1) GOODENOUGH (F.), *L'intelligence d'après le dessin — Le test du bonhomme*, Paris, P.U.F., 1957.

(2) MINKOWSKA (F.), La typologie constitutionnelle vue à travers le test de Roschach et les dessins d'enfants, *Rev. Morphophys. hum*, 1952, *14*, p. 31.

Famille d'Olivier. Petitesse des personnages ; immaturité.

Famille de Didier. Personnages minuscules ; immaturité.

Note de l'auteur : La reproduction ne rend pas compte de l'extrême petitesse des dessins.

Dans la définition que donne Porot (1) de ce type de dessin, on retrouve l'idée de liens particuliers, unissant l'enfant à la famille, et l'idée de l'expression ouverte et directe d'une certaine affectivité et d'une certaine tendresse. Le sensoriel, dit Porot, a un « type de spontanéité très vital, il est, dans le groupe familial, surtout sensible à l'ambiance, au mouvement, à la chaleur des liens », d'où « l'importance (chez lui) des lignes courbes qui, elles aussi, expriment le dynamisme de la vie ». Il s'oppose au rationnel dont « la spontanéité a été au moins en partie inhibée par des censusures... », d'où « la répétition stéréotypée... de personnages peu mobiles, isolés les uns des autres... Les lignes droites et les angles prédominent sur les courbes ». Cette variable est parfois difficile à coder et il nous a fallu faire appel à nos impressions cliniques.

Or, les dessins de type sensoriel prédominent chez les enfants qui sucent leur pouce à l'âge de 8-9 ans. Cette prédominance doit être rapprochée de celle — particulièrement significative — des ronds, des fleurs et des autres contenus dans les dessins de l'arbre des suceurs de pouce de cet âge (et à moindre degré de ceux de 6-7 ans). Faut-il simplement voir, dans cette richesse des dessins des suceurs de pouce, l'effet d'une imagination et d'une sensibilité particulière, l'expression de leur besoin d'échange et de tendresse ? Faut-il plutôt penser que les âges de 8-9 ans sont des âges charnières où l'enfant atteindrait une sorte d'équilibre momentané entre des tendances contradictoires ? Il serait capable d'intérioriser davantage les normes proposées par les adultes et, en même temps, plus conscient des dilemnes qui se posent à lui. En lui s'affrontent la dépendance ludique et tendre et le désir d'autonomie agressive. Cette hypothèse pourrait expliquer qu'à partir de 8-9 ans nous rencontrions moins d'échecs dans nos « thérapies ». Elle pourrait expliquer aussi que les suceurs de pouce de ces âges paraissent relativement moins anxieux et inhibés que lorsqu'ils sont plus jeunes ou plus âgés.

L'enfant qui suce son pouce montre son attachement à son passé, sa vulnérabilité, sa dépendance et sa tendance au refuge dans la rêverie et le monde intérieur. Pourtant, à six ans, il est particulièrement infantile, il essaie de capter l'attention de ses parents, leur sollicitude ; à 8-9 ans, il trouve au contraire une sorte d'équilibre momentané qui se transforme, vers 10 ans, en un retrait plus ou moins pathogène dans un monde personnel fait de rêves et de jeux. Toutefois il ressemble également à tous les autres enfants qui, eux aussi, traversent des périodes de crises et des

(1) Porot (M.), Le dessin de la famille. *Revue de psychologie appliquée,* Paris, 1965, *15,* n° 3, pp. 179-192.

moments d'équilibre précaire ; les différences entre suceurs de pouce et enfants normaux ne sont probablement que des modulations assez fines autour de la normalité. La succion du pouce revêt des significations multiples tout au long de la vie de l'enfant, mais 8 ans nous paraît un âge charnière à partir duquel, de simple habitude infantile, la succion devient un symptôme. Après cet âge, la persistance de la succion peut refléter des difficultés et des problèmes plus profonds que ceux rencontrés par tous les enfants, notamment dans leurs rapports aux parents.

LES SUCEURS DE POUCE

Les suceurs de pouce, s'ils ne diffèrent pas fondamentalement des autres enfants, n'en sucent pas moins leur pouce. C'est pourquoi il nous a paru intéressant de les considérer en tant que tels, et de rechercher s'il existait des corrélations significatives entre certaines caractéristiques générales propres à ce groupe ou entre les tracés des dessins de l'arbre et de la famille que nous avions choisis.

LES CARACTERISTIQUES PROPRES AUX SUCEURS DE POUCE

Lors de l'examen des enfants qui suçaient leur pouce, nous avons systématiquement relevé certaines caractéristiques comme : l'onychophagie, la nervosité ou d'autres troubles, la présence de frères ou sœurs ayant sucé leur pouce, l'interventionnisme de la mère, la réussite ou l'échec de la thérapie concernant la succion *.

1. — *L'onychophagie*

Cette habitude a souvent été rapprochée de la succion du pouce. Dans notre recherche, 40 % des enfants qui sucent leur pouce se rongent également les ongles ; tandis que, d'après un auteur américain (1), ce pourcentage serait seulement de 33 % pour les enfants de 6 à 13 ans.

(1) WECHSLER (D.), The incidence and significance of finger nail biting in children, *Psychoanalyt. Rev.*, 1931, *18*, p. 201.

* Voir en annexe, résultats statistiques, tableau n° 1, p. 197.

Cette différence est cependant trop faible pour être significative au seuil de 0,05. Elle paraît d'autant moins probante que l'onychophagie évolue fortement suivant l'âge. Chez nos suceurs de pouce : 33 % rongent leurs ongles de 6 à 7 ans, 42 % de 8 à 9 ans, 46 % à 10 ans et plus. Wechsler trouve, quant à lui, que la fréquence de cette habitude augmenterait brusquement à 13 ans (passant de 33 % à 44 %) et diminuerait ensuite à partir de 16 ans (passant à 20 %) *.

Au total l'hypothèse souvent avancée, suivant laquelle le fait de ronger ses ongles viendrait se substituer à la succion du pouce, ne paraît nullement confirmée sur notre échantillon. Ces deux habitudes paraissent pouvoir très bien aller de pair. Nous ne retrouvons pas non plus, comme on l'a signalé (1), que l'onychophagie est plus fréquente dans les catégories socio-professionnelles moins élevées.

2. — *La nervosité*

Cette variable qui peut paraître floue a été retenue en raison de la fréquence avec laquelle ce qualificatif revenait dans les entretiens que nous avions avec la mère ou l'enfant. Dès 7 ans, l'enfant à qui l'on demande s'il est nerveux est capable de répondre et de justifier sa réponse ; quant aux parents, quel que soit leur niveau socio-culturel, ils ont une idée arrêtée (parfois non justifiée d'ailleurs) sur ce point.

On trouve, parmi les suceurs de pouce, 40 % d'enfants que l'on a qualifiés de nerveux en fonction de leurs dires ou de ceux des mères — autrement dit autant que d'enfants rongeant leurs ongles. Cette nervosité paraît cependant diminuer avec l'âge chez les enfants que nous avons vus, contrairement à l'onychophagie.

3. — *Les autres troubles*

Nous avons regroupé sous cette rubrique des troubles qui, pris individuellement, étaient très peu fréquents : l'énurésie, les dyslexies dysorthographies, les troubles orthophoniques, ou toute autre manifestation ayant nécessité des consultations ou des traitements de type psychothérapique. Quoique ce groupement soit assez disparate, nous avons pensé qu'il pour-

* Notons incidemment que PENNINGTON (A.) trouve, après examen de près de 7 000 marins, que 25 % de ceux-ci continueraient à se ronger les ongles à 18 ans, 11 % à 30 ans et 8 % à 37 ans. (Incidence of nail-biting among adults, *Am. Psychiat.*, 1945, *102*, p. 241).

(1) WHITE (M. S.), Social class, child rearing practices and child behavior, *Amer. Social. Rev.*, 1957, *22*, pp. 704-712.

rait indiquer des difficultés particulières dans le développement psychique de l'enfant, difficultés intéressantes à mettre en rapport avec la succion du pouce.

En fait, nous posions systématiquement aux parents des questions sur l'existence de ces troubles chez leur enfant, ce qui entraînait parfois des réticences de leur part ; en principe, ils venaient consulter pour des malpositions dentaires et de telles questions leur paraissaient souvent incongrues. D'ailleurs, en raison des réticences et des défenses des parents, nous avons renoncé à obtenir des informations systématiques sur de nombreux points qui pouvaient être intéressants. Par exemple : la sexualité de l'enfant — notamment la masturbation —, l'attitude des parents dans ce domaine, etc.

4. — *Mère interventionniste ou non*

Cette variable, évidemment empreinte de subjectivité, nous a paru très importante dans le déroulement de nos « psychothérapies ». Elle essaie de caractériser la façon dont la mère réagit par rapport à la succion du pouce chez son enfant et par rapport aux propositions du psychologue. Nous demandions en effet à la mère de ne plus s'occuper de la succion du pouce de son enfant, et nous convenions avec l'enfant qu'il essaierait de mettre fin à cette habitude tout seul. Nous insistions notamment auprès de la mère pour qu'elle s'abstienne de porter un jugement sur les tentatives infructueuses ou les absences de tentatives de son enfant. Lorsque dans certains cas, c'était le père qui conduisait l'enfant consulter, nous lui faisions les mêmes recommandations.

Ainsi, en fonction des réactions ultérieures des parents et en fonction de ce qu'en disait l'enfant (nous lui demandions : « Que fait maman et que fait papa quand tu suces ton pouce ? »), nous avons distingué deux grandes catégories : d'une part, les mères interventionnistes qui supportent mal cette succion, qui ont déjà essayé par des méthodes variées de la faire cesser et qui, même après nos conseils, continuent à intervenir très directement ; d'autre part, les mères non interventionnistes qui apparemment sont plus indifférentes, plus neutres ou plus coopérantes, et qui ne semblent pas attacher une importance capitale au symptôme.

Cette caractéristique ne nous paraissait pas sans relation avec le succès ou l'échec de nos propres efforts auprès des enfants pour qu'ils arrêtent de sucer leur pouce. Il nous avait semblé, là encore très intuitivement, que les interventions des parents allaient en fait à l'encontre de leurs objectifs et venaient contrecarrer ou rendre plus difficile l'intervention du psychologue.

5. — *L'échec*

Malgré nos interventions, 25 % des enfants examinés ont continué à sucer leur pouce tandis que 75 % se sont arrêtés. Nous avons considéré que l'enfant ne suçait plus son pouce, non seulement lorsqu'il le disait, ainsi que sa mère, mais également — de façon à avoir un critère plus objectif pour étayer notre jugement — lorsque la béance existant entre ses incisives supérieures et inférieures avait diminué de façon durable. Etant donné que les « réussites » étaient en général assez rapides, nous nous étions fixés par ailleurs la durée maximale de un an au bout de laquelle, si l'enfant continuait à sucer son pouce, nous considérerions que nous avions affaire à un échec.

UN RESULTAT IMPORTANT

L'influence de la mère sur la persistance de la succion et sur la résistance de l'enfant à la thérapie.

Deux types maternels ont été définis par rapport à leur attitude à l'égard des propositions du psychologue (ne pas intervenir directement sur la succion de leur enfant) : les mères interventionnistes et les mères non interventionnistes.

L'analyse interne de la population des suceurs, par la méthode des corrélations des variables prises 2 à 2, a montré une forte corrélation entre la variable mère interventionniste et la variable échec au traitement (corrélation significative à 0,001).

Nous avançons l'hypothèse que l'enfant « suce-pouce » est relativement infantile et que l'interventionnisme de la mère — éventuellement superposable à une surprotection anxieuse — agit dans le sens d'un renforcement de cette attitude. Par ailleurs, si cette attitude s'inscrit dans un mode larvée d'opposition aux parents et d'agressivité inconsciente, l'intervention maternelle contribue à l'entretien de la succion.

Il faut cependant tenir compte de la part subjective qui, malgré les précautions prises, entre dans l'appréciation de la véritable mère interventionniste. Peut-être pourrait-on parler ici en termes de contre-transfert positif ou négatif, jouant par conséquent secondairement dans la réussite ou l'échec du traitement.

De toute façon certains stomatologues avaient déjà remarqué que plus les mères sont interventionnistes, moins les enfants réussissent à abandonner leur pouce. Par ailleurs tous les parents « interventionnistes » connaissent l'inefficacité des techniques autoritaires auxquelles ils ont volontiers recours : application de substances amères, de cages métalliques (« stop pouce »), de pansements, de gants, menaces, etc.

L'autre observation que nous avons faite est que plus l'enfant est jeune, moins nos interventions rencontrent de succès. Ainsi notre proportion d'échecs est de 56 % pour les enfants de 6-7 ans ; et elle n'est plus que de 8 % pour ceux de 8-9 ans, et de 17 % pour ceux de 10 ans et plus. Peut-être faut-il voir dans ces résultats la confirmation du rôle négatif de la mère pour la réussite des thérapies entreprises trop tôt, à un âge où l'enfant est encore trop dépendant de sa famille.

LES SUCEURS DE POUCE « IMPENITENTS » ET LEURS DESSINS

En matière de dessin, les enfants qui ne réussissent pas à cesser de sucer leur pouce ont tendance à dessiner des arbres dont le tronc est séparé du feuillage par un trait, et des familles dont les personnages sont petits et pauvres en détails. Le premier tracé indique le retrait de l'enfant devant les exigences du monde extérieur. Ce tracé est très corrélé également avec la « mère interventionniste » : l'enfant, face aux exigences de sa mère, se retrancherait dans un monde où il serait en sécurité et omnipotent. Ceci pourrait se traduire ainsi : plus la mère intervient dans l'univers de l'enfant plus celui-ci régresse. Il n'est pas étonnant alors que l'enfant ait du mal ou ne veuille pas vraiment se plier aux exigences de ses parents (et éventuellement du psychologue) et qu'il persiste à sucer son pouce. Le second et le troisième tracés, très corrélés avec l'échec et avec la mère interventionniste, traduisent : le manque d'assurance de l'enfant, son inhibition, entraînant là aussi un retrait dans un mode de satisfaction régressif, retrait qui gêne son développement affectif. L'enfant exécute alors des personnages qui ne correspondent pas à ce qu'on pourrait attendre, étant donné son âge, et qui indiquent son immaturité. Cette immaturité est d'autant plus grande que la mère est interventionniste.

Leurs arbres sont souvent noircis, ce qui traduit : la passivité receptive et inquiète de ces enfants, leur inhibition, leur impression de dépendance infantile et leur grand attachement à la mère. Dans leurs dessins de famille, ils ne dessinent ni boutons ni doigts à leurs personnages. Cette corrélation entre l'absence de boutons et de doigts dans les dessins de personnages et l'échec dans l'arrêt de la succion du pouce montre, une fois de plus, qu'infantilisme et attachement à la succion du pouce sont liés. L'enfant qui reste attaché à des modes de satisfactions infantiles, est incapable d'abandonner son pouce et ses dessins reflètent son immaturité affective. On trouve d'ailleurs, chez l'enfant jeune, de nombreux ronds, fleurs et contenus divers dans les dessins d'arbre — tracé qui traduit l'oralité, le désir de recevoir et d'exprimer de la tendresse. Ce tracé (ainsi que le tracé tronc séparé du feuillage par un trait) tend à disparaître avec l'âge pour laisser la place aux cicatrices sur le tronc, aux rectifications et aux noircissements crispés. Le suceur de pouce, comme l'enfant normal, cherche peu à peu à concilier ses désirs d'autonomie et ses désirs de dépendance. Ceux qui échouent restent fixés à des graphismes du jeune âge.

Nous allons illustrer cette évolution par deux dessins *. Le premier arbre a été fait par une fillette de 7 ans, Caroline, très immature, gauchère, adoptée à quelques semaines. Sa mère n'a jamais osé lui dire qu'elle avait été adoptée. L'enfant explique qu'elle aime son pouce quand il est propre, mais qu'elle ne le lave pas, sinon on croit qu'elle l'a sucé. L'autre arbre a été dessiné par une fille de 12 ans, Jacqueline, qui se ronge les ongles et qui, en même temps qu'elle suce son pouce, aime avoir l'autre main chaude, parfumée à l'orange et couvrant son oreille froide !

Le premier arbre, celui de Caroline, a le tronc séparé du feuillage par un trait, des branches à un trait également, et des sortes de feuilles assez proches des ronds dans le feuillage. L'immaturité de Caroline est manifeste, aussi bien dans l'arbre que dans le personnage dessiné à côté. Au bout d'un an de consultations elle continuera à sucer son pouce. On remarque également le tronc soudé à la base qui est un signe d'insécurité chez l'enfant anxieux. Ce tracé est très souvent corrélé avec un Q. I. faible au dessin du bonhomme. Jacqueline, par contre, fait un arbre élaboré avec des noircissements en tous sens, des rectifications, qui traduisent son esprit d'indépendance et sa relative autonomie malgré une certaine peur de mal faire. Après deux entretiens, Jacqueline renoncera à son pouce.

* Voir les dessins reproduits page 152.

Arbre d'une fillette de 7 ans très immature, Caroline, qui ne réussit pas à cesser de sucer son pouce.

Arbre d'une enfant de 12 ans, Jacqueline, qui abandonne très vite son pouce.

QUELQUES CONSTELLATIONS DE TRACÉS FREQUENTES CHEZ LES SUCEURS DE POUCE

L'infantilisme

Lorsqu'on étudie les corrélations fortes existant entre les tracés des dessins d'arbre et de famille du suceur de pouce, on constate que celles qui peuvent s'expliquer par l'infantilisme sont de loin les plus importantes. Ainsi, les troncs soudés à la base et séparés du feuillage par un trait traduisant l'inquiétude de l'enfant devant le monde extérieur et ses exigences, les arbres petits, les dessins de famille petits également, les faibles Q. I., les personnages sans cou traduisant l'immaturité — sont autant de tracés très corrélés montrant le besoin qu'a l'enfant de se réfugier dans un monde intérieur. A ce noyau de tracés très corrélés entre eux (0,001) se rattachent trois tracés, un peu moins corrélés, mais qui sont également marque d'immaturité. A savoir : les arbres têtards, les personnages sans doigts et sans boutons.

L'infantilisme, qui semble ainsi caractériser cette constellation de 9 variables, doit être considéré comme une notion plus descriptive qu'explicative. La constellation indique la plupart du temps une persistance de tracés caractéristiques d'un âge antérieur à celui de nos suceurs de pouce, persistance dont les causes peuvent être multiples et qui n'a pas la même signification suivant l'âge. On vérifie d'ailleurs que la constellation de l'infantilisme est corrélée négativement avec l'âge. Or, cet infantilisme dans le dessin propre au suceur de pouce jeune, est également caractéristique du suceur qui ne parvient pas à abandonner son pouce quel que soit son âge.

Les conflits

Certains tracés, qui augmentent avec l'âge, indiquent l'existence de conflits chez l'enfant qui suce son pouce : conflits entre le désir de rester le bébé ayant tout l'amour de sa mère et le désir de devenir indépendant comme le père, de s'adapter à la pression sociale. Les croix dans le feuillage, les branches à un trait, les cicatrices sur le tronc reflètent cette ambivalence entre le désir d'indépendance et la dépendance de l'enfant.

La tristesse, le découragement, l'anxiété résultant de cette ambivalence se manifestent par l'apparition — de plus en plus grande avec l'âge — de tracés comme les arbres sans feuilles.

Le manque d'assurance

Les rectifications sur l'arbre, les ratures dans le dessin de famille sont très liées entre elles. Ces tracés expriment le désir de bien faire, l'hésitation, le manque d'assurance de l'enfant qui suce son pouce. Ce doute, ce manque de confiance en soi sont plus fréquents chez les garçons que chez les filles.

CONCLUSIONS

Notre recherche statistique sur les dessins de 87 enfants suçant leur pouce nous a permis d'objectiver un jugement jusque-là subjectif. A savoir : les enfants qui sucent leur pouce ne se distinguent pas fondamentalement des autres enfants du même âge. Certains sont très infantiles et d'autres non, certains ont beaucoup de conflits et d'autres moins, certains sont gais et d'autres tristes, certains doutent d'eux-mêmes et d'autres sont plus assurés.

S'il est difficile de tracer un portrait type, c'est parce que — comme tout enfant — l'enfant « suce-pouce » est un être complexe. Néanmoins quelques hypothèses ont été étayées par ce travail, quelques aspects de la personnalité des suceurs de pouce ont été mis en évidence, enrichissant nos connaissances sans appauvrir la réalité, bien au contraire.

La succion du pouce se rencontre chez les enfants immatures. Cette immaturité a un aspect négatif car elle entrave les potentialités de l'enfant ; elle le rend inhibé, parfois anxieux, vulnérable, dépendant d'autrui et de son jugement.

Mais, parallélement, cette succion du pouce le protège contre les agressions du monde extérieur, lui donne une sorte de détachement. Lorsque les circonstances sont favorables, ceci le rend plus confiant, plus affectueux que les enfants n'ayant pas ce recours merveilleux. Les observations de Spitz restent à cet égard particulièrement éclairantes ; elles montrent que les enfants, gravement perturbés dans leur relation précoce à l'image maternelle, s'avèrent incapables de se réfugier dans un monde imaginaire où ils seraient tout puissants, et ne peuvent pas s'adonner au plaisir de la succion du pouce.

La mère enfin joue, nous semble-t-il, un rôle non négligeable dans la persistance de ce mode de comportement naturel de la petite enfance. Par ses interventions intempestives et apparemment pleines de bonnes intentions, elle ne fait que maintenir l'enfant dans une position de dépendance qui lui est chère bien que redoutée. Il nous semble que la mère, par ce comportement que nous avons qualifié d'interventionniste, manifeste une angoisse et une agressivité latentes envers les plaisirs auto-érotiques que l'enfant se procure sans son intermédiaire ; en même temps, par cette sollicitude excessive, elle entretient l'infantilisme de celui qui peu à peu lui échappera.

CHAPITRE VII

ETUDE CLINIQUE DE DEUX SUCEURS DE POUCE

Après avoir étudié l'ensemble de notre échantillon de suceurs de pouce grâce à la méthode statistique, il nous a paru important de donner un aperçu de la méthode clinique qui fut avant tout la nôtre durant nos années de travail hospitalier à l'Institut de Stomatologie de la Salpétrière. Cet abord clinique permet d'illustrer certaines des conclusions théoriques dégagées dans notre première partie, et d'éclairer certaines corrélations qui ont été trouvées dans notre chapitre statistique ; il nous permet également de revenir aux sources de toute notre recherche. C'est en effet, à la suite des questions que nous nous sommes posées devant des cas concrets, que nous avons éprouvé le besoin de rechercher des réponses par diverses méthodes. Nous avons enfin le sentiment que l'étude psychanalytique, stomatologique et psychologique de la succion du pouce, puis l'étude statistique de 87 suceurs de pouce nous ont permis une meilleure compréhension clinique *a postériori* de chacun des enfants que nous avons suivis.

Nous avons choisi d'exposer 2 cas :

1° — celui d'André, garçonnet de 8 ans qui a cessé rapidement de sucer son pouce mais que nous avons suivi assez longtemps pour d'autres raisons ;

2° — celui de Bénédicte, fillette de 9 ans, qui, elle, a continué malgré nos interventions à sucer son pouce.

Ces deux exemples ne se veulent pas représentatifs de notre échantillon. Nous les avons choisis pour nous permettre de réfléchir de façon plus approfondie à la signification de la succion du pouce à différents âges et dans différents contextes.

I. — ANDRE

Nous allons commencer par exposer assez longuement le cas d'André, 8 ans, car nous avons eu l'occasion de voir souvent cet enfant ; il abandonna très vite son pouce (après quatre entretiens, ses malpositions d'ailleurs minimes ayant totalement regressé), mais il était énurétique.

C'était un garçon très vif, intelligent, ayant une vie fantasmatique particulièrement riche dont nous essaierons de montrer un aperçu à travers les dessins qu'il nous donna et sur lesquels il fit de nombreuses associations.

ANAMNESE

André est un garçon de 8 ans lorsque je le vois pour la première fois. Le niveau socio-culturel de la famille est supérieur. Le père est décorateur, la mère ne travaille pas. André est le plus jeune de la fratrie qui se compose de 5 garçons dont l'aîné a 13 ans. Tous les enfants ont sucé leur pouce, mais se sont arrêtés avant l'âge de 6 ans. André est le seul qui continue à sucer son pouce le soir pour s'endormir et le jour quand il s'ennuie. Ils se ronge également les ongles. Il a un visage ouvert, des yeux malicieux, mais se montre réservé au cours du premier entretien. Il parle avec réticence, mais mentionne qu'il fait des cauchemars dont il ne se souvient pas. Il écoute avec attention mes explications quant à ce que j'attends de lui, et accepte facilement de rechercher une solution personnelle pour ne plus sucer son pouce. Il suit une 9e sans difficultés apparentes. Sa matière préférée est le calcul.

Le premier entretien avec la mère d'André est assez long. Madame X. est jeune, assez coquette et semble très heureuse de pouvoir parler de ses enfants. Elle se déclare très contente qu'on s'occupe d'André et se lance aussitôt dans un flot de considérations sur ses problèmes avec lui et ses autres garçons. Elle est un peu excitée, mais paraît assez compréhensive. Le pouce, m'annonce-t-elle d'emblée, est un problème mineur chez André qui est énurétique. Elle se met alors à me raconter toutes ses tentatives infructueuses pour arrêter cette énurésie ; depuis les douches froides, la bambinette, l'obligation pour André de laver lui-même ses draps — jusqu'à la consultation en C.M.P.P. * où on lui conseille d'entreprendre

* Centre Médical Psycho-Pédagogique.

elle-même une psychothérapie et d'éloigner son fils, ce qui la fait aussitôt renoncer à poursuivre plus avant le traitement. Elle paraît très ironique sur le C.M.P.P. et n'a aucune réticence pour exposer en détail tous ses échecs. Elle me donne, par moments, l'impression de prendre même un certain plaisir à en parler. André semble, par ailleurs, satisfaire particulièrement sa mère. Elle m'expose ensuite que tous ses enfants posent des problèmes ; en particulier, ils viennent tous de redoubler et sont durs à élever. Quant à son dernier fils il est né normalement, à terme ; il n'a pas été allaité, mais elle a eu beaucoup de mal à le faire passer aux aliments solides car il ne voulait que du lait. Il n'a jamais été propre la nuit, à part quelques brèves périodes de rémission. Cela mis à part, c'est un enfant normal qui ne pose pas de problèmes particuliers, qui « serait très gentil s'il ne se laissait pas influencer par son frère », d'un an plus âgé, qui, lui, est « très dur ». Elle termine en me disant qu'elle se consacre à « l'élevage de ses cinq diables » et que c'est un dur labeur.

Durant le second entretien, André m'explique qu'il n'a presque plus sucé son pouce, mais qu'il n'a rien fait de spécial pour s'arrêter. Il m'indique qu'il « se bagarre beaucoup avec ses frères » et que son rêve serait d'être pompier. Une partie de la séance est consacrée aux tests de la famille et de l'arbre. La mère me reparle de ses difficultés avec ses enfants et avec André. Elle se montre très critique vis-à-vis du psychiatre qu'elle a vu lors de sa consultation en C.M.P.P. Elle prétend qu'André est un enfant plutôt renfermé. A son avis, le médecin a eu tort de le décrire comme un enfant agité. Si André est dur parfois, c'est parce qu'il suit son frère qui est très difficile. En ce qui la concerne le psychiatre a prétendu qu'elle était très nerveuse, ce qu'elle rapporte avec beaucoup d'ironie — ironie qui sous-tend tout son discours et fait penser à une forte réaction défensive. Elle ajoute une fois de plus, cependant, qu'elle est ravie qu'on s'occupe d'André, qu'elle est une habituée de l'Institut de Stomatologie et qu'elle y vient depuis des années pour ses autres garçons.

LE TEST DE LA FAMILLE *

A la N.E.M.I. André obtient un Q. I. de 121, puis il dessine sa famille avec méticulosité et lenteur. Le père est dessiné en premier, de face, avec des yeux sans pupilles, des poils de barbe, un pull-over noirci, et des mains à cinq doigts. L'âge mental, d'après le barème de Goodenough, est de

* Voir les dessins reproduits page 166.

9 ans 9 mois. La mère et tous les enfants (dessinés en commençant par le plus jeune pour finir par l'aîné) sont de profil et tournés vers le père. La chevelure de la mère ressemble, quant au tracé, au chandail du père. La mère et les enfants ont des bras qui partent plus ou moins à la hauteur de la poitrine, et qui ne sont pas sans évoquer des pénis. Les doigts ne sont pas dessinés et la figure est la même pour la mère et les cinq garçons. Ce dessin évoque un conflit œdipien. André semble éprouver une certaine agressivité à l'égard de la figure paternelle, centrale mais non tournée vers le reste de la famille, qui ne « voit pas » mais a des attributs secondaires de virilité (poils de barbe, gros chandail noirci) et paraît s'identifier à la figure maternelle auprès de laquelle lui-même se place.

LE TEST DE L'ARBRE *

Les arbres sont également dessinés avec lenteur et soin. Très succinctement on peut relever les traits saillants suivants :

— *l'arbre 1* (projection du sujet tel qu'il est devant une situation inconnue). Ce qui prédomine est l'ambivalence existant entre une certaine dépendance immature (dessin à gauche, feuillage largeur 1 *, tronc élargi vers la base) et une volonté de s'affirmer (feuillage montant, alternance angulaire en feuillage). Le niveau du dessin est bon (branches deux traits, tronc = couronne).

— *l'arbre 2* (révélateur des réactions dans des situations sociales familières). La dépendance d'André à l'égard de la figure maternelle s'exprime plus ouvertement, ainsi que sa crainte à l'égard de la figure paternelle (feuillage vers gauche). Son désir de bien faire se traduit par le soin avec lequel il dessine les branches de droite, une à une, les compte, puis dessine en nombre égal celles de gauche. Le tronc dans le feuillage révèle des préoccupations d'ordre sexuel. Le tronc plus grand que le feuillage indique le besoin de dépendance, ainsi que les tendances agressives et la lutte contre celles-ci. Ces tendances (qui se manifesteront de plus en plus au cours du dessin de l'arbre et au cours des entretiens) se voient également dans le trait massué * et l'alternance angulaire du feuillage.

* Voir les dessins reproduits page 166 et page 167.

* Feuillage largeur 1 = feuillage dont la largeur ne dépasse pas le quart de la feuille de dessin.

* Trait massué = trait appuyé, plus épais à l'extrémité du tracé.

— *l'arbre 3* (imaginaire, traduisant les tendances restées insatisfaites dans la réalité et les solutions envisagées). Le désir de puissance, de mise en évidence, la volonté de commander (hauteur 4 *, feuillage largeur 3 *), la volonté d'affirmation (gauche tendance centre) apparaissent. Mais — en même temps — les désirs infantiles (branches un trait), l'impression d'insécurité (tronc rétréci à la base), le découragement (feuillage descendant) et la dépendance à l'égard d'un entourage vécu comme insécurisant et décevant (débordant bas) se retrouvent. Le désir de puissance d'André contraste donc avec son manque d'assurance (arbres 1 et 2) et sa dépendance à l'égard de sa mère.

— *l'arbre 4* (révélateur d'une situation conflictuelle importante vécue pendant l'enfance). La structure est proche de celle de l'arbre 1. Le feuillage, plus développé à gauche, et le tronc et la couronne, non rattachés sur la gauche, traduisent une difficulté d'adaptation à l'entourage et à la figure maternelle en particulier.

En résumé André paraît partagé entre ses ambitions, son besoin d'importance, son désir de mise en évidence et une impression d'insuffisance, de doute sur sa valeur personnelle. Son besoin d'autonomie, ses tentatives d'identification au père entraînent une angoisse telle qu'il se réfugie dans une dépendance excessive à sa mère, dépendance qui n'est pas sans ambivalence.

LE TEST PATTE NOIRE

Ce test se déroule durant la troisième séance. André se montre toujours assez réservé. Il me dit qu'il n'arrive pas à abandonner complètement son pouce. S'étant confectionné un petit pansement qui est parti au bout d'une heure, il ne l'a pas remis. Je lui demande s'il aimerait être un bébé — il déclare que non en riant beaucoup. Quant à sa mère, elle le présente ce jour-là comme très récalcitrant et dur — se contredisant par rapport aux deux premiers entretiens. Durant la passation du Patte Noire, André manifeste de nombreuses réticences et des blocages. Mais, après cette passation, son comportement changera totalement : il se montrera désormais très bavard, rieur, détendu et ses productions seront de plus en plus libres et agressives.

* Hauteur 4 = Dessin occupant plus des 3/4 de la feuille en hauteur.
* Largeur 3 = Dessin occupant entre la moitié et les 3/4 de la feuille en largeur.

Dans son test le gros problème semble, une fois de plus, être sa difficulté à résoudre son complexe d'œdipe. Le choix des images — *Baiser* * (thème œdipien) et *Fée* * (mère idéale) — entraîne aussitôt un thème agressif à l'égard du père (*Jeux Sales* * où Patte Noire « s'amuse à lancer de l'eau sur son père »). Les planches préférées sont les images évoquant la figure maternelle — avec cependant une certaine ambivalence : choix de la *Chèvre* * comme mère nourricière, qui entraîne aussitôt la culpabilité (*Départ* *). La seule image non aimée est *Rêve de Père* * et, dans les trois images qu'il choisit, il refuse de s'identifier à un personnage. On retrouve donc l'ambivalence d'André qui oscille entre une dépendance infantile insatisfaisante et une agressivité culpabilisée.

LE TEST C.A.T.

Au cours de la quatrième séance André passe le C.A.T., test projectif verbal composé de 10 planches avec des animaux sur lesquelles l'enfant doit bâtir une histoire. Son comportement est extrêmement ludique et il est très bavard. De nombreux thèmes agressifs sont donnés en rapport avec l'image du père : successivement méchante bête, roi des animaux, vieux grand-père, à la planche 3. Le lion se fera tirer la queue par la petite souris et cela se terminera par un gros trou. Déjà, à la planche 2, la mère et le fils tirent sur une corde, le père tire de l'autre côté, ce qui se termine par un grand trou. Puis les thèmes de feu, de trou, de méchant loup se succèdent.

L'anxiété est cependant maîtrisée par le comportement ludique d'André durant toute la passation. L'évocation du couple parental entraîne toujours une catastrophe qui amuse beaucoup André. A la planche 4, la mère se casse la figure à cause de son petit qui lui fait une queue de poisson. Cette agressivité est aussitôt retournée contre soi et le petit tombe dans l'eau.

* *Baiser :* Le père et la mère cochon s'embrassent. Derrière une murette, un petit cochon les regarde.

* *Fée :* Une fée cochon tient une baguette dans sa patte.

* *Jeux Sales :* Près d'un tas de fumier, 2 cochons s'ébattent joyeusement dans le purin. L'un d'eux en projette sur la figure du père cochon. Le 3e est en dehors et regarde. On ne sait lequel est P. N.

* Chèvre : P. N. tète une chèvre et celle-ci le regarde.

* *Départ :* Sur une route isolée menant à la montagne, un cochon chemine de dos, sans qu'on puisse voir l'expression de son visage.

* *Rêve de Père :* P. N. endormi voit en rêve son père qui le regarde.

A l'abri de ce thème d'auto-punition André donne un nouveau thème agressif (à l'égard de la mère ?) : « Il va crever son ballon. »

La planche 5 est particulièrement intéressante puisque André, après n'avoir rien vu, évoque les parents dans leur lit, qui grognent. Et la scène se termine par le lit qui saute en l'air, les pleurs des enfants, la maison qui prend feu, les pompiers qui viennent et brûlent. André, rappelons-le, veut être pompier et est énurétique.

Le C.A.T. donne donc, à la différence du P.N. une impression de richesse dans l'élaboration fantasmatique. L'agressivité d'André latente jusque-là s'y manifeste librement, mais à l'abri d'un comportement ludique. Les problèmes œdipiens se retrouvent clairement exprimés.

L'EVOLUTION D'ANDRE

Nous allons résumer quelques séances particulièrement riches, où André s'est exprimé de plus en plus librement à la fois dans ses dessins et dans les associations qu'il a faites sur ceux-ci.

La succion du pouce a complètement cessé. Au cours de la quatrième séance, André nous annonce qu'il n'a pas sucé son pouce et ses progrès sont effectivement spectaculaires. Sa proalvéolie a considérablement diminué, la béance entre ses canines supérieures et inférieures étant passée de 5,8 mm à 4 mm en 2 mois. La mère reconnaît qu'il ne suce presque plus son pouce, mais déclare que son énurésie est plus effrayante que jamais. La succion du pouce ne sera jamais reprise.

A la séance suivante André arrive, très sale, et très excité avec son cahier de brouillon. Je lui demande si je peux le feuilleter, il accepte avec plaisir. Le cahier contient d'innombrables dessins de châteaux en haut de pitons, de chevaux qui tombent dans des ravins avec leurs cavaliers (l'un des cavaliers a perdu sa tête). Il y a également des troupeaux de moutons qui tombent du haut des falaises abruptes, des éléphants avec des queues immenses et tortillées, des dragons qui crachent du feu. André rit beaucoup devant ses dessins et accepte de me faire un dessin, qu'il dit être Zorro *. Les attributs virils ne manquent pas (chapeau, épée, révolvers, bottes), mais le dessin se situe entièrement sur la partie gauche de la page. Le masque reviendra souvent dans les productions qu'André me donnera. A la fin de cette séance, la mère d'André me demande si j'accepterais de

* Voir les dessins reproduits page 167.

le revoir de temps en temps, car elle continue à venir pour son frère aîné qui porte un appareil.

A la séance suivante, André se dessine en prison, puis ajoute qu'il m'écoute tout en dessinant une énorme oreille. Ensuite, il dessine un cavalier et son cheval. Puis il déclare qu'il va me mettre en prison, mais avec un pistolet, et que mon mari est un « flic poulet ». Ensuite le flic va casser la maison, mais André a gardé un pistolet et va rentrer chez lui. Il dessine alors un cavalier sur son cheval et rajoute un poignard et un masque. A la fin de cette séance, il me demande de ne pas voir sa mère et me dit qu'il fait moins pipi dans son lit.

A la séance suivante, il me demande la permission de dessiner mon mari * et commente au fur et à mesure : « Il a une belle tête, des seins applatis et plus foncés, avec des poils, des mains, quatorze doigts. Il y a des fourmis parce qu'il est sale et ne se lave jamais. » Puis il me dessine * « avec des mèches, des yeux de sorcière, une main sans doigts : tu t'es coupée les doigts avec ton grand couteau. Il y a des fourmis aussi. Ton mari peut te taper avec ses mains. » Puis il décide de faire « un pipi... qui monte et va noyer les fourmis sur ton mari. » A la fin de l'entretien, je lui demande s'il se masturbe — il me dit : « Non, parce que c'est sale, mais mon frère joue à la guitare avec. »

On retrouve dans les portraits d'André sa forte agressivité à l'égard des figures parentales. Les poils recouvrent aussi bien la femme que l'homme. La culpabilité concernant la masturbation peut être à l'origine de la main coupée qu'il m'attribue. La femme semble assez phallique et subit la castration. L'identification à l'adulte semble difficile. Les dessins sont de moins en moins soignés. Les tendances sadiques anales s'expriment de plus en plus fortement (dernier dessin fait quelque temps après les portraits *) et la transformation du dessin est spectaculaire. L'agressivité fortement contrôlée des premiers dessins est désormais exprimée ouvertement, André étant désormais très à l'aise avec moi.

CONCLUSION

André n'a plus sucé son pouce après trois consultations ; son énurésie, par contre, a persisté. De fortes charges agressives, en rapport avec une fixation au stade sadique anal, se sont manifestées à l'égard de la figure paternelle et de la figure maternelle. Cette agressivité entraînait une certaine cul-

* Voir les dessins reproduits page 167.

pabilité (thème du masque dans ses dessins) et un refuge dans la dépendance puérile dont la succion du pouce était un symptôme. L'inhibition dont André faisait preuve durant les premiers entretiens, trahissait probablement une forte agressivité latente, censurée. Après l'établissement d'un transfert avec nous, André a pu donner libre cours à ses tendances ; ceci lui a permis d'abandonner une habitude régressive, à savoir la succion du pouce. Par contre, son énurésie, symbolisant probablement la fantasmatisation des rapports sexuels sur un mode agressif, a continué de plus belle. La succion du pouce était, pour André, le vestige d'un stade oral probablement dépassé, les principales composantes de la structure de sa personnalité étant sadiques-anales.

Quel fût notre rôle dans la disparition brutale de ce symptôme ? N'aurait-il pas fallu « respecter celui-ci » ? Anna Freud pensait que toute transformation brutale dans le développement de l'enfant — aussi satisfaisante qu'elle puisse paraître à l'entourage — devrait être envisagée avec méfiance. Dans le cas d'André l'habitude se serait probablement éteinte d'elle-même, notre intervention n'ayant fait qu'activer le processus.

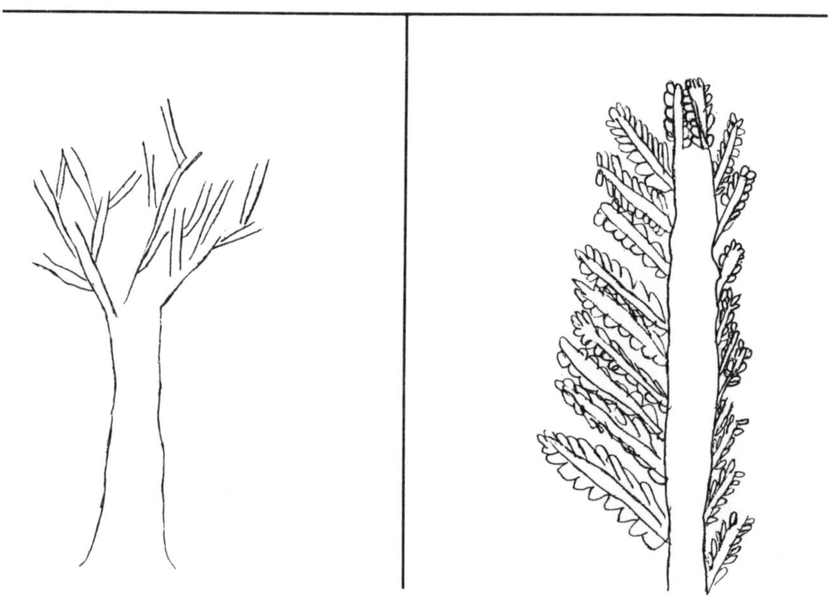

Arbres 1 et 2

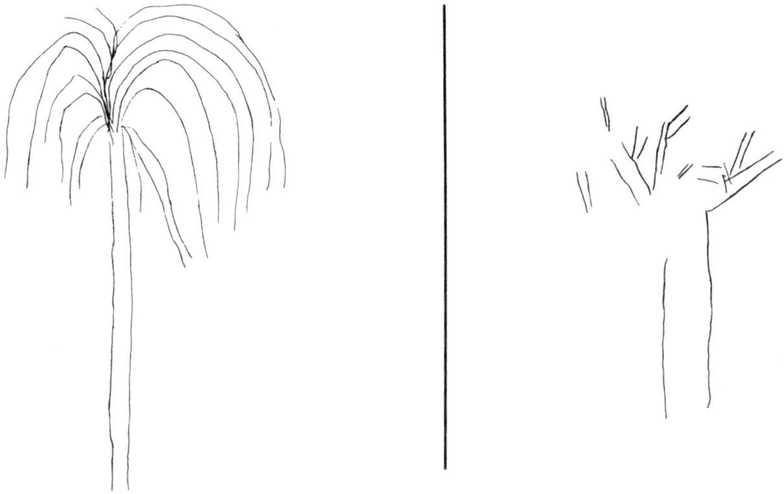

Arbres 3 et 4

Note de l'auteur : La reproduction ne rend pas compte de la position des personnages, décalés à gauche de la feuille de dessin.

Je soussigné,

II. — BENEDICTE

Bénédicte dont nous allons exposer le cas maintenant était une fillette de 9 ans lorsque nous l'avons vue pour la première fois ; deux ans plus tard, elle continuait de sucer son pouce en dépit de nos efforts.

ANAMNESE

Bénédicte est la plus jeune de deux enfants ; sa sœur aînée a 12 ans. Le père travaille dans une grande entreprise de l'Etat. La mère, sans profession, semble assez âgée et fatiguée. Elle vient de faire une cure de sommeil. Bénédicte suce son pouce depuis toujours, mais peu souvent affirme-t-elle. Sa sœur aînée a sucé également son pouce jusqu'à six ans, puis a porté un appareil qui a tout arrangé selon la mère. Bénédicte se présente comme une enfant très sage, très soumise, très bien élevée, presque maniérée, en tout cas peu spontanée. Cette attitude de soumission gentille, cette bonne volonté apparente se retrouvent chez la mère. Bénédicte accepte avec complaisance de faire un effort. Elle dit qu'elle aime l'école (elle suit une 8e) et prétend qu'elle oublie de ne pas sucer son pouce le soir, à cause de ses devoirs. Sur une demande de ma part, elle évoque des cauchemars où elle voit des fantômes, des têtes de messieurs qui lui font la grimace et qui lui font peur. Cette évocation est faite sans aucune émotion apparente. Le ton reste lent et maniéré.

A l'entretien avec la mère, nous apprenons que Bénédicte a une sœur aînée dont elle ne nous avait pas parlé. La mère nous dit que l'enfant n'a jamais eu de problèmes, excepté son « manque de gourmandise ». Elle ajoute : « C'est étonnant une enfant qui n'est pas portée à la nourriture. » Elle précise que sa fille mange mieux à la cantine parce que, selon elle, Bénédicte n'aime pas qu'on s'occupe d'elle. La mère décrète ensuite qu'elle va se charger elle-même de la question du pouce et être plus « méticuleuse » désormais. Comme j'interviens en lui demandant de laisser Bénédicte se débrouiller toute seule, elle rétorque qu'elle sait très bien s'y prendre.

Les autres entretiens se dérouleront tous à peu près sur le même modèle. Bénédicte commencera par me dire qu'elle n'a presque pas sucé son pouce, qu'elle a mis une bande la nuit, qu'elle ne le suce qu'une ou deux fois par semaine lorsqu'elle s'ennuie. Lorsque j'insiste, que je mets en doute ses affirmations, elle se met à pleurer très doucement, reconnaît qu'elle le suce encore mais promet d'essayer de moins sucer. La mère tient exactement le même discours que sa fille, se dit très déçue qu'on ne constate pas de progrès, car l'enfant fait de gros efforts et d'ailleurs ne suce presque plus son pouce. Le pouce de Bénédicte présente une callosité visible, ses dents avancent de façon importante — mais mère et fille continuent à soutenir que la succion du pouce a pratiquement disparu.

Comme l'enfant semble par ailleurs très dépendante, incapable de manifester la moindre agressivité, nous proposons — après l'avoir suivie pendant un an et demi sans qu'aucun changement n'intervienne — de l'envoyer consulter un psychiatre. Sa mère nous écrit alors une longue lettre où elle nous explique sa surprise devant notre proposition. En effet, dit-elle : « Bénédicte est une enfant douée et équilibrée et des tests psychologiques me semblent du temps perdu ; pour qu'elle ne suce plus son pouce — et elle ne le fait presque plus — il suffit qu'elle porte un appareil. » Elle rappelle que la sœur aînée a été guérie de cette manière et n'a jamais posé de problèmes psychologiques. Elle continue en expliquant : « Bénédicte n'est pas du tout une acharnée suce-pouce, elle porte un gant la nuit. C'est une enfant très vivante et imaginative, et le pouce n'est ni une obsession ni un besoin car elle est très épanouie... » Elle termine sa lettre en disant que Bénédicte « obéit toujours sans insister », lorsque sa mère lui fait remarquer qu'elle doit cesser, et que « seul le côté esthétique est le problème ». Après cette lettre nous n'avons plus revu l'enfant et sa mère. Celles-ci ont dû trouver un dentiste plus « compréhensif ».

LES TESTS

— *Le test de niveau*

A la N.E.M.I. Bénédicte obtient un Q. I. de 96.

— *Le test de la famille*

Bénédicte dessine une famille sans père ni mère *. Par contre, deux petits cousins sont représentés ainsi que la sœur aînée. Le dessin est vivant, riche en détails, et occupe tout l'espace. Le trait est ferme. Les deux sœurs ont des yeux sans pupilles.

* Voir les dessins reproduits page 174.

Dans un second dessin libre *, Bénédicte dessine la maîtresse de face et trois élèves tournées vers elle, de profil. On retrouve les yeux sans pupille. L'école est à droite et le soleil à gauche.

La figure paternelle est curieusement absente de ces deux dessins et la figure maternelle représente l'autorité à laquelle on se soumet sans mot dire (cf. l'absence de bouches des 3 fillettes tournées vers leur maîtresse).

— *Le test de l'arbre*

Les tracés qui nous ont semblé caractéristiques et convergents sont * : les branches un trait, qui indiquent le puérilisme et les désirs infantiles ; les détails en feuillage qui traduisent la volonté d'acquérir des connaissances variées, mais également le mensonge par fabulation. Le tronc incliné du premier dessin, le fait qu'il descende jusqu'en bas de la page dans les 2e et 3e dessins sont l'indice du besoin de dépendance et de l'impression d'abandon qu'éprouve Bénédicte vis-à-vis d'un entourage insécurisant. Le noircissement régulier du tronc serait une tentative pour diminuer l'anxiété par une manière d'agir scrupuleuse, à allure obsessionnelle, et pour se rassurer. Les divers contenus indiquent le besoin qu'éprouve Bénédicte d'un entourage qui sympathise. Des préoccupations sexuelles semblent se retrouver dans plusieurs tracés : tronc dans feuillage, tronc en V renversé, cicatrice dans le tronc. Enfin les ronds dans le feuillage confirment le désir qu'a Bénédicte de recevoir de l'affection, sa sentimentalité réceptive, son oralité passive.

— *Le test Patte Noire*

De nombreux thèmes oraux sont donnés avec évocation du « bon lait » qu'on aimerait boire. A la planche *Portée* * Bénédicte donne l'histoire suivante : « Il y a des petits bébés qui regardent le bon lait de la maman. Ils voudraient bien en avoir du pareil. »

A la planche *Hésitation* * : « Le père et le petit garçon boivent de l'eau. Le petit frère de Patte Noire boit du lait. Patte Noire regarde et pense qu'il

* Voir les dessins reproduits pages 174 et 175.

* *Portée :* La mère cochon a mis au monde trois nouveau-nés qui tètent tandis qu'elle-même lape le contenu de l'auge. Les deux fermiers l'entourent de leurs soins. Au premier plan, séparés de la mère par une barrière, sont les trois petits cochons ; on peut reconnaître P. N. au milieu.

* *Hésitation :* La mère allaite un des cochons blancs, tandis que le père boit dans l'auge avec l'autre. Aucun d'eux ne semble porter attention à P. N. qui est seul, le corps tourné vers la mère et la tête vers le père.

voudrait bien en prendre, mais son père ne veut pas parce que Patte Noire n'est pas propre. »

Les thèmes de saleté sont également fréquemment évoqués, mais avec aussitôt refus de se projeter et culpabilité. Ainsi Bénédicte déclare ne pas aimer *Trou* * « parce que Patte Noire se trempe dans la boue et que c'est très sale de se mettre dans la boue », ni *Jeux Sales* * « parce que les enfants lancent de la boue à l'œil du papa ». Elle voudrait « être le cochon blanc parce qu'il est tout propre ». Enfin Bénédicte déclare : « Le plus heureux est Patte Noire parce qu'il boit presque tout le temps le lait et obéit à son papa, et le moins heureux c'est celui qui se traîne dans la boue. » Quant aux trois souhaits formulés par Patte Noire, ce sont : 1) « de boire du bon lait », 2) « d'aller dans la boue », 3) « d'attraper la lune ». La fin imaginée par Bénédicte, c'est que « Patte Noire va devenir très, très propre ».

On voit combien il est difficile à Bénédicte d'assumer l'agressivité. Les formations réactionnelles sont importantes et l'évocation des thèmes d'analité nécessitent toujours des mécanismes de défense de type obsessionnel. La saleté et la méchanceté sont toujours punies et la « boue » cède la place au « bon lait ».

— *Le test C.A.T.*

On retrouve dans le C.A.T. l'importance des thèmes oraux ; les rapports bêtises-punitions semblent être le mode relationnel privilégié de Bénédicte avec les adultes. Les animaux font beaucoup de bêtises et se font, en retour, gronder ou punir. Là encore l'agressivité ne peut être évoquée que si elle est punie, et le refuge dans la passivité et la soumission semble l'emporter sur les tentatives de prise d'autonomie.

CONCLUSION

A la différence d'André — qui semblait au départ plus perturbé et qui a cependant renoncé très facilement à la succion du pouce — Bénédicte continue, elle, de sucer avec conviction et culpabilité. Elle n'a apparemment pas évolué au cours des 18 mois où nous l'avons suivie et se présente toujours avec la même soumission apparente, le même désir de

* *Trou :* Dans la nuit, à la clarté de la lune, on voit P. N. à demi enfoncé dans un trou d'eau et appelant.

* *Jeux Sales :* v. plus haut.

bien faire. Sa mère — très interventionniste — encourage manifestement sa fille à mentir et à affirmer qu'elle ne suce plus son pouce, son seul désir étant qu'on appareille Bénédicte. Quant aux éventuelles difficultés de la fillette, elles sont totalement niées. Chez Bénédicte, des défenses de type obsessionnel semblent s'élaborer. L'anorexie (soulignée par la mère) et la succion du pouce persistantes sont des manifestations timides d'agressivité envers une figure maternelle probablement insécurisante. Mais, dans l'ensemble, l'enfant semble refouler fortement toute agressivité : si elle suce son pouce, « elle ne le fait vraiment pas exprès » ; sa succion du pouce et son refus de manger sont très ambivalents et peuvent être interprétés comme une formation réactionnelle contre une avidité orale prononcée.

11 ans
claire
3 ans
stéfane
7 ans
france

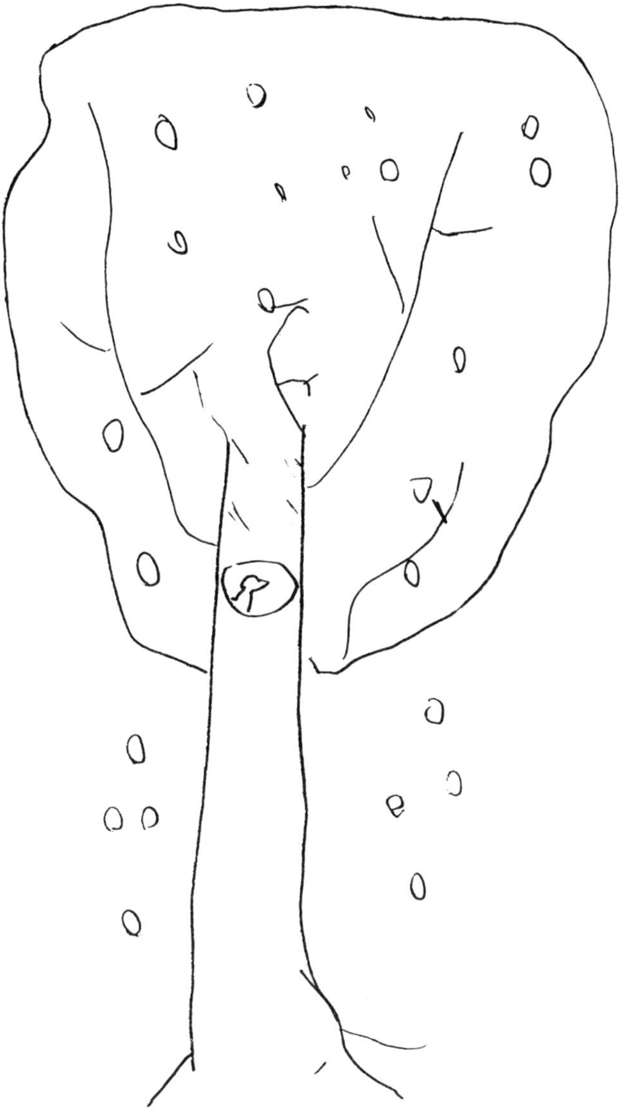

CONCLUSIONS

A travers toutes les études que nous avons dépouillées — qu'elles soient l'œuvre de dentistes, de psychanalystes, de psychologues, de médecins ou de pédiatres — la succion du pouce apparaît toujours comme une habitude un peu inquiétante de l'enfant, ou du moins comme une habitude qui dérange, qui soulève des questions. Quant aux mères des enfants qui sucent leur pouce, elles se méfient vite de ce comportement si fréquent, plaisir ou consolation qui isole l'enfant du monde extérieur. Nous aimerions montrer que le pouce peut également être un facteur de progrès dans le développement psychique de l'enfant et nous interroger sur un phénomène qui accompagne très souvent la succion — même s'il existe indépendamment de la succion du pouce — à savoir le phénomène de l'objet transitionnel décrit par un psychanalyste d'enfants que nous avons déjà cité, Winnicott.

L'objet transitionnel

Au commencement les bébés mettent presque tous leur poing dans la bouche de façon quasi réflexe ; puis, très vite, chaque enfant a son mode personnel pour le faire. Les uns sucent un ou plusieurs doigts, d'autres le pouce tout en occupant l'autre main à caresser une partie de leur mère, (peau ou morceau de tissu) ou encore, en son absence, un morceau de drap, leurs propres cheveux ou un jouet mis à leur disposition. Les doigts que le bébé apprend vite à retrouver, le pouce qui est à lui, toujours présent, permettent de prolonger à merveille le plaisir de la tétée. L'autre main, par contre, n'est pas en rapport directement avec l'activité de nourrissage, mais plus avec le contexte affectif qui entoure celle-ci. C'est le fameux instinct d'attachement dont parle Bowlby (voir partie psychanalytique) mais qui, à la différence du pouce, est le signe des premiers efforts de l'enfant pour construire le monde, des premiers pas vers l'indépendance. Winnicott décrit en ces termes cette activité transitionnelle qui accompagne la succion du pouce : « A partir de cette activité de câlinerie affectueuse peut se développer une relation avec un objet qui se trouve aux alentours et cet objet peut devenir très important pour le bébé. En un sens il s'agit de la première possession, c'est-à-dire de la première chose au monde qui appartienne au nourrisson et qui pourtant ne fasse pas partie de lui comme le pouce, les deux doigts ou la bouche. Quelle que soit l'importance de cet objet, il est donc la preuve d'un commencement de relation avec le monde. » (1)

De même qu'un bébé gravement perturbé dans sa relation à la mère ne pourra pas sucer son pouce, de même il ne pourra pas avoir d'objets transitionnels traduisant son sentiment de sécurité dans sa relation à autrui et au monde extérieur. Selon Winnicott encore, ce comportement prouve que tout va bien dans le développement affectif de l'enfant et que des « souvenirs de relations commencent à se construire ». Pourquoi ce nom d'objet transitionnel ? parce qu'il « représente la transition du bébé d'un état de fusion avec la mère à un état de relation avec la mère en tant que personne extérieure et séparée » (2). Ce n'est donc pas l'objet lui-même qui est transitionnel.

Ces objets — qui sont aussi variés que les enfants — ont des noms bizarres, du moins à l'oreille de l'adulte. Ces noms traduisent souvent quelque mot que l'enfant a longtemps entendu avant d'avoir la maîtrise du langage. C'est ainsi que Pierre, un petit garçon de 3 ans, ne peut s'endormir sans sucer la queue d'un animal en peluche qui ressemble vaguement à un chat, et qu'il a baptisé depuis toujours du nom de « Maou » ; « Maou » doit d'ailleurs être accompagné de « Encore », signifiant un biberon rempli d'un liquide sucré quelconque, pour que Pierre s'endorme paisiblement. Pierre, par contre, n'a pas besoin de son pouce. Comme tous les objets transitionnels décrits par Winnicott, « Maou » est important, non tant par sa forme, que par sa texture et son odeur. Les parents de Pierre l'ont appris à leur dépens : écœurés par l'odeur nauséabonde de l'animal, fortement imprégné entre autres d'urine, ils avaient racheté le même animal en peluche — celui-ci fut immédiatement relégué dans un coin et n'eut jamais l'honneur de partager le lit de Pierre, même les jours où il était très difficile de retrouver le vrai « Maou ».

Cet objet transitionnel, tout comme le pouce, est passionnant pour quiconque s'intéresse au développement de l'enfant. En effet, ces premiers objets sont en réalité créés à partir de son imagination. En suçant son pouce, en tortillant son drap l'enfant recrée le monde. Winnicott dit avec

(1) Winnicott (D. W.), *L'enfant et sa famille*, Paris, Payot, 1975, p. 190.
(2) *Idem*, p. 190.

justesse : « Le monde tel qu'il se présente n'a pas de signification pour l'être humain qui commence à se développer, sauf s'il est créé aussi bien que découvert. »

Il est tout à fait fascinant de voir la variété des techniques utilisées par l'enfant qui est en état de tension ; lorsqu'on étudie ces phénomènes avec attention, on s'aperçoit que chaque détail compte. « Quelquefois — ainsi que le fait remarquer Winnicott avec la finesse clinique qui le caractérise — au lieu d'objets, nous trouvons des techniques comme le murmure ou des activités plus cachées comme la correspondance entre les lumières ou l'étude de frontières mouvantes, par exemple deux rideaux qui bougent légèrement dans la brise ou le chevauchement de deux objets qui changent l'un par rapport à l'autre selon les mouvements de la tête du bébé. Quelquefois la pensée prend la place des activités visibles. » (1)

L'enfant soumis à une séparation trop grande d'avec sa mère devient incapable, au bout d'un certain temps, de continuer à utiliser cet objet transitionnel. Par la suite, lorsqu'il est abandonné, l'enfant plus âgé devient incapable de jouer, incapable de recevoir ou de donner de l'affection ; et cela peut s'accompagner d'activités érotiques compulsives comme la masturbation. Dans ces cas, l'image interne de la mère que l'enfant s'est peu à peu forgée et qui lui permet précisément d'affronter le monde extérieur avec ses frustrations inévitables, cette image interne s'efface et l'enfant n'a plus la possibilité d'entrer en relation avec l'extérieur. Seul un repli lui reste possible.

Le pouce puis l'objet transitionnel précédent le jeu, cette activité essentielle de l'enfant. Or, si tous les parents ont conscience de l'importance vitale du jeu pour l'enfant, il n'en va pas de même de la succion du pouce et des activités qui l'accompagnent ou qui la remplacent. Pourtant, ce sont ces activités qui vont peu à peu se transformer et être remplacées par le vaste domaine des activités culturelles, elles-mêmes prolongement des activités ludiques qui se situent entre le monde extérieur et le rêve.

L'enfant commence donc par avoir besoin de son pouce qui lui permet de recréer le paradis perdu et de retrouver la chaleur du sein et du lait de sa mère. Loin de devoir être supprimé à tout prix, le pouce doit d'abord être considéré comme une preuve de santé chez l'enfant. La succion du pouce s'accompagne d'activités intermédiaires qui sont, elles aussi, l'indice que le bébé possède une image interne bonne et satisfaisante de sa mère et qu'il a envie d'halluciner sa présence.

Le pouce a donc un rôle essentiel de défense contre les sentiments

(1) Winnicott, *op. cit.*, p. 192.

d'insécurité et autres angoisses d'espèce primitive. Sucer son pouce est naturel, comme pleurer, comme tout autre exercice du corps. Winnicott d'ailleurs rapproche la succion des pleurs. Les pleurs sont, pour lui, « comme un poing qui vient de l'intérieur » et, comme le poing, ils permettent de supporter la frustration. De même que les bébés pleurent de satisfaction, de douleur, de rage, de chagrin, il nous semble qu'ils peuvent sucer leur pouce pour les mêmes raisons. Freud nous a montré combien la succion du pouce et le plaisir étaient liés. Abraham, quant à lui, a dégagé la douleur et l'angoisse qui peuvent naître de cette activité de succion et de morsure.

C'est à M. Klein et à Winnicott qu'il revient d'avoir dégagé l'aspect agressif pouvant accompagner cette succion. Winnicott, dans son livre *De la Pédiatrie à la psychanalyse,* donne l'exemple d'un enfant de quatre mois qui avait réagi à la perte de sa mère en ayant tendance à enfoncer son poing jusqu'au fond de sa gorge, et il en serait mort si on ne l'avait pas empêché matériellement de le faire.

Le pouce est à la fois objet d'amour et de haine : il contribue à l'auto-érotisme de l'enfant, tout en supportant ses manifestations d'agressivité et de destruction. Comme l'objet transitionnel le pouce est soumis à une forme très primitive d'amour, « un mélange de câlinerie affectueuse et d'attaque destructive » (1). Il doit être toujours disponible, et pouvoir être rejeté sans ménagement lorsqu'il perd ses qualités.

Un exemple de cette ambivalence nous est donné par un suceur de pouce de 7 ans, venu en consultation. Charles nous explique que lorsque son pouce est « blanc, pâteux et rose » parce qu'il l'a trop sucé, cela le dégoûte et l'écœure, et il le retire alors de sa bouche. Par contre si on lui enlève son pouce durant la nuit, il le mord au sang. Par ailleurs Charles s'est mis à se ronger les ongles depuis que des pressions maternelles s'exercent sur lui pour qu'il arrête de sucer son pouce. A ma question « As-tu envie de grandir ? », il répond avec vivacité : « Oui... oh non, parce que je vivrais plus vieux si je restais bébé. » Cette merveilleuse réponse nous semble traduire parfaitement toute l'ambivalence de la succion du pouce, à la fois plaisir infantile, tentative d'autonomie par rapport au monde extérieur, lutte contre l'angoisse, peur de la mort.

Le pouce, tout comme la nourriture, n'est pas toujours bon. De même que parfois l'enfant n'accepte pas ce qu'on lui donne à boire, et rejette même la nourriture, de même à certains moments le pouce va lui sembler mauvais, insupportable. Mais à d'autres moments ce même pouce qu'il

(1) Winnicott (D. W.), *L'enfant et sa famille,* p. 190.

mange en imagination va être assimilé, digéré, va faire partie de lui et lui permettre de prendre à l'intérieur de lui cette bonne partie de la mère qu'il imagine lorsqu'elle est absente.

La succion du pouce est donc une activité enrichissante du nourrisson : elle permet à l'enfant, lorsqu'il est privé du sein de sa mère, de s'en passer et d'être capable de lui substituer un autre objet. Pour qu'elle soit possible à l'enfant, cette activité suppose qu'il ait quelque part à l'intérieur de lui, l'image d'une mère gratifiante et satisfaisante.

Cette construction imaginaire, qui peu à peu se forme et accompagne la succion, à quel âge peut-on la faire remonter ? Pour certains, la succion du nouveau-né serait uniquement réflexe ; pour d'autres, au contraire, dès les premiers jours et les premières semaines, une vie imaginative enrichirait l'expérience corporelle de la succion et serait enrichie par elle. « A trois mois, un bébé peut désirer mettre un doigt dans la bouche de sa mère, jouant à la nourrir pendant qu'il tête. Que se passe-t-il durant les premières semaines ? Qui le sait ? Un tout petit bébé peut avoir envie de sucer son poing ou son pouce pendant qu'il se nourrit au sein ou au biberon (possédant le gâteau et le mangeant pour ainsi dire), et cela indique qu'il y a quelque chose de plus qu'un simple besoin de satisfaire la faim. » (1)

L'enfant suce-pouce

L'enfant qui suce son pouce est donc avant tout un enfant normal, normal parce qu'il se défend par ce moyen contre les inévitables expériences « mauvaises » rencontrées au cours de sa vie. Ces expériences de faim, de douleur, de tension, d'abandon entraînent de puissants sentiments de colère, de haine, de doute, d'angoisse chez les bébés. Grâce à leur pouce, certains élaborent une défense efficace contre les difficultés qu'ils doivent affronter.

Pourquoi alors s'acharne-t-on, depuis si longtemps et avec tant d'imagination, contre les suceurs de pouce ? Une des premières raisons invoquées est le risque de déformation des dents. Or, s'il est vrai que les os de l'enfant se déforment facilement, tant qu'ils ne sont pas calcifiés, il est vrai aussi que cette malléabilité permet inversement à la déformation de disparaître dès que l'enfant arrête de sucer son pouce. De plus, tous les parents connaissent des enfants qui, tout en suçant leur pouce avec acharnement, gardent un alignement des dents digne des plus beaux

(1) Winnicott, *op. cit.*, p. 54.

acteurs d'Hollywood. La stomatologie nous a permis d'expliquer pourquoi certains enfants suçant leurs doigts à longueur de journée gardent les dents droites, alors que d'autres suçant leur pouce seulement pour s'endormir déforment nettement leurs arcades dentaires. En fait, la pression exercée par le pouce sur les dents au cours de la succion peut atteindre quarante grammes par centimètre carré ; mais la succion du pouce est insuffisante pour dévier, à elle seule, la direction de croissance des dents. Il faut qu'à ce comportement soient associés des caractères défavorables des muscles des lèvres et de la langue comme l'hypotonie, l'attitude « bouche ouverte », l'interposition fréquente de la langue entre les arcades, la persistance de la déglutition infantile, les appuis anormaux de la langue sur les dents pour la prononciation de certaines consonnes palatines. C'est la réunion de plusieurs de ces malpositions qui est nuisible, et non le pouce seul. Quant au traitement il est nécessaire de l'envisager si, vers 7 ans, au moment où les incisives permanentes évoluent, la succion du pouce et les troubles de la musculature buccale nuisent à l'articulé dentaire. Certains dentistes sont « psychologues » et se résignent à ce geste si naturel de l'enfant en considérant, qu'après tout, la déformation dentaire est finalement plus facile à soigner que les troubles psychiques engendrés par une lutte trop brutale et trop précoce contre le pouce. D'autres, au contraire, cherchent avant tout à satisfaire la demande de parents anxieux qui réclament à cor et à cri un appareil pour redresser les dents de l'enfant. L'appareil est pour eux le remède miracle qui, d'une part, empêchera l'enfant de se livrer à ce plaisir de succion qui les agace, et, d'autre part, redressera les dents qui partent en avant. L'enfant se fait d'ailleurs souvent le complice du désir des parents, rêvant lui aussi d'avoir un appareil comme son petit camarade.

La mère d'une enfant de 9 ans, qui suce son pouce avec acharnement depuis toujours, écrit par exemple : « X. ne suce son pouce que très rarement et obéit toujours sans insister lorsque je lui fais remarquer qu'elle doit cesser. X. n'est pas du tout une « acharnée suce-pouce » et elle porte un gant la nuit. Seul le côté esthétique est le problème. Pour qu'elle ne suce plus son pouce, il suffit qu'elle porte un appareil. » Il est évident que cette mère finira par trouver un dentiste compatissant qui posera un appareil inamovible et redressera provisoirement les dents de sa fille — au détriment de son développement psychique et, en tout cas, avec un risque considérable de voir les dents repartir exactement comme avant si l'enfant, comme c'est probable, continue à avoir besoin de son pouce une fois l'appareil retiré.

Les dents ne sont pas toujours déformées par la succion du pouce.

Quand elles le sont uniquement pour cette raison, il suffit que l'enfant abandonne son pouce avant l'âge de 6-7 ans pour que l'équilibre se rétablisse. Dans les cas de persistance, une intervention psychothérapeutique, extérieure au milieu familial, et une rééducation de la musculature font la plupart du temps tout rentrer dans l'ordre.

Les autres raisons pour lesquelles les parents n'aiment pas voir leur enfant sucer son pouce sont d'ordre psychologique. D'une part, ils ressentent ce geste comme quelque chose d'un peu honteux, comme un plaisir solitaire et, par là-même, défendu. D'autre part, ils se sentent coupables car ils se demandent si cette activité ne traduit pas un malaise de l'enfant. Voyons ce qu'il faut penser de ces deux raisons.

Chaque enfant, à son arrivée dans un foyer, apporte avec lui sa propre vision du monde et un besoin de contrôler son petit morceau de ce même monde. Au début de sa vie, sa mère, qui le nourrit à intervalles réguliers et relativement proches, lui donne ce que Winnicott appelle une courte « période d'illusion » dans laquelle « il n'a pas encore à se rendre compte que le rêve d'un sein n'est pas satisfaisant, aussi doux que soit le rêve ». Sa mère est là pour le protéger contre la déception et, peu à peu, l'enfant va comprendre que le sein est bon parce qu'il appartient à la mère. Peu à peu, il va apprendre également que sa mère n'est pas toujours là, mais que son pouce peut la remplacer pendant quelque temps et lui permettre d'attendre le retour de celle-ci. Les parents qui ne peuvent accepter ces instincts puissants de l'enfant et qui, comme on le voit encore parfois, lui mettent des brassières aux manches cousues, loin de l'aider méconnaissent les besoins les plus fondamentaux du bébé. Par la suite, lorsque le bébé grandit, la peur du qu'en-dira-t-on, la volonté d'imposer ses propres normes font que des mères, ayant jusque-là toléré que le bébé suce son pouce, se mettent à interdire avec véhémence ce plaisir.

Freud, en faisant de cette succion du pouce le modèle de la sexualité infantile, nous permet de comprendre pourquoi ce comportement est souvent mal accepté de l'adulte. Ayant lui-même appris à réprimer ses instincts, à les inhiber puissamment, l'adulte ne supporte plus de les retrouver dans toute leur spontanéité chez l'enfant. De même que la masturbation a pendant longtemps été considérée, dans nos cultures, comme une action honteuse, coupable et nuisible — de même la succion du pouce, pour des raisons similaires, est considérée avec suspicion. On retrouve d'ailleurs des comportements tout à fait analogues en face de la masturbation et de la succion, et une égale impuissance des éducateurs à réprimer autoritairement ces comportements qui soulagent l'enfant de ses tensions et lui procurent un plaisir indéniable, que cela plaise ou non à son entourage.

La seconde raison psychologique que nous avons évoquée est l'inquiétude des parents devant une succion qui traduirait un malaise de l'enfant. Certes — les psychanalystes d'enfants, surtout depuis Freud, l'ont souvent décrit —, tout n'est pas calme et voluptueux dans la vie du nourrisson puis de l'enfant. L'enfant qui suce son pouce éprouve du plaisir à certains moments ; mais, à d'autres, ce pouce devient le signe de l'absence de la mère : il est incapable de satisfaire les besoins de l'enfant, il lui rappelle son impuissance. On ne peut s'empêcher d'évoquer, par exemple, ces enfants placés qui sucent leurs pouces des journées entières d'un air hébété et profondément triste. Le pouce, de même qu'il n'a pas toujours le même goût suivant les moments de la journée, n'a pas non plus la même signification suivant les enfants. Tel enfant heureux, suçant son pouce uniquement pour s'endormir et se procurant de la sorte une satisfaction visible sur son visage, ne peut être comparé à tel autre qui demeurera amorphe et inactif toute la journée, sans goût pour jouer et ne trouvant comme seul recours que cette activité compulsive. Cependant, à partir de 5-6 ans, la succion ininterrompue est rare. L'école ne permet pas le libre épanouissement de ce plaisir et l'enfant ne revient à cette conduite qu'une fois seul, passif, devant la télévision ou avant de s'endormir. Plus l'enfant grandit, moins il a besoin de se réfugier dans un monde à lui. Certains enfants continuent néanmoins à éprouver le besoin normal de régresser par moments. Si les parents le tolèrent, lorsque l'enfant est malade par exemple, ils deviennent beaucoup moins compréhensifs lorsque l'enfant leur paraît en bonne santé.

En fait, les psychanalystes nous ont aidés à comprendre que le suceur de pouce est un enfant normal, éprouvant toute la complexité des sentiments qui caractérisent les enfants normaux. Si les parents attachent tant d'importance à cette succion, c'est probablement parce qu'ils sont confrontés à cette réalité fondamentale, mystérieuse (et aussi pour beaucoup quelque peu terrifiante) qu'est le plaisir. Les parents ne doivent pas se sentir coupables devant un enfant qui suce son pouce car, comme tout enfant normal, le suceur de pouce utilise un symptôme qui peut varier suivant les circonstances. Chez un enfant « anormal », malade, les symptômes ne remplissent pas leur rôle et sont utilisés de façon rigide. Ainsi l'enfant qui suce son pouce toute la journée, sans pouvoir se mêler au jeu de ses pairs, est un enfant dont il faut s'occuper ; mais celui qui a recours au pouce dans certains moments de détresse, ou de fatigue, ne peut pas être comparé au premier. Winnicott disait que tant qu'un enfant joue et qu'il est capable d'en tirer du plaisir, il n'y a rien de grave même si, par ailleurs, il lui arrive de sucer son pouce ou de mouiller son lit, de bégayer, d'avoir des accès de colère ou de dépression.

La succion du pouce a surtout été étudiée par les psychologues chez l'enfant très jeune. Les questions que les psychologues anglo-saxons se sont posées concernent surtout les causes de cette succion et les méthodes éventuelles de prévention. Pour les uns, la succion reflète un besoin primaire de succion ; pour d'autres, un besoin secondaire appris. Certains ont essayé de trouver des relations entre le type d'allaitement et la succion du pouce ; d'autres entre le sevrage et la succion ; d'autres entre la durée de succion permise et la succion du pouce. Aucun n'a apporté de preuves décisives en faveur d'une étiologie unique. Les avis contradictoires abondent et on a un peu l'impression que, dans ce domaine, les théories ne sont pas totalement objectives et que les perceptions des faits sont déformées par des hypothèses *a priori :* tantôt il faut à l'enfant un minimum de deux heures pleines de succion par jour jusqu'à quatre mois ; tantôt, au contraire, il faut le nourrir directement à la tasse si on ne veut pas qu'il suce son pouce. Certains voient dans les enfants sevrés tôt des enfants frustrés qui s'adonneront à la succion du pouce ; d'autres pensent que ce sont les enfants suçant trop longtemps qui auront tendance à ne pouvoir se détacher de leur pouce. Certains démontrent de façon expérimentale que les chiots suçant les tétines trop percées ont un besoin de succion accrue ; d'autres mettent en évidence le fait que les nouveau-nés ayant des tétines peu percées sucent davantage.

Devant ce foisonnement d'expériences contradictoires, on finit par se demander si cette recherche d'une cause unique et quantifiable d'un phénomène complexe n'est pas totalement illusoire. D'ailleurs, depuis les années cinquante, l'intérêt pour l'étiologie de la succion du pouce a considérablement diminué. Les parents, en apparence, tolèrent mieux cette activité auto-érotique de leur enfant ; les appareils barbares pour arrêter ce comportement semblent moins en vogue, en tout cas pour les jeunes enfants. Lorsque l'enfant grandit, les parents retrouvent cependant leur invention créatrice pour essayer de mettre un terme à cette activité qui les exclut. A cet égard les armes psychologiques ne sont pas nécessairement plus neutres que les appareils à pointes ou les manches cousues. Mais il semble que la succion du pouce comme la masturbation (ou toute autre activité auto-érotique) sollicitent presque toujours l'inquiétude des parents, leur agressivité et leur culpabilité. Il leur est difficile d'admettre que l'enfant a besoin du symptôme pour traduire ses difficultés affectives.

Dans notre recherche statistique, notre but — à la différence des études psychologiques précédentes — n'était pas d'essayer de comprendre ce qui poussait le jeune enfant à sucer son pouce, mais de nous interroger sur la personnalité de l'enfant qui, après 6-7 ans, continuait de s'adonner au plaisir de la succion du pouce. Nous pensions que la succion du pouce à 8 ans ne pouvait pas être entièrement expliquée par la façon dont l'enfant avait pris son biberon à 1 mois.

Notre recherche statistique a donc porté sur 87 suceurs de pouce qui avaient entre 7 et 13 ans, et sur 150 enfants témoins du même âge. Nous avons tout d'abord pu confirmer un jugement jusque là subjectif, à savoir que les enfants « suce-pouce » ne se distinguent pas vraiment des autres enfants du même âge. Plus immatures dans leur développement affectif, plus timides, portés à la rêverie plus qu'à la révolte, ces enfants trouvent dans le pouce une merveilleuse défense contre toutes les agressions. Ce pouce qui perturbe tant les parents permet la plupart du temps à l'enfant de se développer avec bonheur ; il lui procure un apaisement que bien des adultes recherchent plus tard en vain, n'hésitant pas à recourir aux cigarettes, aux tranquillisants, aux tasses de café — comme le fait remarquer Linus, ce petit garçon suceur de pouce de la célèbre bande dessinée américaine des « Peanuts ». Linus est un rêveur, un contemplatif ; mais c'est aussi un enfant normal et heureux, plein de bon sens et de finesse, qui explique à son ami qu'il n'aime pas faire face aux problèmes, que le meilleur moyen pour lui de les résoudre est de les fuir ; et à son ami qui lui demande ce qui se passerait si tous les gens de la terre tournaient le dos aux problèmes, Linus rétorque : « Au moins on serait tous d'accord ! »

De plus, si l'enfant qui suce son pouce a une certaine tendance à la passivité, il est par ailleurs sensible, tendre, et semble avoir moins de conflits violents avec son entourage. Il garde une certaine indépendance qui se manifeste précisément par la succion du pouce. C'est pourquoi, plus les parents interviennent et tentent d'empêcher l'enfant de sucer son pouce, plus l'enfant s'accroche à celui-ci et plus il oppose de résistance au traitement. Il semble protester ainsi contre une autorité stricte qui ne reconnaît pas son droit à une vie personnelle. Son symptôme dans ce cas, loin d'être une maladie, signifie que l'enfant essaie de conserver une individualité propre qui est, en quelque sorte, menacée. Dans la grande majorité des cas, si on lui laisse du temps et si on lui donne des soins normalement bons l'enfant deviendra capable d'abandonner son symptôme et d'adopter d'autres moyens pour affirmer sa personnalité. Si donc, dans ses dessins, il manifeste une certaine immaturité, des composantes orales plus accentuées, une inhibition et une anxiété plus marquées que les autres enfants, parallèlement il a moins de conflits damatiques, une sensibilité riche, et une demande affective qui le rend attentif à autrui.

Ce pouce, qui met momentanément l'enfant à l'abri de la vie, est le symbole de la toute puissance et de l'impuissance de l'enfant. Le petit Poucet, Tom Pouce en sont des illustrations qui fascinent tous les enfants car on y voit des petits garçons pas plus grands que des pouces devenir plus forts que les ogres, les géants et les adultes. Les enfants qui sucent leur pouce commencent par être impuissants à garder leur maman tout entière, toute bonne, pour eux tout seuls et en même temps il découvrent, grâce à leur pouce, un moyen magique pour être très forts ; peu à peu ils apprennent à voir le monde comme il est, ils découvrent ce qu'on appelle la « réalité ». Il est important de ne pas leur imposer cette réalité, mais de leur donner envie de la découvrir, de façon à ce que cet apprentissage ne signifie pas une perte de l'autre réalité : celle du monde intérieur.

Si la succion du pouce offre tant de résistances aux explications, aux théories, aux réductions dont elle a été l'objet, n'est-ce pas parce qu'elle ne peut être disjointe de l'enfant qui suce son pouce, et que chaque enfant « suce-pouce » est unique dans le témoignage qu'il nous donne de son amour du passé et de son ouverture sur l'avenir.

ANNEXES

Nous présentons, d'une part, des *tableaux récapitulatifs et synoptiques* des principales études anglo-saxonnes sur la succion du pouce (Tableaux 1 à 4). La plupart de ces études sont inaccessibles en France ; nous avons pu les consulter à la bibliothèque médicale de Harvard, Boston.

1. Nombre d'enfants qui sucent leur pouce (page 190).
2. Récapitulatif des diverses études mentionnées à propos des facteurs pouvant influencer la succion du pouce (pages 191, 192, 193).
3. « Personnalité orale » : La façon de nourrir l'enfant, sa personnalité et son développement (pages 194, 195).
4. Permissivité envers l'expression des pulsions (page 196).

Nous présentons, d'autre part, quelques-uns de nos principaux *résultats statistiques* (Tableaux 1 à 4).

1. Caractéristiques générales et propres aux suceurs de pouce (page 197).
2. Variables des tests de l'arbre et de la famille (page 198).
3. Comparaison des suceurs de pouce et des enfants témoins (page 199).
4. Comparaison des suceurs de pouce qui arrêtent et de ceux qui n'arrêtent pas (page 200).

Tableau n° 1 NOMBRE D'ENFANTS QUI SUCENT LEUR POUCE

Auteurs		Echantillons	Pourcentage de suceurs	Age du début de la succion	Age de la fin de la succion et %
LÉVY	1928	112 enfants (pratique privée)	25 %		
		100 enfants (welfare)	40 %		
LEWIS	1930	30	18 à 41 %	avant 6 mois 77 %	avant 6 ans 70 %
HERRING	1932	25	44 %	avant 3 mois 100 %	pas de chiffres
ROBERTS	1944	15		avant 6 mois 100 %	—
KUNST	1948	143 dans institutions → 1 an	100 %	avant 3 mois 100 %	—
KLACKENBERG	1949	259 de 4 à 6 ans	50 %	avant 3 mois 54 %	avant 6 ans 79 %
YARROW	1954	68 étude longitudinale	64 %		avant 4 ans 50 % avant 7 ans 86 %
BRAZELTON	1956	70	87 %	avant 3 mois 100 %	avant 1 an 93 %
TRAISMAN et TRAISMAN	1958	2 650 (enfants → 16 ans pratique privée)	46 %	avant 3 mois 75 %	avant 4 ans 50 %
HONZIK et MAC KEE	1962	184 (8 mois) 743 d'âge pré-scolaire	45 % 50 % filles 37 % garçons		

Tableau adapté de CARMICHAEL, *Manual of child pychology*, vol. I, 3e édition, Paul Mussen editor 1970. HOFFMAN (M. L.) et HOFFMAN (L. W), *Review of child development*, vol. I, Russell Sage Foundation. New York 1964.

Tableau n° 2 RECAPITULATIF DES DIVERSES ETUDES MENTIONNEES A PROPOS DES FACTEURS POUVANT INFLUENCER LA SUCCION DU POUCE

Auteur	Date	Echantillons	Principales variables indépendantes	Principales variables dépendantes	Résumé des résultats	Critiques
LÉVY	(1928)	112 enfants vus en consultation privée 100 welfare crèche	Façon dont l'enfant a été nourri, nombre de repas par jour, longueur des repas, changements de régimes	Succion du pouce	Les suceurs de pouce ont eu des repas plus courts, moins fréquents que les non suceurs. L'instauration de l'habitude a souvent coïncidé avec l'éloignement des repas	Aucune donnée sur l'âge du sevrage
ROBERTS	(1944)	15 suceurs 15 normaux 7-8 mois	Type de nourriture, nombre de repas par jour, durée, changements de régime	Succion du pouce	% des suceurs augmente en même temps que durée des repas	Enfants très jeunes Certains des non suceurs peuvent être devenus des suceurs par la suite
SIMSARIAN	(1947)	5 enfants nourris à la demande au sein depuis la naissance	Histoire détaillée de la façon dont ils ont été nourris	Succion du pouce	5 suceurs La possibilité de sucer à la demande n'exclut pas le besoin de sucer	Très petit échantillon
KUNST	(1948)	143 enfants en institution de 0 à 1 an	• Durée des repas, • Quantités consommées, contacts avec d'autres personnes	Score de succion (proportionnel aux observations pendant lesquelles présence de l'activité → 28 000 échantillons de temps d'observation)	La succion ↗ en fonction du temps écoulé après le repas. La succion est corrélée > O avec le volume de nourriture ingéré, < O avec la valeur calorique. Légèrement plus de garçons que de filles. Moins de succion quand l'enfant est stimulé (présence de personnes)	Très bonne étude de comportement

Tableau adapté de BETTYE (M.) CALDWELL in HOFFMAN (M. L.) et HOFFMAN (L. W.), *Review of child development research,* vol. I, Russel Sage Foundation New York 1964, pp. 9-87.

Tableau n° 2 (suite)

Auteur	Date	Echantillons	Principales variables indépendantes	Principales variables dépendantes	Résumé des résultats	Critiques
Davis, Sears Miller, Brodbeck	1948	60 enfants de naissance à 10 jours	Méthodes d'alimentation : — 20 : sein — 20 : biberon — 20 : tasse	Succion des doigts pendant les 10 premiers jours	Les enfants au sein seuls sucent de plus en plus. Pas de différence entre les groupes pour les activités orales spontanées et les pleurs	
Klackenberg	1949	259 enfants de 0 → 6 ans	Durée de l'alimentation au sein, durée des repas, utilisation de la sucette	Succion du pouce	Pas de relation entre la durée de l'allaitement au sein et la succion. Tendance à corrélations entre repas rapides et succion. Pas de suceurs de pouce parmi les suceurs de sucette	
Levine & Bell	1950	28 enfants avec sucettes	Rapports maternels sur l'utilisation de la sucette	Succion du pouce	2 enfants sur 28 sucent leur pouce et les 2 abandonnent avant 1 an la sucette	
Sears & Wise	1950	Enfants de 5 à 8 ans < 80 familles	Quantité de succion permise calculée par l'âge de sevrage. La succion étant dans ce cas en vue de se nourrir	Réactions au moment du sevrage. Fréquence et importance de la succion du pouce. Problèmes alimentaires, de sommeil	Sevrage tardif associé à des réactions plus sévères, et à davantage de succion du pouce (tendance). Pas de relation entre la durée de l'allaitement et les problèmes alimentaires	Rien concernant la durée des repas. Ce que les auteurs appellent sevrage tardif = en réalité sevrage précoce si l'on regarde les normes

Tableau n° 2 (suite)

Auteur	Date	Echantillons	Principales variables indépendantes	Principales variables dépendantes	Résumé des résultats	Critiques
Yarrow	1954	66 enfants faisant partie d'une étude longitudinale	Durée de l'allaitement (sein ou biberon) et durée des repas	Succion du pouce et réactions au sevrage	Pas de corrélation entre la durée de l'allaitement au sein et la succion. Pas de corrélation entre l'âge du sevrage (aliment à la tasse) et la succion. Sevrage tardif → réactions plus sévères. Les enfants ayant eu des repas plus courts durant les 6 premiers mois sucent plus leur pouce	Efforts pour réduire les erreurs consécutives aux données rétrospectives
Bernstein	1955	50 enfants vus en centres hospitaliers	Interviews des mères et dossiers hospitaliers sur la succion permise	Situations de jeux Choix de bonbons à sucer ou à mâcher. Résistance au sevrage et à l'abandon de la succion du pouce	Les enfants ayant eu davantage d'expériences de succion ont davantage de difficultés au moment du sevrage. Pas de corrélation entre l'âge du sevrage et la succion du pouce. Les enfants qui ont sucé, plus tard choisissent les sucettes, les autres le chocolat	Efforts pour obtenir une information correcte. Index de gratification pour succion Bonne étude
Blau et Blau	1955	1 garçon observé au cours de 118 repas successifs de 3 à 7 semaines	Rapidité des repas contrôlée en variant l'ouverture des trous des tétines. 26 repas rapides, 34 lents, 51 rapides, 7 lents	Succion, activité, pleurs	Davantage de succion, pleurs, d'agitation et de difficultés à dormir avec les repas longs	Durée des repas non au hasard, les lents suivant les rapides
Traisman et Traisman	1958	2 650 enfants de la naissance à 16 ans en consultations privées pédiatriques	Rapidité des repas Type de repas	Succion du pouce	Sein sans effet Repas longs corrélés avec succion du pouce	Aucune donnée sur la durée totale des activités de succion (sevrage) en rapport avec succion du pouce

Tableau n° 3

« PERSONNALITE ORALE »

Les façons de nourrir l'enfant, sa personnalité et son développement

Auteur	Date	Echantillons	Variables indépendantes	Variables dépendantes	Résumé des résultats	Critiques
THURSTON MUSSEN	1951	91 étudiants de psychologie	Satisfactions orales obtenues dans l'alimentation. Données obtenues par questionnaires envoyés aux mères comprenant des questions sur la durée de l'allaitement, sa nature, l'âge du sevrage, etc.	Traits de caractère oral mesurés par TAT	Aucune corrélation entre la personnalité orale telle qu'on peut la définir chez l'adulte et les expériences concernant le mode d'allaitement de l'enfant	Données rétrospectives obtenues par la poste...
GOLDMAN-EISLER	1953	115 adultes normaux et névrosés 100 étudiants	Durée de l'allaitement au sein	Importance des traits de caractère indiquant optimisme oral ou pessimisme oral en rapport avec l'histoire de l'allaitement	Mise en évidence d'un facteur bipolaire correspondant à l'optimisme, pessimisme oral ; corrélation entre le sevrage tardif et l'optimisme oral	Données rétrospectives et aucun élément concernant la façon de nourrir l'enfant après le sein
BERNSTEIN	1955	23 garçons 27 filles	3 indices de satisfaction orale à partir d'interviews des mères et de dossiers cliniques	Jeux avec les enfants ayant des comportements oraux et interviews	Corrélation positive entre la succion chez le nourrisson et la tendance à la constipation. Corrélation négative entre la gratification orale et la tendance à faire des collections dans l'enfance. Voir page suivante	

Tableau adapté de B. M. CALDWELL in HOFFMAN (M. L.) et HOFFMANN (L. W.).

Tableau n° 3 (suite)

Auteur	Date	Echantillons	Variables indépendantes	Variables dépendantes	Résumé des résultats	Critiques
BERNSTEIN	1955	Voir p. 194	Voir p. 194		Les enfants qui sucent tardivement préfèrent dans une situation de choix libre les sucettes (à sucer) tandis que les autres préfèrent le chocolat (à mâcher)	
SEARS	1953	40 enfants d'âge pré-scolaire, 20 filles, 20 garçons et leurs mères	Interviews des mères sur l'alimentation, le sevrage des enfants et la permissivité de celles-ci	Estimations chiffrées des maîtres et observations par « échantillons de temps » de la dépendance et de l'agressivité des enfants à l'école	La dépendance est corrélée positivement avec la sévérité du sevrage chez les deux sexes, ainsi qu'avec les horaires de repas rigides. Pas de corrélation entre la frustration et l'agressivité	Les données sur la manière de nourrir les enfants ont été obtenues de façon rétrospective mais après les événements. Très bonnes mesures de la dépendance et de l'agressivité
SEARS, MACCOBY LEVIN	1957	379 mères d'enfants de 5 ans habitant la région de Boston	Interviews soigneusement préparées concernant l'histoire des premier modes alimentaires et données sur les réactions de l'enfant à la conduite des parents	Déclarations maternelles sur le degré d'agressivité, de dépendance, les problèmes alimentaires	Pas d'effets significatifs de l'allaitement au sein ou au biberon. Les enfants sevrés tard et sévèrement se montrent traumatisés pendant le sevrage ; mais pas de corrélation avec la dépendance ou l'agressivité	Large échantillon représentatif mais là encore données rétrospectives

Tableau n° 4 PERMISSIVITE ENVERS L'EXPRESSION DES PULSIONS

Echantillons	Date	Taille	Oralité	Propreté	Sexualité	Agressivité
NATIONAL I (ANDERSON H. E.)	1932	470			Davantage d'enfants de la classe moyenne autorisés à jouer dans leur lit, nus	
CHICAGO (DAVIS, HARVIGHURST)	1943	100		Indifférence ou discussion plutôt que punitions ou expression du dégoût		Davantage d'enfants autorisés à se battre du moment qu'ils ne se font pas vraiment mal
DETROIT II (MILLER, SWANSON)	1946	70.88	Moins de réprimandes pour *la succion du pouce*		Moins de répression pour la masturbation	
NEW HAVEN (KLATSKIN)	1949-50	216	Moins de désapprobation *pour succion de pouce,* difficultés alimentaires et habitudes mauvaises...			
BOSTON (MACCOBY, GIBBS)	1951-52	372	Moins de restrictions pour l'usage des doigts durant les repas	Education moins sévère	Plus grande permissivité	Plus grande tolérance de l'agressivité à l'égard des parents
PALO-ALTO (WHITE)	1953	73		Education moins sévère		Plus grande tolérance de l'agressivité à l'égard des parents

Tableau adapté de BRONFENBRENNER (U.) in MACCOBY (E. E.), NEWCOMB (T. M.), HARTLEY (E. L.) Eds.

ANNEXES

RESULTATS STATISTIQUES

Tableau 1 : Caractéristiques générales et propres aux suceurs de pouce

CODE	VARIABLES (modalités)	FREQUENCES EN %	
		SUCEURS (87)	TEMOINS (150)
SEXE	Sexe (0 = garçon 1 = fille)	60,9	68,0
AGE*	Age (6,7, ...)	8,7	9,5
NBENF*	Nombre d'enfants (1,2, ...)	2,7	3,1
RGFRA*	Rang dans la fratrie (1,2,...)	2,0	2,0
CSP1	Catégorie socio-professionnelle (0 = (inf. + moy.) 1 = sup.)	36,8	22,0
CSP2	Catégorie socio-professionnelle (0 = inf. 1 = (moy. + sup.)	81,6	76,7
CLAS*	Avance en classe (..., -1, 0, +1...)	-0,2	-0,5
ONY	Onychophagie (0 = non 1 = oui)	40,2	-
NER	Nerveux (0 = non 1 = oui)	37,9	-
OTR	Autres troubles (0 = non 1 = oui)	19,5	-
FSS	Frères ou soeurs ayant sucé (0 = non 1 = oui)	62,0	-
MRI	Mère interventionniste (0 = non 1 = oui)	26,4	-
ECH	Echec (0 = non 1 = oui)	25,3	-

* Pour les variables AGE, CLAS,la caractéristique indiquée est la moyenne en nombre d'années ; pour les variables NBENF, RGFRA, la caractéristique indiquée est la moyenne en nombre d'enfants.

 Tableau 2 : Variables des tests de l'Arbre et de la Famille

CODE	VARIABLES (0 = non 1 = oui)	FREQUENCES EN %	
		SUCEURS	TEMOINS
ARB (1)	L 1 = largeur 1	26,2	15,5
ARB (2)	B1tr = Branches un trait	50,0	45,4
ARB (3)	Tet ou TVR = Arbres têtards ou tronc en V renversé	21,2	13,4
ARB (4)	Rds = Ronds, pleurs, contenus divers	47,5	19,6
ARB (5)	Pat = tracé pâteux ou noircissement homogène	38,7	29,9
ARB (6)	T + grd gF = tronc plus grand que feuillage	32,5	26,8
ARB (7)	AssF = arbre sans feuilles ou sans branches, feuillage descendant	52,5	48,5
ARB (8)	Tsoudé B = tronc soudé ou étréci à la base	23,8	26,8
ARB (9)	T sep F1tr = tronc séparé du feuillage par un trait	45,0	40,2
ARB (10)	Cr = Croix	43,8	59,8
ARB (11)	Cic = Cicatrices	32,5	32,0
ARB (12)	Rect = Rectifications, noircissements crispés et repassés	31,3	45,4
FAM (1)	Yeux non voyants	19,7	18,7
FAM (2)	Bouche remarquable	37,0	42,0
FAM (3)	Boutons	42,0	48,7
FAM (4)	Place près de la mère	28,4	29,3
FAM (5)	Place près du père	21,0	26,0
FAM (6)	Sensorialité	34,6	22,7
FAM (7)	Dessin petit	22,2	10,0
FAM (8)	Q I faible	18,5	7,3
FAM (9)	Ratures	39,5	38,7
FAM (10)	Noircissement	30,9	13,3
FAM (11)	Doigts non dessinés	49,4	45,3
FAM (12)	Cou non dessiné	19,7	18,0

Tableau 3 : Comparaison des suceurs de pouce et des enfants témoins

CODE	ENSEMBLE DES ECHANTILLONS	ECHANTILLONS SUIVANT L'AGE		
		6 et 7 ans	8 et 9 ans	10 ans et plus
SEXE	0,30	0,20	>0,50	0,40
AGE	<0,001***	>0,50	>0,50	0,02
NENF	0,30	0,50	0,50	0,30
RGFRA	0,20	>0,50	0,03*	>0,50
CSP1	0,02*	>0,50	0,10	0,30
CSP2	0,50	0,40	0,20	>0,50
CLAS	0,005***			
ARB (1)	0,10	0,40	0,40	>0,50
ARB (2)	>0,50	0,07	0,20	0,05*
ARB (3)	0,20	0,20	>0,50	0,30
ARB (4)	<0,001***	0,10	0,006**	>0,50
ARB (5)	0,30	0,20	0,30	>0,50
ARB (6)	>0,50	0,50	0,40	0,20
ARB (7)	>0,50	>0,50	0,40	>0,50
ARB (8)	>0,50	>0,50	>0,50	0,40
ARB (9)	>0,50	0,10	0,30	0,20
ARB(10)	0,05*	0,10	0,20	>0,50
ARB(11)	>0,50	0,50	0,40	0,30
ARB(12)	0,08	0,20	0,20	0,40
FAM (1)	>0,50	>0,50	0,40	>0,50
FAM (2)	>0,50	0,04	0,40	0,50
FAM (3)	0,40	>0,50	>0,50	0,20
FAM (4)	>0,50	0,40	0,30	0,30
FAM (5)	0,50	0,30	>0,50	0,03*
FAM (6)	0,07	0,20	0,03*	0,30
FAM (7)	0,02*	0,01*	0,40	0,05*
FAM (8)	0,02*	0,09	>0,50	0,08
FAM (9)	>0,50	>0,50	>0,50	0,10
FAM(10)	0,003***	0,02*	0,03*	0,30
FAM(11)	>0,50	>0,50	>0,50	>0,50
FAM(12)	>0,50	>0,50	>0,50	>0,50

Le tableau donne les probabilités de la statistique du χ^2 . Les cas où le test est statistiquement significatif aux seuils de 0,05, de 0,01 ou de 0,001 sont marqués respectivement d'une, deux ou trois astérisques : *, **, ***.

Tableau 4 : Comparaison des suceurs de pouce qui arrêtent et de ceux qui n'arrêtent pas.

CODE	ENSEMBLE DES ECHANTILLONS	6 et 7 ans seulement	CODE	ENSEMBLE DES ECHANTILLONS	6 et 7 ans seulement
SEX	>0,50	0,40	ONY	>0,50	0,30
AGE	<0,001***	0,10	NER	>0,50	>0,50
NBENF	>0,50	0,30	OTR	>0,50	0,40
RGFRA	0,10	0,30	FSS	>0,50	>0,50
CPS1	>0,50	0,40	MRI	0,002**	0,008**
CPS2	0,03*	>0,50			
CLAS	0,40	>0,50			
ARB(1)	>0,50	0,40	FAM(1)	>0,50	0,10
ARB(2)	>0,50	0,04*	FAM(2)	0,20	0,40
ARB(3)	>0,50	>0,50	FAM(3)	0,03*	0,05*
ARB(4)	>0,50	>0,50	FAM(4)	0,40	0,50
ARB(5)	0,04*	0,50	FAM(5)	0,50	>0,50
ARB(6)	0,50	>0,50	FAM(6)	0,30	>0,50
ARB(7)	>0,50	>0,50	FAM(7)	0,02*	0,08
ARB(8)	0,20	>0,50	FAM(8)	0,02*	0,50
ARB(9)	0,02*	0,40	FAM(9)	0,40	0,40
ARB(10)	>0,50	0,30	FAM(10)	>0,50	>0,50
ARB(11)	>0,50	>0,50	FAM(11)	0,10	0,40
ARB(12)	>0,50	0,40	FAM(12)	0,40	>0,50

Le tableau donne les probabilités de la statistique du χ^2 . Les cas où le test est statistiquement significatif aux seuils de 0,05, de 0,01 ou de 0,001 sont marqués respectivement d'une, deux ou trois astérisques : * , ** , ***.

BIBLIOGRAPHIE

Etudes faites par des stomatologues, orthodontistes, dentistes

BAER (D. M.) — Laboratory control of thumbsucking by withdrawal and representation of renforcement (Contrôle en laboratoire de la succion du pouce par retrait et présentation du renforcement). *J. Exper. Analysis Behaviour,* 1962, *5,* pp. 525-528.

BARBER (T. K.) — Management of thumbsucking (Le traitement de la succion du pouce). *North West Dent.,* 1960, *39,* pp. 177-181.

BOUVET (I. M.), DENEUVILLE (O.) — Les tics de succion. *Le Concours Médical,* 1970, *46,* pp. 1507-1510.

CAUHEPE (J.), DUGAS (M.), SCHMITZ (B.), BOUVET (J. M.) — La succion du pouce vue par le neuropsychiatre et le stomatologue, 1962, *La presse médicale, 70,* pp. 2513-2514.

CAUHEPE (J.) — Conception générale des anomalies dento-maxillaires. Diagnostic des anomalies dento-maxillaires. Entretiens de Bichat, Spécialités, 1960, pp. 235-242.

CAUHEPE (J.) — Etude expérimentale de la musculature et de la position des dents. Communication au Congrès de la Société Royale Belge de Stomatologie, Liège, 27-5-1960.

CAUHEPE (J.), FIEUX (J.), NETTER (J.-C.) BOUVET (J. M.), COUTAND (A.) — Traitement orthodontique sans dispositif mécanique. Rapport de la Société de Stomatologie et de chirurgie maxillo-faciale de France. Résumé in *La Presse Médicale,* 1962, *70,* p. 2077.

CAUHEPE (J.) — Anomalies dentaires
Anomalies des procès alvéolaires
Thérapeutique des anomalies dento-maxillaires
Cours non publié fait à l'institut de stomatologie de la Faculté de médecine de Paris, service d'orthopédie faciale, 1970.

COUTAND (A.) Succion du pouce et anomalies dento-maxillaires. *La revue du praticien,* 1969, *19,* n° 20-21, pp. 3063-3075.

COUTAND (A.), ZABLITH (R.) Succion du pouce et orthodontie, *Revue de Stomatologie,* Paris, 1968, *69,* n° 5, pp. 389-393.

DEPOUTOT (J. C.) La déglutition de type infantile. Ses rapports avec l'oralité. Etude de 29 observations. Thèse de médecine, Faculté de Strasbourg, 1963.

DUGAS (M.) La succion du pouce et des doigts chez l'enfant. *Entretiens de Bichat, stomatologie,* 1962, pp. 47-50.

« EDITORIAL » Thumbsucking (La succion du pouce). *J. Pédiat.,* 1951, *39,* pp. 515-516.

FRAUDET (J.) La succion du pouce chez l'enfant à l'âge des traitements orthodontiques. *L'orthodontie française,* 1966, pp. 202-216.

GANDLER (T. K.) Nature and implications of thumbsucking ; Review. (Revue de la nature et des implications de la succion du pouce). *Archives de Pédiatrie,* 1952, *69,* pp. 291-295.

GARDINER (J. H.) Survey of malocclusion and some aetiological factors in 1000 Sheffield school children (Revue des malocclusions et de quelques facteurs étiologiques chez mille enfants de l'école de Sheffield).

GRABER (T. M.) Orthodontics problems in pediatric practice (Les problèmes orthodontiques dans la pratique pédiatrique). *Pediatric,* 1952, *9,* p. 716.

GRABER (T. M.) The finger sucking habit and associated problems (La succion des doigts et les problèmes associés). *J. Dent. Children,* 1958, *25,* pp. 145-151.

GRABER (T. M.) Thumb an finger sucking (Succion du pouce et des doigts). *Am. J. Orthodont.,* 1959, *45,* pp. 258-264,

GRABER (T. M.) Orthodontics (Orthodontie), Philadelphia, W. B. Saunders company, 1961.

HARYETT (R. D.), HANSEN (F. C.), DAVIDSON (P. O.), SANDILANDS (M. I.) Chronic thumbsucking : the psychological effects and the relative effectiveness of various methods of treatment (La succion du pouce chronique : les effets psychologiques et les résultats comparés des différentes méthodes de traitement). *Am. J. of Orthodontics,* 1967, *53,* pp. 569-585.

Hugues (B. O.) The growth of children. Psychological and hereditary factors (La croissance des enfants. Facteurs psychologiques et héréditaires). *Am. J. of Orthodontics,* 1949, *35,* pp. 16-24.

Johnson (L. R.) The status thumbsucking and finger sucking (Le rôle de la succion du pouce et des doigts). *J. Am. Dent. Am.,* 1939, *26,* pp. 1245-1254.

Johnson (L.) Habits and their control during the childhood (Les habitudes et leur contrôle durant l'enfance). *J. Am. Dent. A.,* 1937, *29,* pp. 1409-1421.

Kaplan (M.) Psychological implications of thumbsucking (Les implications psychologiques de la succion du pouce). *J. Pediat.,* 1950, *37,* pp. 555-560.

Korner (A. F.), Reider (N.) Psychologic aspects of disruption of thumbsucking by mean of dental applience (Les aspects psychologiques de l'interruption de la succion du pouce par des moyens mécaniques d'appareillage dentaire). *Am. J. Orthodontist.,* 1948, *25,* pp. 23-41.

Lewis (S. J.) Thumbsucking (La succion du pouce). *Am. J. Orthodont.,* 1939, *25,* pp. 97-98.

Lewis (S. J.) Undesirable habits influencing the deciduous dentition (Les habitudes indésirables ayant une action sur la dentition de lait). *J. A. D. A.,* 1931, *18,* pp. 1766-1778.

Mack (E. S.) The dilemna in the management of thumbsucking (Les problèmes dans le traitement de la succion du pouce). *J. Am. Dent. A.,* 1951, *43,* pp. 33-45.

Massler (M.), Chopra (B.) The palatal crib for correction of oral habits (La grille palatine pour la correction des habitudes orales). *J. Dentistry for children,* 1950, *17,* pp. 1-6.

Massler (M.), Wood (A.) Thumbsucking (Succion du pouce). *J. Dentistry, for children,* 1949, *16,* pp. 1-9.

Moyers (R. E.) Handbook of orthodontics (Manuel d'orthodontie), Chicago, Yearbook Medical Publishers Inc., 1963 (2e éd.).

Pearson (G. H. J.) The psychology of tongue sucking, finger sucking and other oral habits (La psychologie de la succion des doigts, de la langue et des autres habitudes orales). *Am. J. Orthodont.,* 1948, *34,* pp. 589-598.

POPOVITCH (F.) The incidence of sucking habits and its relationship to occlusion in 3 years old children (La fréquence de la succion et ses relations avec l'occlusion chez les enfants de trois ans). Burlington, Progress Report Series n° 1, Division of dental research, University of Toronto, 1956.

RIX (R. E.) Deglutition and the teeth (La déglutition et les dents). D. Record, 1946, *66,* pp. 103.

RUTTLE (A.), QUIGLEY (W.), CROUCH (J.), EWAN (G.) A serial study of the effects of thumbsucking (Une étude dans le temps sur les effets de la succion du pouce). *J. Dent. Research,* 1953, *32,* pp. 739-749.

SCHMITZ (B.) Les facteurs affectifs dans l'étiologie des anomalies des procès alvéolaires, rôle du pédopsychiatre. *Entretiens de Bichat,* Stomatologie, 1962, pp. 67-69.

SILLMAN (J. H.) Thumbsucking and the dentition (La succion du pouce et la dentition). New York state D. J., 1951, *17,* p. 493.

SILLMAN (J. H.) Thumbsucking and the oral structures (Succion du pouce et structures orales). *J. Pediat.,* 1951, *39,* pp. 424-515.

SWEET (C. A.) Thumb and finger sucking by children (Succion du pouce et des doigts par les enfants). *Am. J. Orthodont.,* 1948, *34,* pp. 1017-1018.

SWINEHART (E. W.) Structural and nervous effects of thumbsucking (Les conséquences structurales et nerveuses de la succion du pouce). *J. Am. Dent.,* 1938, *25,* pp. 736-747.

TRAISMAN (A. S.), TRAISMAN (H. S.) Thumb and finger sucking : a study of 2650 infants and children (La succion du pouce et des doigts ; une étude sur 2650 nourrissons et enfants). *J. Pediat.,* 1958, *52,* pp. 566-572.

Etudes psychanalytiques

ABRAHAM (K.) Œuvres complètes (trad, I. BARANDE et F. GRIN), Paris, Payot, 1965.

ANZIEU (D.) Le moi-peau, in *Nouvelle revue de Psychanalyse,* 1974, *9,* Gallimard.

ALLENDY (R.) — Eléments affectifs en rapport avec la dentition, in : *Revue française de psychanalyse,* 1927, *1,* pp. 82-86.

ARLOW (J.) — Conflits, régression et formation des symptômes, in *Revue française de psychanalyse,* 1963, *27,* n° 1, pp. 31-52.

BALINT (M.) — Individual differencies of behavior in early infancy and an objective method of recording them (Les différences individuelles de comportement dans la première enfance et une méthode objective de les enregistrer). *J. Genet. Psychol.,* 1948, *73,* pp. 57-59.

BORNSTEIN (B.) — Masturbation in the latency period (Masturbation pendant la période de latence). *P. A. S. of the child,* 1953, *8,* p. 65.

BOWLBY (J.) — The nature of the child's tie to his mother (La nature du lien qui unit l'enfant à sa mère). *Int. J. of Psychan.,* 1958, *39,* n° 5, pp. 350-371.

CHILAND (C.) — L'enfant de 6 ans et son avenir. Paris. P.U.F., 1971.

DIATKINE (R.) — Du normal et du pathologique dans l'évolution mentale de l'enfant, *in Psych. de l'enfant,* 1967, *X,* n° 1, pp. 1-42.

DOLTO (F.) — Psychanalyse et pédiatrie (1936), Paris, Seuil, 1971.

ERIKSON (E. H.) — Sex differencies in the play configuration of preadolescence (Les différences de sexe dans l'organisation du jeu chez le pré-adolescent). *Amer. J. orthopsychology,* 1951, *21,* pp. 667-692.

ERIKSON (E. H.) — Enfance et société (Trad. A. Cardinet). Neuchâtel, Delachaux et Niestlé, 1959.

FAIN (M.) — In KREISLER (L.), FAIN (M.), SOULE (M.), La clinique psychosomatique de l'enfant, *in Psych. de l'enfant,* 1967, *10,* n° 1, Paris.

FENICHEL (C.) — La théorie psychanalytique des névroses (Trad. Schlumberger et coll.), Paris, P. U. F., 1953.

FERENCZI (S.) — Thalassa, Trad. Dupont (J.) et Semama (S.), Paris, Petite Bibl., Payot, 1962.

FERENCZI (S.) — Œuvres complètes, I, Paris (Trad. J. Dupont), Payot, 1966.

FREUD (A.) — Le traitement psychanalytique des enfants (Trad. A. Berman), Paris, P.U.F., 1955.

FREUD (A.) Observations on child development (observations sur le développement de l'enfant). *P.A.S. of the child,* 1951, *4,* pp. 37-42.

FREUD (A.) Assessment of childood disturbance (les troubles de l'enfance). *P.A.S. of the child,* 1952, *7,* pp. 149-158.

FREUD (A.) Le normal et le pathologique chez l'enfant (Trad. D. Widlocher), coll. « Connaissance de l'inconscient », Paris, Gallimard, 1968.

FREUD (A.) Agression on relation to emotional development normal and pathological (L'agressivité en relation avec le développement émotionnel normal et pathologique). *P.A.S. of the child,* 1947, *3-4,* pp. 39-42.

FREUD (S.) (1905) Trois essais sur la théorie de la sexualité (Trad. R. Reverchon), coll. « Idées », Paris, Gallimard, 1962.

FREUD (S.) (1908) Character and anal erotism (Caractère anal et érotisme anal). *S.E., 9.*

FREUD (S.) Métaphychologie (Trad. M. Bonaparte et A. Berman), Paris, Gallimard, 1968.

FREUD (S.) (1915) Les pulsions et leur destin in Métapsychologie, pp. 25-66.

FREUD (S.) Au-delà du principe du plaisir in Essais de psychanalyse, pp. 5-75.

FREUD (S.) Malaise dans la civilisation (Trad. C. Odier), 1930, Paris, P.U.F., 1971.

GLOVER (E.) The significance of the mouth in psychanalysis (La signification de la bouche en psychanalyse). *Brit. J. Med. Psychol.,* 1924, *4,* pp. 135-155.

GLOVER (E.) « Notes on the oral character formation » (Notes sur la formation du caractère oral). *Int. J. Psychanal.,* 1925, *6,* pp. 131-153.

GREEN (A.) Cannibalisme, réalité ou fantasme agi, in *Nouvelle revue de psychanalyse,* 1962, *2,* Gallimard, p. 5.

GREENACRE (P.) Trauma, growth and personality (traumatisme, croissance et personnalité), Norton, New York, 1952.

GRODDECK (G.) La maladie, l'art et le symbole (Trad. R. Lewinter), Paris, Gallimard, 1969.

GRUNBERGER (B.) Considérations sur l'oralité et la relation d'objet orale in *Revue française de psychanalyse,* 1959, *23,* N° 2, pp. 177-234.

GRUNBERGER (B.) Le narcissisme, Paris, Petite Bibliothèque, Payot, 1975.

HEIMAN (P.) et ISAACS (S.) La régression in « Développements de la Psychanalyse » (Trad. W. Baranger), Paris, P.U.F., 1966.

HOFFER (W.) Mouth, hand and egointegration (intégration de la bouche, de la main et du moi). *P.A.S. of the child,* 1949, *3-4,* pp. 49-56.

ISAACS (S.) Parents et enfants, leurs difficultés quotidiennes, Paris, P.U.F., 1952.

ISAACS (S.) « Bad » Habits (« Mauvaises habitudes »). *Intern. Journ. Psycho. anal.,* 1935, *16,* pp. 446-454.

ISAKOWER (O.) A contribution to the pathology of phenomena associated with falling asleep (Une contribution à la pathologie des phénomènes qui accompagnent le début du sommeil). *Int J. Psycho. anal.* 1938.

KLEIN (M.) *La psychanalyse des enfants* (Trad. J.-B. Boulanger), Paris, P.U.F., 1959.

KLEIN (M.) Essais de psychanalyse (Trad. M. Derida), Paris, Payot, 1967.

KLEIN (M.) Sur la théorie de l'angoisse et de la culpabilité in Développement de la psychanalyse (Trad. W. Baranger), Paris, P.U.F., 1966, pp. 254-274.

KRIS (E.) Some comments and observations on early autoerotic activities (Quelques commentaires et observations sur les activités auto-érotiques précoces). *P.A.S. of the child,* 1951, *6,* pp. 95-116.

LAMPL DE GROOT (J.) On masturbation and its influency on general development (La masturbation et son influence sur le développement général). *P.A.S. of the child,* 1950, *5.*

LAPLANCHE (J.) Vie et mort en psychanalyse, Paris, Flammarion, 1970.

LAPLANCHE (J.) et PONTALIS (J. B.) Vocabulaire de psychanalyse, Paris, P.U.F., 1967.

LEBOVICI (S.) et SOULE (J. B.) La connaissance de l'enfant par la psychanalyse, Paris, P.U.F., 1970.

LEVINE (M. I.) Pediatrics observations on masturbation in children (Observations pédiatriques sur la masturbation chez les enfants). *P.A.S., of the child,* 1951, *6*, p. 117.

LEWIN (B.) Sleep, the mouth, and the Dream-Screen (Le sommeil, la bouche et l'écran du rêve). *P.S.A. Quaterly,* 1946, *15.*

SOULAIRAC (O.) et SHENTOUB (V.) L'enfant auto-mutilateur. *Psychiatrie de l'enfant,* 1961, *3,* p. 146.

SPITZ (R. A.) De la naissance à la parole, Paris, P.U.F., 1968.

SPITZ (R. A.) La cavité primitive (Trad. J. Mallet). *Revue française de psychanalyse,* 1959, *23,* N° 2, pp. 205-235.

SPITZ (R. A.) et WOLF (K. M.) Autoerotism. Some empirical findings and hypotheses on 3 of its manifestations in the first year of life (L'auto-érotisme ; quelques découvertes empiriques et hypothèses sur 3 de ses manifestations dans la première année de la vie). *P.A.S. of the child,* 1949, *3-4,* p. 85.

SPITZ (R. A.) Vers une réévaluation de l'auto-érotisme. *Psych. de l'enfant,* t. VII, Paris, 1964, pp. 269-297.

WINNICOTT (D. W.) De la pédiatrie à la psychanalyse (Trad. J. Kalmanovitch), Paris, Payot, 1969.

WINNICOTT (D. W.) Processus de maturation chez l'enfant (trad. J. Kalmanovitch), Paris, Payot, 1970.

WINNICOTT (D. W.) L'enfant et sa famille, Paris, Payot, 1975.

Etudes psychiatriques

FINCH (S. M.) Fundamentals of child psychiatry (Fondements de psychiatrie de l'enfant), New York, Norton & C° Inc., 1960.

KANNER (L.) Child psychiatry (Psychiatrie de l'enfant) Springfield, III, Charles, C. Thomas publisher, 1950.

LAFON (R.) Vocabulaire de psychopédagogie et de psychiatrie de l'enfant, Paris, P.U.F., 1969.

Etudes psychologiques anglo-saxonnes

BAKWIN (H.) — Thumb and finger sucking in children (Succion du pouce et des doigts chez l'enfant). *J. Pediat.*, 1948, *32*, pp. 99-101.

BAKWIN (R. M.), BAKWIN (H.) — Undesirable habits in psychologic care in infancy and childhood (Habitudes indésirables dans l'éducation du nourrisson et de l'enfant). New York, D. Appelton Century Company Inc. 1942.

BALINT (M.) — Individual differences of behavior in early infancy and an objective method of recording them (Les différences individuelles de comportement dans la première enfance et une méthode objective de les enregistrer). *J. Genet — Psychol.*, 1948, *73*, pp. 57-79.

BAYLEY (N.) et SCHAEFER (E. S.) — Relationships between socioeconomic variables and the behavior of mothers toward young children (Relations entre les variables socio-économiques et le comportement des mères à l'égard des jeunes enfants). *J. Genet — Psychol.*, 1960, *96*, pp. 61-77.

BERNSTEIN (A.) — Some relations between techniques of feeding and training during infancy and certain behavior in childhood (Quelques relations entre les méthodes d'alimentation et d'éducation chez le nourrisson et certains comportements de l'enfant). *J. Genet — Psychol. Monogr.*, 1955, *51*, pp. 3-44.

BETTELHEIM (B.) — The children of the dream (Les enfants du rêve), New York, Avon, 1971.

BIEBER (P.) — Grasping and sucking (Le « grasping » et la succion). *J. Nerv et Ment. Dis.*, 1940, *91*, pp. 31-36.

BILLIG (A. L.) — Fingernail Biting : The incipiency, incidence, and amelioration (Le rongement des ongles, début, fréquence et amélioration). *J. Genet — Psychol. Monogr.*, 1941, *24*, pp. 123-218.

BLANTON (S.) — The behavior of the human infant during the first thirty days of life (Le comportement du nourrisson durant les trente premiers jours de sa vie). *Psychol. Rev.*, 1917, *24*, pp. 456-483.

BLAU (T. H.) et BLAU (L. R.) — The sucking reflex : the effects of long feeding vs short feeding on the behavior of a human infant (Le réflexe de succion : les effets d'un allaitement long ou d'un allaitement court sur le comportement du nourrisson). *J. Abnorm — Soc. Psychol.*, 1955, *5*, pp. 123-125.

BRAGMAN (L. J.) — Thumbsucking and other autoerotic Tendancies in children as portrayed in Art (La succion du pouce et les autres manifestations auto-érotiques chez l'enfant à travers l'Art). *J. Nerv & Ment. Dis.*, 1931, *74*, pp. 708.

BRAZELTON (T. B.) — A child oriented approach to toilet training (Une approche favorable à l'enfant de l'éducation de la propreté). *Pediatrics*, 1962, *29*, pp. 121-128.

BRAZELTON (T. B.) — Sucking in infancy (La succion chez le nourrisson). *Pediatrics*, 1956, *17*, pp. 400-404.

BRODBECK (A. J.) — The effect of three feeding variables on the nutritive sucking of new-born infants (L'effet de trois variables concernant le mode d'alimentation sur la succion non alimentaire des nouveau-nés). *Amer. Psychol.*, 1950, *5*, pp. 292-293.

BRONFENBRENNER (U.) — Socialization and social class through time and space. (Socialisation et classes sociales à travers le temps et l'espace), *in* Maccoby (E. E.), Newcomb (T. M.), Hartley (E. L.), (Eds), pp. 400-425.

CALDWELL (B. M.) — The effects of infant care (Les effets du mode d'élevage de l'enfant) *in* Hoffman (M. L.), Hoffman (L. W.) (Eds), pp. 10-87.

CALDWELL (B. M.) (et al.) — Mother-infant interaction in monomatric and polymatric families (L'interaction mère-enfant dans des familles matriarcales monogamiques et polygamiques). *Amer — J. Orthopsychiat.*, 1963, *33*, pp. 653-664.

CARMICHAEL (L.) (Ed) — Manual of child psychology (Manuel de psychologie de l'enfant). New York, John Wiley and Sons (third ed). 1970, pp. 329-340.

CHILDERS (A. T.) HAMIL (B. M.) — Emotional problems in children as related to the duration of breast feeding in infancy (Les problèmes émotionnels chez l'enfant en rapport avec la durée de l'allaitement durant la première enfance). *Amer. J. Orthopsychiat.*, 1932, *2*, pp. 134-142.

DAVIS (A.), HAVIGHURST (R. J.) — Social class and color differences in child rearing (Les classes sociales et les différences de couleur dans l'élevage des enfants). *Amer Sociol. Rev.,* 1964, *11,* pp. 698-710.

DAVIS (A.), HAVIGHURST (R. J.) — Comparison of the Chicago and Harvard studies of social classe differences in child rearing (Comparaison entre l'étude de Chicago et l'étude de Harvard sur les différences entre les classes sociales pour l'élevage des enfants.) *Am. Soc. Rev.,* 1955, *20,* pp. 438-442.

DAVIS (H. V.), SEARS (R. R.), MILLER (H. C.), BRODBECK (A. I.) — Effects of cup, bottle, and breast feeding on oral activities of new-born infants (Les conséquences de l'alimentation à la tasse, au biberon ou au sein sur les activités orales du nouveau-né). *Pediatrics,* 1948, *2,* pp. 549-558.

DENNIS (R.) — Infant reaction to restraint (La réaction de l'Enfant à la contrainte). *Trad. N. Y. Acad. Sci,* 1940, *2,* pp. 208-218.

DURRETT (M.) — Relationships of early infant regulation and later behavior in play interviews (La relation qui existe entre la régulation du nourrisson et le comportement ultérieur à travers des entretiens de jeux). *Child Developm.,* 1959, *30,* pp. 211-216.

ERIKSON (E.) — Childhood and society (L'enfant et la société), New York, Norton, 1950.

ESCALONA (S.), LEITCH (M.) — Early phases of personality development. A non normative study of infant behavior (Les premiers stades du développement de la personnalité. Une étude non normative du comportement du nourrisson). *Mongr. Soc. Res. Child Development,* 1952, *17,* N° 1.

FOSTER (J.), ANDERSON (J. E.) — The young child and his parents, Minneapolis, 1930, University of Minnesota Press.

FREDEEN (R. C.) — Cup feeding of newborn infants (Alimentation à la tasse d'enfants nouveau-nés). *Pediatrics,* 1948, *2,* pp. 544-548.

GESELL (A.), ILG (F. L.) — Feeding behavior of infants : a pediatric approach to the mental hygiene of early life (Le comportement alimentaire du nourrisson : approche pédiatrique de l'hygiène mentale du début de la vie). Philadelphia, Lippincott, 1937.

GOLDMAN-EISLER (F.) — Breast feeding and character formation (L'allaitement au sein et la formation du caractère) in Kluckhohn (C.), Murray (H. A.) (Eds), pp. 146-184.

GODDARD (E.), BRODER (G.), WENAR (C.) — Reliability of pediatric histories (Fiabilité des cas en pédiatrie). *Pediatrics,* 1961, *28,* pp. 1011-1018.

GOLDMAN (E. F.) — The problem of « orality » and its origin in early childhood (Le problème de « l'oralité » et de son origine dans la première enfance). *J. Ment. Sci.,* 1951, *97,* pp. 765-782.

HALVERSON (H. M.) — Infant sucking and tensional behavior (La succion du nourrisson et le comportement de tension). *J. Genet. Psychol.,* 1938, *53,* pp. 365-430.

HALVERSON (H. M.) — Mechanisms of early infant feeding (Les mécanismes de l'alimentation du nouveau-né). *J. Genet. Psychol.,* 1944, *64,* pp. 185-223.

HALVERSON (H. M.) — A study of feeding mechanisms in premature infants (Une étude sur les mécanismes alimentaires chez les prématurés). *J. Genet. Psychol.,* 1946, *68,* pp. 205-217.

HARLOW (H. F.) — The nature of love (La nature de l'amour). *American Psychologist,* 1958, *13,* pp. 673-685.

HEINSTEIN (M. I.) — Behavioral correlates of breast-bottle regimes under varying parent-infant relationships (Les corrélations de comportement d'enfants nourris au sein et au biberon, les relations parents-enfants variant). *Monogr. Soc., Res. Child Developm.,* 1963, *28,* n° 4.

HOEFER (C.), HARDY (M.) — Later development of breast fed and artificialty fed infants (Le developpement ultérieur d'enfants nourris au sein et artificiellement). *J. A. M. A.,* 1929, *92,* pp. 615-619.

HOFFMAN (M. L.), HOFFMAN (L. W.) Eds — Review of child development research (Revue des recherches sur le développement de l'enfant), New York, Russel Sage Foundation, 1964.

HONZIK (M. P.), MC KEE (J. P.) — The sex difference in thumbsucking (La différence du sexe dans la succion du pouce). *J. Pediat.,* 1962, *61,* pp. 726-732.

HOOKER (D.) — The origin of behavior (L'origine du comportement). *Ann. Arbor,* Michigan, Mich Uni, 1944.

JACKSON (E. B.), WILKIN (L. C.), AUERBACH (H.) — Statistical report on incidence and duration of breast feeding in relation to personal-social and hospital maternity factors (Etude statistique sur la fréquence et la durée de l'allaitement au sein en fonction des caractéristiques sociales et hospitalières des maternités). *Pédiatric,* 1956, *17,* pp. 700-712.

KAPLAN (M.) — A note on the psychological implications of thumbsucking (Note sur les implications psychologiques de la succion du pouce). *J. Pediat.*, 1950, *37*, pp. 555-560.

KLACKENBERG (G.) — Thumbsucking frequency and etiology (La succion du pouce : fréquence et étiologie). *Pediatrics*, 1949, *4*, pp. 418-424.

KLATSKIN (E. H.) — Shifts in child care pratices in three social classes under an infant care program of flexible methodology (Les changements dans l'élevage des enfants étudiés à travers trois classes sociales soumises à un programme d'élevage souple). *Amer. J. Orthopsychiat.*, 1952, *22*, pp. 52-61.

KLATSKIN (E. H.), JACKSON (E. B.), WILKIN (L. C.) — The influence of degree of flexibility in maternal child care practices on early child behavior (Rôle du degré de souplesse des méthodes maternelles d'élevage de l'enfant sur le comportement du jeune enfant). *Amer. J. Orthopsychiat.*, 1956, *26*, pp. 79-93.

KLUCKHOHN (C.) — Some aspects of Navahos infancy and early childhood (Quelques aspects de l'enfance des Navahos). *Psycho-anal. social Sci.*, 1947, *1*, pp. 37-86.

KLUCKHOHN (C.), MURRAY (H. A.) (Eds) — Personality in nature, society and culture (La Personnalité dans la nature, la société et la culture), New York, Knopf, 1953.

KOHN (M. L.) — Social class and parental values (Les classes sociales et les valeurs parentales). *Amer. J. Social,* 1959, *64,* pp. 337-351.

KUNST (M. S.) — A study of thumb and finger sucking in infants (Une étude de la succion du pouce et des doigts chez le nourrisson). *Psychol. Monogr.*, 1948, *62*, n° 3.

LEVINE (M. L.), BELL (A. I.) — The treatment of colic in infancy by use of a pacifier (Le traitement de la colique du nourrisson par la sucette). *J. Pediat.*, 1950, *37*, pp. 750-755.

LEVY (D. M.) — The psychiatric Angle of Finger sucking (La succion des doigts sous l'angle psychiatrique). *Child Developm.*, 1937, *8*, pp. 99-100.

LEVY (D. M.) — Finger sucking and accessory movements in early infancy (an etiologic study) (La succion des doigts et les mouvements accessoires dans la première enfance — Etude étiologique). *Amer. J. Psychiatr.*, 1928, *7*, pp. 881-918.

LEVY (D. M.) Experiments on the sucking reflex and social behavior in dogs (Etudes expérimentales sur le réflexe de succion et le comportement social des chiens). *Amer. J. Orthopsychiat.*, 1934, *7*, pp. 881-918.

LINDNER (S. L.) Das Saugen and der Fingern, « Lippen U.S.W. beiden Kindem » Jahrb. F. Kinderh, *14, 68*, 1879, New Series.

LITMAN (R. A.), MOORE (R. A,), PIERCE JONES (J.) Social class differences in child rearing : a third community for comparison with Chicago and Newton Massachusetts (Les différences entre les classes sociales pour l'élevage des enfants : une troisième communauté comparée à celles de Chicago et de Newton dans le Massachusetts). *Amer. Social. Rev.*, 1957, *22*, pp. 694-704.

MACCOBY (E.), GIBBS (P. K.) Methods of Child rearing in two social classes (Méthodes d'élevage des enfants dans deux classes sociales) *in* Martin (W. E.) et Stendler (C. B.) (Eds), pp. 380-396.

MACCOBY (E. E.), NEWCOMB (T. M.), HARTLEY (E. L.) (Eds) Readings in social psychology (Textes de psychologie sociale), New York, Holt, Rinehart et Winston, 1958.

MARTIN (W. E.), STENDLER (X. B.) (Eds) Reading in social psychology (Textes de psychologie sociale), New York, Harcourt Brace, 1954.

MASLOW (A. H.), SZILAGYI-KESSLER (I.) Security and breast feeding (Sécurité et allaitement au sein). *J. Abnorm. soc. Psychol.*, 1946, *41*, pp. 83-85.

MASSLER (M.), WOOD (A. W. S.) Thumbsucking (La succion du pouce). *J. Dent-children*, 1949, *16*, p. 1.

MC GEORGE (M.) Current trends in breast feeding (Tendances courantes concernant l'allaitement au sein). *New Zeal — Med. J.*, 1960, *59*, pp. 31-41.

MEAD (M.) Childhood in comtemporary cultures (L'enfance dans les cultures contemporaines). Chicago, University of Chicago Press, 1955.

MENNINGER (K.) A psychoanalytic study of the significance of Self Mutilations (Une étude psychanalytique de la signification des automutilations). *Psychanalyt. Quart*, 1935, *4*, p. 408.

MILLER (D. R.), SWANSON (G. E.) The changing American parent : a study in the Detroit area (Les changements des parents américains : une étude sur la zone de Détroit). New York : Wiley, 1958.

OLSON (W. C.) The measurement of Nervous habits in Normal children (La mesure d'habitudes nerveuses chez l'enfant normal). Minneapolis, *Minn., Univ. Minnesota Press,* 1929.

ORLANSKY (H.) Infant care and personality (Les soins donnés au nourrisson et la personnalité), *Psychol. Bull.,* 1949, *46,* pp. 1-48.

PALERMO (D. S.) Thumbsucking : a learned reponse (La succion du pouce : une réponse apprise), *Pediatrics,* 1956, *17,* pp. 392-399.

PEARSON-GERALD (H. J.) The psychology of Finger sucking — Tongue sucking and other oral « habits » (La psychologie de la succion des doigts. La succion de la langue et les autres « habitudes orales »). *Amer. J. Orthod.,* 1948, *34,* pp. 324-329.

PROTHRO (E. T.) Child rearing in the Lebanon (L'élevage des enfants au Liban). Harvard, *Harvard University Press,* 1961.

RIBBLE (M. A.) The significance of infantile sucking for the psychic Development of the Individual (La signification de la succion infantile pour le développement psychique de l'individu). *Nerv. and Ment.* Dist, 1939, *90,* pp. 455-463.

ROBERTS (E.) Thumb and finger sucking in relation to feeding in early infancy (La succion du pouce et des doigts en relation avec l'alimentation dans la première enfance). *Amer. J. Dis. Child.,* 1944, *68,* pp. 7-8.

ROSS (S.) Sucking behavior in neonate dogs (Le comportement de succion chez les chiots nouveau-nés). *J. Abnorm. soc. Psychol.,* 1951, *46,* pp. 142-149.

ROSS (S.), FISHER (A. E.), KIND (D.) Sucking behavior, a review of the literature (Le comportement de succion, une revue de la littérature). *J. Genet. Psychol.,* 1957, *91,* pp. 63-81.

SEARS (R. R.) Survey of objective studies of psychoanalytic concepts (revue des études objectives sur les concepts psychanalytiques). *Soc. Sci. Res. Counc. Bull.,* 1943, n° 51.

SEARS (R. R.), MACCOBY (E. E.), LEVIN (H.) — Patterns of child rearing (Modèles d'élevage des enfants), *Evanston* III, Row Peterson, 1957.

SEARS (R. R.), WISE (G. W.) — Relation of a cup feeding in infancy to thumbsucking and the oral drive (Relation entre l'allaitement à la tasse du nourrisson, la succion du pouce et le besoin oral). *Amer. J. Orthopsychiat.*, 1950, *20*, pp. 123-138.

SEWELL (W. H.), MUSSEN (P. H.) — The effect of feeding weaning, and scheduling procedures on childhood adjusment and the formation of oral symptoms (La conséquence de l'alimentation, du sevrage, et des horaires sur l'ajustement de l'enfant et la formation des symptômes oraux). *Child Developm.*, 1952, *23*, pp. 185-191.

SIMSARIAN (F. P.) — Case histories of five thumbsucking children breast fed on unscheduled regimes, without limitation of nursing time (Monographies de cinq suceurs de pouce nourris au sein à la demande, sans limitation du temps dévolu aux soins de celui-ci). *Child Developm.*, 1947, *18*, pp. 180-184.

SPOCK (B.) — The pocket book of baby and child care (Le livre de poche sur la façon d'élever votre bébé et votre enfant). New York : Pocket Books, Inc., 1946.

SPOCK (B.) — Comment soigner et éduquer son enfant. Marabout Service, Verviers, 1972.

STENDLER (C. B.) — Sixty years of child training practices (Soixante années de pratiques concernant l'élevage de l'enfant). *J. Pediat.*, 1950, *36*, pp. 122-134.

THURSTON (J. R.), MUSSEN (P. H.) — Infant feeding gratification and adult personality (La gratification alimentaire du nourrisson et la personnalité adulte). *J. Pers.*, 1951, *19*, pp. 449-458.

TRAISMAN (A. S.), TRAISMAN (H. S.) — Thumb and finger sucking : a study of 2650 infants and children (La succion du pouce et du doigt : étude de 2 650 nourrissons et enfants). *J. Pediat.*, 1958, *52*, pp. 566-572.

VINCENT (C. E.) — Trends in infant care ideas (Tendances concernant les idées sur l'élevage de l'enfant). *Child Developm.*, 1951, *22*, pp. 199-209.

WECHSLER (D.) — The incidence and significance of fingernail Biting in children (La fréquence et la signification du rongement des ongles chez l'enfant). *Psychoanalyt. Rev.*, 1931, *18*, pp. 201-210.

WHITE (M. S.) Social class, child rearing practices, and child behavior (Classe Sociale, pratiques d'élevage et comportement de l'enfant). *Amer. Social Rev.*, 1957, *22*, pp. 704-712.

WICKES (I. G.) A history of infant feeding (Une histoire de l'alimentation du nourrisson). *Arch. Dis. Childh.*, 1953, *28*, pp. 151-158, 232-240, 332-340, 416-422, 495-502.

WOLFENSTEIN (M.) Trends in infant care (Tendances concernant les soins donnés aux enfants). *Amer. J. Orthopsychiat.*, 1953, *23*, pp. 120-130.

WOODCOCK (I. G.) Thumbsucking (La succion du pouce). *Med. Rec.*, 1934, *139*, pp. 328-330.

WORTIS (H.) Child rearing practices in a low socioeconomic group (Pratiques d'élevage dans un groupe de niveau socio-économique bas). *Pediatrics*, 1963, *32*, pp. 298-307.

YARROW (L. J.) The relationship between nutritive sucking experiences in infancy and non nutritive sucking in childhood (Relation entre des expériences de succion alimentaire chez le nourrisson et la succion non alimentaire chez l'enfant). *J. Genet. Psychol.*, 1954, *84*, pp. 149-162.

Etudes statistiques et cliniques

ARMOUR (D. J.) et COUCH (A. S.) The data text primer : An introduction to computerized social data analysis using the data text system Final dragt 1971 (to be plublished by the Free Press. New York, 1972). (Guide d'utilisation : Introduction à l'analyse des données sur ordinateur dans le domaine social).

BAUDELOT (C.), ESTABLET (R.) L'école capitaliste en France. Maspero, 1971.

BELLAK (L.) Manuel du test d'aperception pour enfants. C.A.P., 1963.

BORELLI VINCENT (M.) L'expression des conflits dans le dessin de la famille. *Rev. Neuro-psych. inf.*, 1965, *13*, n° 1-2.

CHILAND (C.) L'enfant de 6 ans et son avenir, Paris, P.U.F., 1971.

CORMAN (L.) • Le test du dessin de famille dans la pratique médico-pédagogique, Paris, P.U.F., 1964.
• Le test P.N. Manuel, Paris, P.U.F., 1966.

DEBIENNE (M. C.) Le dessin chez l'enfant, Paris, P.U.F., 1968.

DOLTO (F.) Psychanalyse et Pédiatrie (1936), Paris, Seuil, 1971.

FAVEZ-BOUTONNIER (J.) Les dessins des enfants. Editions du Scarabée, Paris, 1959.
Les dessins de l'enfant schizophrène. Rev. *Neuro-psych. Inf.*, 1960, *6*, n° 3-4.

FAVERGE (J. M.) Méthodes statistiques en psychologie appliquée, Paris, P.U.F., 1966.

GOODENOUGH (F.) L'intelligence d'après le dessin. Test du bonhomme, Paris, P.U.F., 1957.

I.N.S.E.E. Economie et Statistique, n° 33, juin 1970, tableaux démographiques pour huit mille zones.

KOCH (C.) Le test de l'arbre. Le diagnostic psychologique par le dessin de l'arbre. Paris et Lyon, Ed. Vitte, 1958.

MACHOVER (K.) Personality projection in the drawning of the human figure (Projection de la personnalité dans le dessin de la personne). Thomas Publisher, Springfield Illinois, 1949.

MARGAILLAN-FIAMMENGO (L.) La succion du pouce et sa thérapeutique, Paris, E.S.F., 1971.

MATHIEU (M.) Le test de l'arbre en psychopathologie, Bosco, Lyon, 1961.

MINKOWSKA (F.) La typologie constitutionnelle vue à travers le test de Rorschach et les dessins d'enfants. *Rev. morpho-physhum,* 1952, *14,* p. 31.

POROT (M.) • L'enfant et les relations familiales, Paris, P.U.F., 1966.
• Les dessins de la famille, *Pédiatrie*, 1952, *7*, n° 3, pp. 359-381.
• Le dessin de la famille. *Rev. de Psychol. appliquée,* 1965, *15,* n° 3, pp. 179-192.

REUCHLIN (M.) Méthodes d'analyse factorielle à l'usage des psychologues, Paris, P.U.F., 1964.

SKINNER (B.) A case history in Scientific method (L'histoire d'un cas en méthodologie des sciences). *Amer. Psychologist.,* 1956, *11,* pp. 221-233.

STORA (R.) — La personnalité à travers le test de l'arbre. *Bulletin de Psychologie,* N° spécial T I et II, 1964-1965. *Rééditée aux Editions Universitaires, Paris, 1975*

THOMAZI (J.) — Les bonshommes sans bras de l'enfant de 6 ans. *Rev. Neuro-psych. inf.,* 1964, *12,* n° 6.

WECHSLER (D.) — The incidence and significance of nailbiling in children (Les conséquences et la signification du rongement des ongles chez les enfants). *Psychanalyt. Rev.,* 1931, *18,* p. 201.

WIDLOCHER (D.) — L'interprétation des dessins d'enfants. Bruxelles, Dessaert, 1965.

ZAZZO (R.), DABOUT (M.) — Répartition des écoliers parisiens dans les cours de scolarité primaire et secondaire pour l'année 1950, 1951, in *Enfance,* n° 3, 1952.

ZAZZO (R.), GILLY (M.), VERBA (M.) — Nouvelle échelle métrique de l'intelligence, Paris, Armand Colin, 1966.

TABLE DES MATIÈRES

AVANT-PROPOS 5

CHAPITRE I : QUELQUES DONNÉES HISTORIQUES ET ETHNOGRAPHIQUES 9

La succion du pouce à travers les âges 9

Quelques réactions des parents d'aujourd'hui 9

Quelques réactions du temps jadis 10

Les mœurs changent 11

Attitudes envers les activités auto-érotiques durant les soixante dernières années 12

Pourquoi cette évolution ? 13

La succion du pouce à travers quelques peuples 14

Les suceurs de pouce des peuples « primitifs » 14

Les suceurs de pouce en Israël 15

Le pouce pour tous les enfants du monde 17

Chapitre II : QUELQUES DONNÉES QUANTITATIVES SUR LA SUCCION DU POUCE. 21

Y a-t-il beaucoup d enfants qui sucent leur pouce ? 21

A quel âge commence-t-on à sucer son pouce ? 22

A quel âge s'arrête-t-on ? 25

Y a-t-il plus de garçons ou plus de filles qui sucent leur pouce ? 26

Une hypothèse pour justifier d'une plus grande fréquence de filles suceuses 26

Conclusion 28

CHAPITRE III : LES DENTISTES ET LA SUCCION DU POUCE 29

Les déformations des dents 29

Les anomalies verticales 29

Les anomalies antéropostérieures 30

La déglutition infantile 30

Conséquences de la déglutition infantile 31

Les traitements de la succion du pouce 33

Les interventions préventives 33

Les interventions mécaniques 34
Les interventions psychologiques 35

Interventions mécaniques ou interventions psychologiques ? 36
Arguments en faveur des interventions mécaniques 37
Arguments contre les appareils 39
L'efficacité relative des différentes interventions 40
Les indications des divers traitements 43

Conclusion 44

CHAPITRE IV : LES PSYCHANALYSTES ET LA SUCCION DU POUCE 49

L'enfant suce son pouce par plaisir 54
Le « suçotement est un acte sexuel » 54
La pulsion 55
L'étayage 56
L'auto-érotisme 57
Le rôle de la constitution 59
L'agressivité du suceur de pouce pour Freud 60
L'enfant qui suce son pouce ressemble à l'enfant qui se masturbe .. 61
Les éducateurs en face de la succion et de la masturbation 64
L'enfant qui suce son pouce cherche à redevenir un bébé 66

L'enfant qui suce son pouce est anxieux 68
L'apparition des premières dents et ses conséquences 69
Quelques cas cliniques 70

L'enfant qui suce son pouce est partagé entre le désir de sucer et celui de mordre 72
L'enfant vorace tel que le dépeint M. Klein 73
Le sein, le pénis, le pouce 76
Les « éducations mécaniques » 77
L'anxiété maternelle et l'agressivité 78
Le sevrage et la succion du pouce 79
Succion et castration 80

Le caractère oral 82
L'avidité orale 83
La dépendance orale 83
L'oral « normal » 84

Conclusion 85

CHAPITRE V : LES PSYCHOLOGUES ET LA SUCCION DU POUCE 87

Problèmes méthodologiques 87
La succion réflexe chez le nourrisson 89

La succion du pouce, conséquence d'un besoin inné de succion insuffisamment comblé 91
Les nourrissons qui boivent trop vite 92
Les chiots suceurs de pouce 94

Que penser des expériences de Levy ? 96
Expériences confirmant celles de Levy 98
Les conseils aux mères des nourrissons qui sucent leur pouce 99

La succion du pouce, conséquence d'un apprentissage 100
La succion, conséquence de la faim 100
La succion, réponse apprise même par les nourrissons élevés à la tasse 102
La succion du pouce conditionnée 102
La succion du pouce et le sevrage 104
Quelques données récentes 105
En tentative de conclusion 106

Succion du pouce, personnalité, classes sociales et culture 110
Succion et « personnalité orale » 110
Suceurs de pouce, classe moyenne et frustration 112
Suceurs de pouce, classe moyenne et permissivité 115
Succion du pouce, classes sociales et rongement des ongles 116

Conclusion 118

CHAPITRE VI : RECHERCHE SUR LA PERSONNALITÉ DES SUCEURS DE POUCE. 119

Les méthodes 123
La constitution des échantillons 124
Le choix des variables 125

Les suceurs de pouce et les enfants « normaux » 126
Les caractéristiques générales de l'échantillon des suceurs de pouce et leur comparaison avec celles des enfants « normaux » 126
Les dessins d'arbres chez les suceurs de pouce et chez les enfants « normaux » 130
Les dessins de famille chez les suceurs de pouce et chez les enfants « normaux » 138

Les suceurs de pouce 146
Les caractéristiques propres aux suceurs de pouce 146
Un résultat important 149
Les suceurs de pouce impénitents et leurs dessins 150
Quelques constellations de tracés fréquentes chez les suceurs de pouce 153

Conclusions 154

CHAPITRE VII : ETUDE CLINIQUE DE DEUX SUCEURS DE POUCE 157

André 158
Anamnèse 158
Le test de la famille 159
Le test de l'arbre 160
Le test Patte Noire 161
Le test C. A. T. 162

L'évolution d'André 163
Conclusion 164

Bénédicte 169
Anamnèse 169
Les tests 170
Conclusion 172

CONCLUSIONS 177

ANNEXES 189
Tableaux récapitulatifs et synoptiques 190
Résultats statistiques 197

BIBLIOGRAPHIE 201
Etudes faites par des stomatologues, orthodontistes, dentistes 201
Etudes psychanalytiques 204
Etudes psychiatriques 208
Etudes psychologiques anglo-saxonnes 209
Etudes statistiques et cliniques 217

Imprimerie Saint-Paul, 55001 Bar le Duc
Dépôt légal 1er trimestre 1978 - N° d'imp. 2-77-109